U-CANの
よくわかる
指導計画の書き方
0・1・2歳
第3版

CD-ROM付き
Windows対応

U-CANの保育スマイルBOOKS

はじめに

近年、子どもたちや保護者を取り巻く環境は著しく変化し、保護者の労働状況、待機児童の問題、養育の放棄を含む虐待、保育者の専門性や労働条件など、子どもたちと保護者、また保育者のみなさんに直結するさまざまな課題が浮かび上がってきました。その中で、保育所の社会的な役割はますます大きくなってきています。

このような厳しい現状の中にあって、また多忙な保育所の仕事の中で、いかにして豊かな保育実践を行うための「指導計画」を作っていくかを、一緒に考えていくためにこの本が生まれました。

本書では、初めて「指導計画」の作成を任された保育者さんにも、立案から自己評価までが一通り把握できるよう、可能な限り流れに沿ってわかりやすく解説しています。もちろんベテランの保育者さんにも役立てていただけるよう、「指導計画」が実際の保育にどう活用されているのか、またどのように応用できるのか、ヒントを豊富に掲載しています。

基本に戻っておさらいができるよう、「指導計画」そのものの考え方や各年齢別の発達過程を巻頭にまとめ、月案を中心に展開する「指導計画」の実例、巻末には長時間保育やアレルギーなど多様なニーズに対応するための「指導計画」のヒントを掲載しました。「指導計画」でよく使用される基本用語もピックアップして掲載しているので、すぐに作成にとりかかる際にも便利です。

どこに注目して計画を立て、実践を行い、評価・反省を次の保育に生かすことができるか、重要な箇所は目立つように編集しています。「本書の特長と使い方」（6ページ）もご参照いただき創意工夫をこらして、「子どもが主役」の視点に立った「指導計画」作りに役立てていただければ幸いです。

もくじ

はじめに ……………………………………………… 3
本書の特長と使い方 ………………………………… 6

指導計画の立て方 …………………………………… 7

1 指導計画とは? ……………………………………… 8
2 指導計画の考え方とポイント …………………… 12
　　年間指導計画 ………………………………… 12
　　月案 …………………………………………… 14
　　週案・日案 …………………………………… 16
　　個人案 ………………………………………… 18
3 一年の行事とスケジュール ……………………… 20
4 自己評価の考え方と方法 ………………………… 22
5 0〜2歳児の発達過程 …………………………… 24
　　乳児の発達過程 ……………………………… 24
　　1歳以上3歳未満児の発達過程 …………… 27
6 食育計画の意義 …………………………………… 32
7 押さえておきたい！　指導計画作成のコツ …… 34

新「保育所保育指針」を指導計画に反映させるポイント！ …… 37
月案作成・まずはここから！　月別・年齢別重要ポイント …… 39

0歳児の指導計画 ………………………………… 47

0歳児　指導計画作りに大切なこと ……………… 48
年間指導計画作りのポイント ……………………… 50
月案作りのポイント ………………………………… 54
週案・日案作りのポイント ………………………… 80
個人案作りのポイント ……………………………… 86
コラム＊指導計画「実践のヒント」① …………… 88

1歳児の指導計画 89

1歳児　指導計画作りに大切なこと 90
年間指導計画作りのポイント 92
月案作りのポイント 96
週案・日案作りのポイント 122
個人案作りのポイント 128
コラム＊指導計画「実践のヒント」② 130

2歳児の指導計画 131

2歳児　指導計画作りに大切なこと 132
年間指導計画作りのポイント 134
月案作りのポイント 138
週案・日案作りのポイント 164
個人案作りのポイント 170
コラム＊指導計画「実践のヒント」③ 172

食育計画と保健計画 173

食育計画作りのポイント 174
保健計画作りのポイント 182
コラム＊指導計画「実践のヒント」④ 186

多様なニーズに応えるための指導計画 187

障害のある子どもの指導計画作りのポイント 188
アレルギーのある子どもの指導計画作りのポイント 190
長時間保育の指導計画作りのポイント 192

巻末付録 193

家庭・地域との連携 194
連絡帳記入のポイント 196
保育日誌記入のポイント 197
指導計画作りに役立つ基本用語 198

CD-ROMをご使用になる前に 200
Wordを使って指導計画を作ろう！ 201

本書の特長と使い方

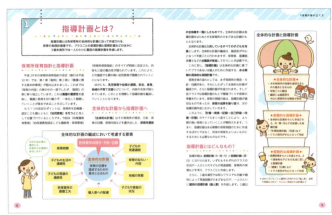

指導計画の書き方のポイントがよくわかる!

「指導計画の立て方」の章では、指導計画を書くための考え方、コツを丁寧に解説しています。各年齢別の章では、それぞれ年間指導計画・月案・週案・日案・個人案の書き方のポイントを具体的に説明しています。
特に重要な箇所は、文字を強調してありますので作成の参考にしてください。

→ 付属のCD-ROMに収録されたデータのファイル名と場所を示しています。

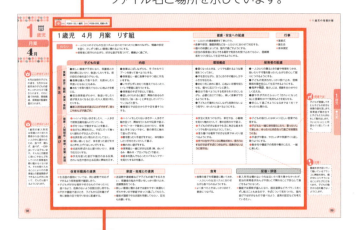

CD-ROMに指導計画の実例のWordデータを収録!

本書に掲載した指導計画の実例をMicrosoft OfficeWordのファイルでCD-ROMに収録しています。巻末の「Wordを使って指導計画を作ろう!」のページにWordの操作方法を掲載しています。

指導計画の実例には保育者によるアドバイスを掲載!

保育所で実際に活用されている指導計画をもとに、各年齢別の年間指導計画・月案・週案・日案・個人案の実例を収録しています。実例ページの欄外には、保育者による指導計画の書き方、活用の仕方についてのアドバイスを掲載しています。

アイコンについて

ここがポイント!
指導計画記入の要点についてのくわしい解説です。

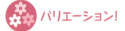
バリエーション!
活動のほかのバリエーションを紹介しています。

現場では!
現場で役立つ補足説明、現場の様子を掲載しています。

注意!
ケガや病気、事故を防ぐために注意する点を説明しています。

指導計画の作成・活用に役立つ情報・資料を掲載!

障害のある子どもの指導計画作成のポイントや、地域・家庭との連携などについて、指導計画作成に便利な基本用語など、指導計画の作成や活用に役立つ情報を掲載しています。

指導計画の立て方

1 指導計画とは？ …… 8
2 指導計画の考え方とポイント …… 12
3 一年の行事とスケジュール …… 20
4 自己評価の考え方と方法 …… 22
5 0〜2歳児の発達過程 …… 24
6 食育計画の意義 …… 32
7 押さえておきたい！ 指導計画作成のコツ …… 34

新「保育所保育指針」を指導計画に反映させるポイント！…… 37
月案作成・まずはここから！ 月別・年齢別重要ポイント …… 39

1 指導計画とは？

指導計画とは各保育所の全体的な計画に沿って作成される、保育の実践計画書です。クラスごとの長期計画と短期計画などのほかに3歳未満児では一人ひとりに個別の指導計画を作成します。

保育所保育指針と指導計画

　平成29年の保育所保育指針の改定（施行は平成30年）では、第1章「総則」第2項に「養護に関する基本的事項」が組み込まれました。これまでは「保育の内容」の章の中の一部でしたが、「総則」の章に移り独立しています。これは**養護の重要性**を意味し、養護と教育を切り離さず、一体化して展開していくことが基本であることを示しています。

　もう1つの改定のポイントは、保育所を幼稚園・認定こども園とともに「**幼児教育**」を行うところとして位置づけているところです。今回は「幼稚園教育要領」「幼保連携型認定こども園教育・保育要領」「保育所保育指針」のすべてが同時に改定され、内容も三者の整合性が図られています。これにより、どの施設でも質の高い幼児教育が展開されていくことになります。

　ほかにも、**乳児保育や幼保小連携、安全、食育、地域の子育て支援**などについて、内容の充実が図られています。このことを理解して指導計画を編成していくことになります。

全体的な計画から指導計画へ

　「**全体的な計画**」はその保育所の理念、方針、保育の目標、保育内容などを書き出した、**保育所運営**

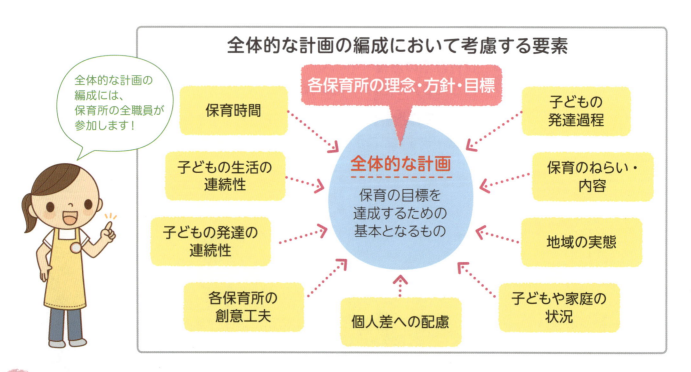

全体的な計画の編成において考慮する要素

全体的な計画の編成には、保育所の全職員が参加します！

各保育所の理念・方針・目標

全体的な計画
保育の目標を達成するための基本となるもの

- 保育時間
- 子どもの生活の連続性
- 子どもの発達の連続性
- 各保育所の創意工夫
- 個人差への配慮
- 子どもや家庭の状況
- 地域の実態
- 保育のねらい・内容
- 子どもの発達過程

の全体像を一覧にしたものです。全体的な計画は指導計画をはじめとする保育所のさまざまな計画のもととなります。

　全体的な計画は**入所しているすべての子どもを対象**とします。全体的な計画の編成は、施設長が中心となって年度ごとに行われますが、保育者、看護師、栄養士などの**全職員が参加**して行うことが必要です。

　これに対し、「指導計画」は全体的な計画に基づいてクラスあるいは個人のために作成する、**ある期間の具体的な実践計画**です。

　保育全体の流れとしては、まず保育所の理念・方針・目標があり、それにしたがって全体的な計画が編成され、さらに指導計画が作成されます。そして各クラスでは指導計画のもとで環境づくりや保育の準備を行います。保育の実践の後は、指導計画が適切なものであったか、**保育の成果を振り返り**、次の指導計画作成に生かしていきます。

　このように、「計画→実践→記録→自己評価→改善→計画」のサイクルをくり返すことにより、より質の高い保育になっていくことが期待されます。つまり、指導計画はある期間の保育実践のために作成するばかりではなく、将来の保育をよりよいものにするためにも必要なものなのです。

指導計画とはどんなもの?

　指導計画は、**長期計画**(年・期・月)と**短期計画**(週・日)に分けられます。いずれもそれぞれのクラスの状況や一人ひとりの子どもの発達過程、保育所の実情などを考え、クラスごとに作成します。

　さらに、3歳未満児では同じクラスでも月齢や個性によって発達段階がさまざまなので、一人ひとりに**個別の指導計画(個人案)**を作成します。3歳以

全体的な計画と指導計画

● **全体的な計画** ●
- その保育所の目標を達成するための基本となるもの
- 年度ごとに編成
- 編成には施設長を中心に保育所の全職員が参加

● **長期的な指導計画** ●
- 全体的な計画をもとに作成される、年・期・月などを見通した指導計画
- 「年間指導計画」「月案」など
- クラス担任が中心となって作成

● **短期的な指導計画** ●
- 長期計画をもとに作成される、より具体的な子どもの生活に即した指導計画
- 「週案」「日案」など
- クラス担任が中心となって作成

＊ほかに子どもごとに個別に作成される「個人案」、食育や保健などのテーマごとに作成される計画など

上児については個別の指導計画は「作成するのが望ましい」とされるのみですが、3歳未満児では作成が義務づけられています。

各指導計画の構成要素はおおよそ、保育のねらい、子どもの姿、内容、環境構成、保育者の配慮、家庭との連携、反省と自己評価などです。

上記の構成要素のうち、保育の**「ねらい」**と**「内容」**は、**指導計画の中心になる部分**です。まず「ねらい」とは、子どもの発達過程を見通して、その時期に育てたい側面のことです。クラスで、あるいは個人で、その期間、特にどんなところを育てたいかを**「ねらい」**に記します。そして、それを実現するのにふさわしいと思われる活動を**「内容」**に記します。

「ねらい」と「内容」を設定する際に大切なことは、現在の子どもの姿から今後の発達を見通し、**「養護」**と**「教育」**の観点を押さえた内容にすることです。

養護とは「子どもの生命の保持及び情緒の安定を図るために、保育者などが行う援助や関わり」のことです。また、教育とは「子どもが健やかに成長し、その活動がより豊かに展開されるための発達の援助」のことで、**健康・人間関係・環境・言葉・表現**の5つの領域があります。0歳児の保育では養護の側面が大きくなりますが、基本的にはどの年齢でも、養護と教育を一体的に行う保育所の特徴が表れるようにします。

指導計画の書式は保育所によってさまざまですが、基本は上記に沿った形で作成されています。

「養護」と「教育」

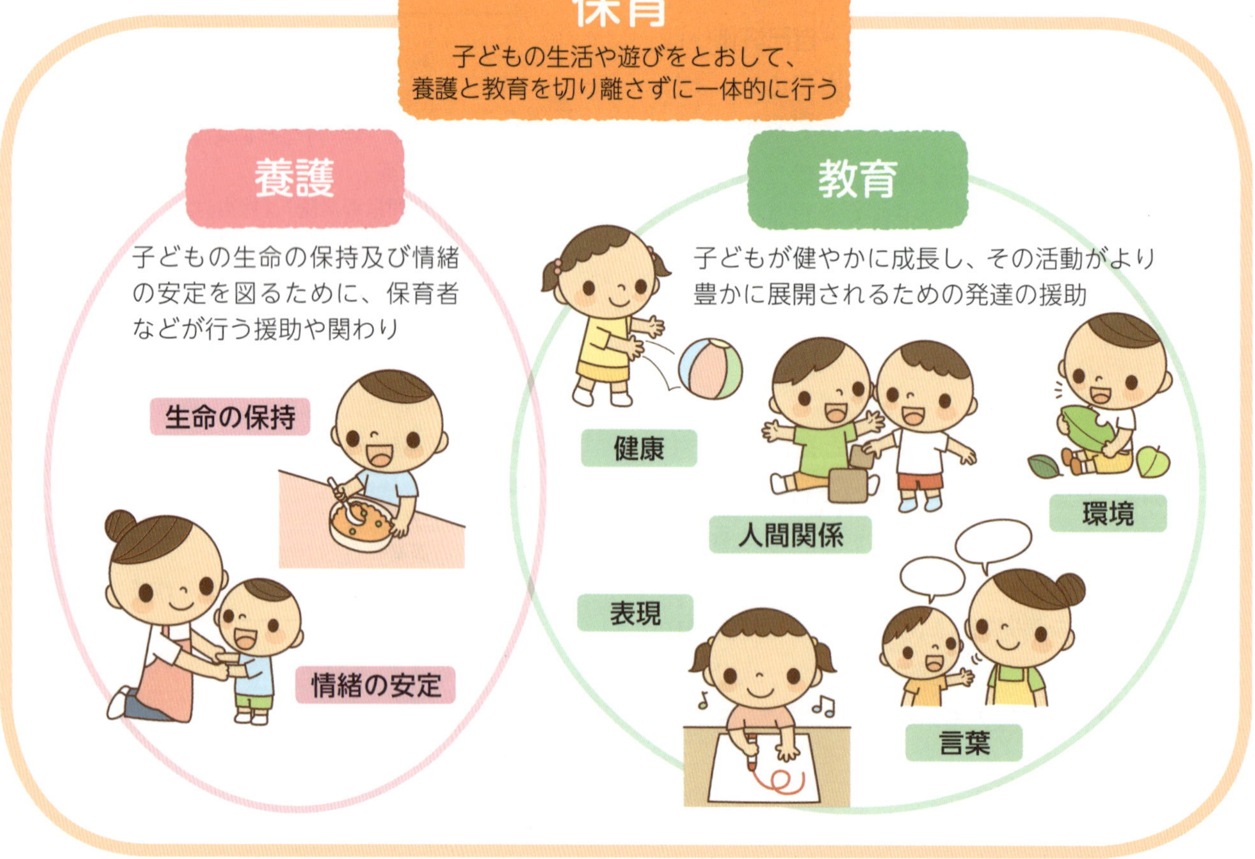

保育
子どもの生活や遊びをとおして、
養護と教育を切り離さずに一体的に行う

養護
子どもの生命の保持及び情緒の安定を図るために、保育者などが行う援助や関わり

生命の保持
情緒の安定

教育
子どもが健やかに成長し、その活動がより豊かに展開されるための発達の援助

健康
人間関係
環境
表現
言葉

指導計画の主役は子ども

　指導計画の作成で十分に注意したい点が、保育者の都合や保育者の気持ちだけで計画を立てることがないようにすることです。どんなに立派な計画でも子どもたちの自発的な活動を妨げるようなものでは、子ども中心の保育とはいえません。また、形のうえでは指導計画どおりに保育が進んでいるように見えても、子どもがあまり楽しめず、保育者も一人ひとりを見るゆとりがなくなっているようでは、何のための指導計画なのかわからなくなります。

　指導計画は子どもにとって、よりよい保育を行うために作成するものですから、指導計画に子どもを合わせるのではなく、**子どもに合った指導計画であることが大切**です。一人ひとりの子どもには個性があり、成長のスピードもさまざまなため、指導計画の作成時に予想したとおりにならないこともよくあります。そんな場合は次の指導計画を改善し、子どものそのときの姿によりふさわしいものに作り替えます。

　指導計画のとおりに実践できる保育者のほうが優秀ということはありません。指導計画を柔軟に利用し、子どもを主体とした保育を実践できることが保育者として望ましいあり方です。

保育所それぞれの創意工夫を

　指導計画は通常、担任の保育者が作成しますが、**クラスの複数の担任が共有して活用**するものです。また、担任以外の保育者が活動の援助に入る際の目安にもなります。そのため指導計画の保育の「ねらい」「内容」「保育者の配慮」などがわかりやすいと、保育者間のチームワークもよくなります。

　また、指導計画を作成する際に、**保育所全体の理念や保育所の個性**が反映されるように工夫すると、指導計画がより充実したものになります。職員全体でどのような保育をめざすのか話し合い、保育所の地域性や地域の人々との関わりについて検討したことを、指導計画にも生かしていきましょう。

2 指導計画の考え方とポイント

指導計画は、一人ひとりの発育・発達過程を十分に踏まえ、
保育所での生活をとおし、乳児期・幼児期に必要な体験ができるように作成します。
子どもの姿や発想を大切に、主体的な活動を行えるように作りましょう。

年間指導計画

年間指導計画は保育所の全体的な計画をもとに、クラス担任が全員で話し合い、各年齢で1つ作ります。子どもたちの実態を踏まえ、行事なども考慮に入れ、一年間の発達過程に合わせて作成していきます。

本書の年間指導計画の考え方

●ねらい
一年間を4つの期に分け、それぞれの期の目標となる、保育を通じて育みたい資質・能力を書きます。子どもの姿をしっかりととらえたうえで、養護と教育の両面を一体に考えましょう。

●内容
「ねらい」を実現するために、生活や活動を通じて子どもたちに経験してほしいことを具体的に書きます。「このような子に育ってほしい」というクラス担任の期待を反映させていきましょう。0歳児では発達の個人差が大きいため、月齢別に書く場合もあります。

●保育者等の関わりおよび環境構成
「内容」に書いたことを実践する際に、保育者がとるべき配慮を書きます。また、必要な用具などの物的環境、人員の配置や役割分担などの人的環境についても書きます。0歳児では発達の個人差が大きいため、月齢別に書く場合もあります。

1歳児年間指導計画

期	1期［4月・5月］	2期［6月〜8月］
ねらい	●個々の生活リズムを大切に、一人ひとりに合わせた対応をし、情緒の安定を図る。 ●新しい環境に親しみ、安心して過ごせるようにする。 ●好きな遊びを見つけ保育者と一緒に遊ぶ。	●夏期の健康に十分配慮し、休息を取り入れ快適に過ごせるようにする。 ●水、砂、泥んこなどに触れ夏の遊びを楽しむ。
内容	●安心できる保育者と一緒に、楽しく食べる。 ●食事前や戸外で遊んだ後に、手を洗ってもらったり、自分で洗おうとしたりする。 ●おむつが汚れたときに新しいものに替えてもらい、きれいになった心地よさを感じる。 ●保育者と一緒に好きな場所に行って、興味のあるもので遊ぶ。 ●周囲の様子を見たり、草花に触れたりしながら、探索活動を十分に楽しむ。 ●保育者と一緒に、知っている歌や音楽に合わせて体を動かす。	●好きな食べものを自分で選んで食べる。 ●好き嫌いや食事のムラが出てくるが、保育者の声かけにより、少し食べようとする。 ●おむつを替えてもらったり、保育者の誘いかけで便座に座ったりする。 ●保育者と一緒にパンツやズボンなどの着脱をしようとする姿が出てくる。 ●保育者と一緒に泥遊びや水遊びなど、夏の遊びを楽しむ。 ●身近な生きものに触れ、興味・関心を持つ。 ●簡単な歌・手遊び・体操を好み、保育者のまねをして体を動かす。
保育者等の関わりおよび環境構成	●楽しい雰囲気の中での食事を心がけ、一人ひとりの様子を把握し、その子のそのときの姿に応じて関わる。 ●一人ひとりの生活リズムを大切にする。 ●子どもの動きに合わせて一緒に遊び、探索活動が十分にできるようにする。 ●子ども自身の感情の表現を見逃さずにくみとり、言葉で返しながら発語を促す。 ●子どもが好きな歌遊びを取り入れ、子どもの興味、関心に合った絵本をくり返し楽しむようにする。	●暑さで体調をくずしやすいので、水分補給、休憩などを十分にとり、快適・健康に過ごせるようにする。 ●こまめに衣類を替えたり汗をふいたりして、気持ちよく過ごせるようにする。 ●行動範囲が広がってくるので、一人ひとりの動きを把握して、保育者同士連携をとりながら、好きな遊びが十分にできるようにする。 ●子どもからの話を十分に受け止め、言葉で返す。
家庭との連携	●新入所児は、環境の変化によって体調をくずしやすく、生活リズムもまだ整っていないので、日々の様子をよく知らせて保護者が不安にならないように話をする。	●水遊びなど、夏ならではの遊びについて、家庭と個々の体調を把握しながら連絡をとり合う。

● 指導計画の立て方

年間指導計画は、保育所の**全体的な計画をもとに**、各年齢でその年度にどのようなことをめざして、保育を展開するか書き出した計画表です。クラスの数を問わず、各年齢で1つ作成します。

作成にあたっては、対象年齢のクラス担任全員で話し合いを行い、**その年齢の発達や発育の特徴、クラスの特徴**などを踏まえ一年間の育ちを見通し、展開する保育のねらいや活動内容などを設定します。

保育所によって書式はさまざまですが、多くの場合一年を**4つの期に分けて**、年間指導計画を作っています。たとえば園生活に慣れるスピードや季節の行事を考慮し、4・5月を1期、6〜8月を2期、9〜12月を3期、1〜3月を4期とします。

「ねらい」には保育を通じて育みたい資質・能力を目標として記入します。そして、「ねらい」を達成するためにどのような保育を展開するか「内容」「保育者等の関わりおよび環境構成」などを、**養護**と**教育**の両面を押さえて記します。

このように、1歳児、2歳児は時期的な成長、集団としての育ちを踏まえ、季節の行事や地域性などを生かして期別に考えます。発達が著しい**0歳児**では月齢別の**年間指導計画**も作成します。また、同じクラスでも誕生日で発達過程が異なる3歳未満児では個人別の年間指導計画も作成する場合があります。

●年間目標

その年の保育を進めるにあたって、いちばん基本となる目標を書きます。全体的な計画に掲げた保育所の理念、方針、目標を踏まえて考えてみましょう。

年間目標
* 保育者との安定した関係の中で、探索活動が十分できるようにし、新たなものへの興味を広げる。
* 好奇心や自分からやりたいという気持ちを育てる。
* 保育者や子ども同士の関わりを通じて言葉の理解や発語を育て、言葉を使うことを楽しむ。

3期［9月〜12月］	4期［1月〜3月］
●季節の変わり目による体調の変化に十分注意し、健康でゆったりと過ごせるようにする。 ●散歩や遊びを通じて全身を動かすことを楽しむ。	●寒い季節を健康に過ごせるよう、一人ひとりの健康状態に応じて適切に関わる。 ●保育者を仲立ちとして、友だちと関わりながら遊ぶ楽しさを味わう。
●保育者に援助してもらいながら、スプーンやフォークを使おうとする。 ●保育者の言葉かけで便座に座り、タイミングが合うと排尿することがある。 ●保育者に援助してもらいながら、パンツやズボンの上げ下げをする。 ●走る・登る・降りるなどの運動を楽しむ。 ●したいこと、してほしいことを言葉やしぐさで伝えようとする。 ●簡単な言葉の模倣を楽しむ。 ●保育者を仲立ちとして、友だちとの関わりを楽しむ。	●こぼしながらも、手づかみやスプーン・フォークを使って食べようとする。 ●手のひらをこすり合わせて洗い、保育者の声かけにより、手の甲や指の間も洗おうとする。 ●保育者の誘いかけで、トイレに行き、便座に座る習慣がついてくる。 ●自分で布団に横になり、一定時間眠れるようになる。 ●友だちや保育者と手をつなぎ、散歩することを喜ぶ。 ●保育者を仲立ちとして、好きな友だちと関わって遊ぶ。
●ゆったりとした雰囲気の中で、楽しく食べられるようにする。嫌いなものを少しでも食べられたときはその意欲を認め、次へとつなげようにする。 ●子どもが自分でやろうとする気持ちを大切にし、そばで見守る。 ●指先の遊びが十分できるよう、玩具や素材を用意しておく。 ●秋の自然に触れ、子どもの気づきを見逃さず応答的に関わることで、興味を広げる。 ●友だちと関わりたい気持ちを受け止める。	●自分でやろうとする姿を見守り、一人ひとりの発達や気持ちに応じて援助する。 ●寒い戸外でも体を動かしたり、散歩に出る機会を持てるようにする。 ●話す楽しさを感じられるように、ゆっくり丁寧に言葉をかけるようにする。 ●気に入った絵本やパネルシアターなどを用意し、内容を工夫して楽しめるようにする。
●運動会などの行事をとおして子どもたちがたくましく成長している姿を見てもらう。 ●気温の変化から体調をくずす子も見られるので、家庭と連絡をとりながら健康に過ごせるようにする。	●子どもの成長や発達を保護者と確認し合い、進級に向けて不安のないようにする。 ●冬期の感染症の情報を家庭に伝え、予防に努める。

●家庭との連携

保護者とともに子どもを育てていくために必要な内容や、保育所の行事や健康管理などの必要事項の伝達、家庭での育児のサポートなどについて、期ごとに書きます。

保育所の特色を年間指導計画で、具体化していきましょう！

月案

年間指導計画をもとにクラスごとに月案を作ります。クラスの子どもたちの発達・発育段階や保育所の特徴などの実情に合わせて、その月の保育の「ねらい」とその達成のための計画を作成します。

　月案は、年間指導計画をさらに具体化するために、**クラスごとに月単位で作成する指導計画**です。保育者はクラスの一人ひとりの特徴や、クラスの実態に合わせた指導計画を作ることが大切です。作成する際は、クラスの担任が全員で話し合い、その月にクラスの子どもたちがどういう**発達段階**にあるかを考慮し、**季節や月の行事**なども考慮したうえで1か月間の保育の展開を計画します。

　クラス担任が代わるときには、前の担任から新しい担任に一人ひとりの発達や発育の状態をくわしく伝え、子どもの実態に合わせた計画になるように作成します。また新たに入園する子どもがいるときは、保護者との事前の面談で発達や発育の様子をくわしく聞き、指導計画作りに生かします。

　3歳未満児のクラスでは複数で担任をしているので、**計画の段階で保育者の役割分担を決めて**おきます。しかし、それにとらわれすぎることなく、子どもの状態に合わせ、担任同士で連携を図ることも大切です。

　その月の終わりに月案の「ねらい」が適切であったか、「ねらい」どおりに保育が実践できたかなどを、**反省・評価**します。このことは次の月の保育をより充実したものにするために、とても重要です。

本書の月案の考え方

●ねらい
年間指導計画のねらいと、その月の子どもの姿を踏まえて、養護と教育のそれぞれの側面から、時期的、季節的なものを考慮して記入しましょう。

●子どもの姿
生活と遊びの2つの観点から、前月末の子どもの姿を書きます。クラス全体を通じて、この時期によく見られるようになった姿を記入しましょう。

●内容
「子どもの姿」を踏まえて、「ねらい」を実現するため子どもたちに経験させたい事項を書きます。活動や体験の内容を具体的に書き込んでいきましょう。

●保育所職員の連携
月案を実践していく中で必要な、保育者同士や保育者とほかの職員との連携事項について書きます。

※「遊び」は0歳児では「3つの視点」、1〜2歳児では「5領域」を意識して記入しましょう。くわしくは37ページを参照してください。

0歳児　4月　月

| ねらい | ※ゆったりとした雰囲気の中、心地よく過ごせるように ※特定の保育者と触れ合い |

子どもの姿

生活（食事・排泄・睡眠・清潔・着脱）
- ●新しい環境や保育者に慣れず、音に敏感で、寝ていても目が〜たりする。
- ●ミルクは一定量飲む子と飲め〜いる。
- ●離乳食はよく食べる子と食〜いる。うまく飲み込めなかっ〜すことがある。
- ●眠りが浅かったりぐずったり〜
- ●環境の変化で体調をくずす子〜
- ●名前を呼ばれると喜ぶ。
- ●保育者に甘えてくるようにな〜

遊び（3つの視点から）
- ●保育者のほうに手を伸ばし〜手と目を合わせてよく笑〜
- ●腹ばいが上手になりお座り〜
- ●ハイハイでよく動き回った〜ちをする子もいる。
- ●伝い歩きをする子もいるが、不安定である。
- ●気になった玩具や友だちの〜こうとする。
- ●機嫌がいいときに喃語を発〜
- ●おんぶや抱っこをすると安心〜く過ごす。

保育所職員の連携
- ※離乳食は栄養士とこまめに連絡をとりな〜める。
- ※生活リズムが違う子でも、安心して一定〜れる静かな場所を確保できるようにする。
- ※ハイハイや伝い歩きでの探索では安全〜り、危険がないよう、保育者同士で声を〜う。

● 指導計画の立て方

●健康・安全への配慮
季節の移り変わりや、活動や行事における安全確保を考慮して、気をつけるべき事項を書きます。特に3歳未満児では感染症に対する抵抗力も弱く、危険を認識する力も未発達なので、十分な配慮が必要です。

●行事
その月に行われる保育所の行事を書きます。

●環境構成
「内容」の実践にあたって、必要な用具などの物的環境、人員の配置や役割分担などの人的環境について書きます。子どもたちの視点に立って必要な環境を考えてみましょう。

●保育者の配慮
子どもたちが自発的に活動していけるよう、保育者が生活や遊びにどのように関わっていくかを書きます。子どもの情緒の安定、健康・安全への目配りも欠かさないようにしましょう。

●家庭・地域との連携
保護者とともに子どもを育てていくために必要な内容について書きます。行事や交流など、地域の人々との連携についても記入しましょう。

●食育
季節の流れ、そのときどきの旬の食材なども考慮しながら、「食」についてさまざまな体験ができるよう、計画を立てましょう。

●反省・評価
その月が終わったら、月案の立案そのものが適切であったか、月案の実践は十分に行えたかなど反省と評価を行い、記入します。書いた内容は次の月案の作成に生かします。

ひよこ組

とりの子どものありのままの姿を受け入れ、
て楽しく過ごす。

健康・安全への配慮
＊環境が変わるので、疲れが出やすく、体調をくずしやすいため、一人ひとりの健康観察を丁寧に行う。
＊それぞれの生活リズムを把握し、様子を見ながらなるべく静かな場所で一定時間、眠れるようにする。
＊安全に気をつけて探索活動が十分できるようにする。

行事
＊入園式
＊誕生会
＊身体測定
＊個人面談
＊全体懇談会

内容	環境構成	保育者の配慮
●不安な気持ちを受け止めてもらい、抱っこやおんぶ、声かけなど個々への保育者の十分な関わりによって安心して過ごす。 ●離乳食を食べさせてもらったり、自分で食べようとする。 ●おむつが汚れたら取り替えてもらうことで気持ちよさを感じる。 ●おんぶや抱っこ、そばにいてもらって安心して眠る。 ●保育者に名前を呼ばれたり話しかけられることを喜ぶ。	●家庭と連絡をとりながら、生活リズムや様子を見て、なるべく静かな場所で一定時間眠れるようにする。 ●散歩など外気に触れて気分転換を図る。 ●離乳食やミルクは話しかけながら、一人ひとりに合わせ、ゆったりと接する。 ●それぞれの健康状態、発達状態を把握して、生理的欲求を満たし、気持ちよい生活を送れるようにする。 ●保育室の温度や湿度、換気に気をつけ、快適で衛生的に過ごせるようにする。	●一人ひとりの入眠時の特徴や癖をつかみ、安心して眠れるようにする。 ●抱っこやおんぶをしたり、触れ合い遊びをするなどスキンシップを十分にとり、ゆったりした雰囲気の中で安心して過ごせるようにする。 ●おむつを交換するときは、きれいになると気持ちよいことがわかるように声をかける。 ●不安になるときは声をかけたり、そばについたりして安心できるようにする。 ●体調には常に気を配り、観察を怠らないようにする。
●散歩に行き外気に触れる。 ●ずりばいやハイハイで動き回る。 ●つかまり立ちや伝い歩きで行動範囲が広がり、興味を持った玩具で遊ぶ。 ●保育者がする簡単な手遊びなどを見て歌や手の動きへの興味を見せる。 ●喃語を話しているときにやさしく応答すると、それに応えるようにさらに喃語を発する。	●手の届くところに興味を引きそうな玩具を置いておく。 ●つかまり立ちや伝い歩きが安全に行えるよう、危険なものや場所がないように点検、整備をしておく。 ●ハイハイなどが十分できるように安全なスペースをつくる。 ●探索しているときには、保育者間の連携をとり、子どもの動きに合わせてそばで見守る。	●手や玩具などを口に入れることが多くなるので、こまめに消毒するなど衛生面に気を配る。 ●寝返りを自分でしようとするときは腰を支えるなど援助して、動きを促す。 ●表情やしぐさなどから欲求をくみとり、言葉をかけながら欲求に応えるようにする。 ●つかまり立ちや歩き始めは、バランスをくずしやすいので、そばについていつでも手で支えられるようにする。 ●やさしい笑顔で話しかけ、歌を歌ったり音楽をかけたり触れ合い遊びなどで機嫌よく過ごせるようにする。

家庭・地域との連携
育所での生活と家庭での様子を伝え合い、
護者が安心して子どもを預けられるよう、信頼関係を築く。
事、排泄、睡眠など生活リズムや健康状態な
家庭と密に連絡をとり合いながら、
子に合わせて生活できるようにする。
人面談、全体懇談会への参加を呼びかける。

食育
＊子どもの食べたい気持ちを大切にしながら、いろいろな食材に親しめるようにする。
＊食事のときは向き合って、「モグモグしようね」「おいしいね」と声をかけながら楽しい雰囲気の中で食べられるようにする。

反省・評価
＊新しい環境で不安になったり、ちょっとした物音で起きることもあったが、少しずつ慣れ、睡眠もとれるようになってきた。これからもそれぞれの生活リズムに合わせていくようにする。また、疲れも出始め、体調をくずす子もいるため、今後も健康状態には個々の観察など十分行って気をつける。

15

週案・日案

月案をもとに週単位の「週案」あるいは一日単位の「日案」を作ります。短い期間で計画→実践→記録→自己評価→改善の流れを実践することで、改善すべき点に、よりすばやく対応することができます。

指導計画のうち、週単位のものを**週案**、一日単位のものを**日案**といいます。どちらも月案をもとに**クラスに1つ**作成します。

週案はその週の保育の「ねらい」とそれを実現するための計画を、**その週の子どもの姿や次の週への流れ**を考慮しながら作成します。そうした視点が不足して単なる週の予定表になってしまわないよう、意識することが大切です。

本書の週案の考え方

●子どもの姿
3歳未満児では一週間のうちにかなりの成長を見せることがあります。常にしっかりと子どもの様子を観察して、記入しましょう。

●ねらい
月案のねらいと子どもの姿を踏まえて、その週の目標を具体化して記入しましょう。

●行事
その週に行われる保育所の行事を書きます。

●反省・評価
その週の保育実践を振り返り、反省・評価を行って記入します。反省点は翌週以降の保育に生かしていきましょう。

2歳児　8月　週案　うさぎ組

ねらい
* 気温、湿度に配慮して、一人ひとりの体調に気を配り、健康に過ごせるようにする。
* 夏の自然に親しみ、この時期ならではの遊びを楽しむ。
* 簡単な身の回りのことを自分でできるようになる。

行事
* プール
* 避難訓練(6日)

子どもの姿
* 暑さのため、食欲が落ちたり、体調をくずしたりする子も見られた。
* 水に慣れ、友だちと一緒にプール遊びや水遊びを楽しんでいた。
* 手伝ってもらいながらも、身の回りのことを自分でしようとしていた。

	8月5日(月)	8月6日(火)	8月7日(水)	8月8日(木)	8月9日(金)	8月10日(土)
内容	● 室内、戸外で友だちと一緒に自由遊びを楽しむ。 ● プールやベランダで水遊びをする。 ● パネルシアターを楽しむ。	● 避難訓練に参加する。 ● 公園へ散歩に行く。	● 園庭の夏野菜を収穫する(トマト、ナス、キュウリ)。	● お店屋さんごっこを楽しむ。	● プールで金魚すくい遊びをする。	● 土曜日保育
環境構成	● パネルシアター、「おおきなかぶ」の人形と仕掛けの準備もしておく。	● 避難訓練は、スムーズな連携ができるよう、職員同士で打ち合わせや情報を連携しておく。 ● 公園に行くときには、草花や虫の観察ができるよう、虫めがねや図鑑を準備する。	● 人数分のかごを準備する。 ● 収穫した野菜はみんなで洗って、調理室のスタッフに届け、給食に使ってもらう。	● お店屋さんごっこに使う、商品(野菜、魚、お菓子)、お金、バッグなどを紙や布で人数分作っておく。製作の一部は3歳以上児の子どもたちにお願いしておく。	● 給食室の食品トレーを用意する。 ● ビニールテープなどを使って、子どもたちに魚の模様をつけてもらう。 ● 網を人数分用意する。	● 土曜担当の保育者に、健康状態などの必要な情報を連絡する。 ● 活発に動く3歳以上児と安全に過ごすため、広いスペースを確保する。
保育者の配慮	● 保育者も楽しみながら演じる。なかなか集中できない子には、お話に誘いかけるような呼びかけを行う。	● 子どもたちに不安を与えないよう、避難訓練の内容を事前に伝えておく。 ● 散歩は、夏の自然への興味・関心を引き出してあげられるよう、話しかけを行う。	● 昼食のときには、今日収穫した野菜がメニューに使われていることを説明して、食材への関心を促し、旬の食べもののおいしさを実感できるようにする。	● お店屋さんごっこでは、全員がそれぞれ店員さん役、お客さん役を体験できるようにして、コミュニケーションの楽しさを共有する。	● 金魚すくい遊びは子どもたちを2組に分けて行い、一人ひとりの安全に目が届くように行う。 ● 水を怖がる子にも楽しめるよう、手助けをする。	● 異年齢の子どもたちと触れ合いの機会が持てるよう、話題を提供したりするなど、仲立ちを行う。
反省・評価	● はじめはなかなかパネルシアターに集中できない子もいたが、キャラクターのパペットを加えたことで、みんなで集中して楽しむことができた。	● 公園では、てんとう虫、キリギリス、トンボなど夏の虫を見つけて目を輝かせる場面が見られた。虫めがねや図鑑を効果的に活用することができた。	● 春から水やりをして、自分たちで育ててきた野菜の収穫を、子どもたちも楽しみにしていた。食べものへの関心、感謝の気持ちなどが育んでいきたい。	● 楽しい雰囲気の中でお店屋さんごっこをすることができた。これまであまり話すことのなかった子同士が自然と話す様子も見られ、クラスの一体感を感じることができた。	● 金魚すくい遊びでのびのびと豊かな表情が見られた。金魚を色別に分けてすくわせ、プールの底に同じ色の玩具を用意するなど、次回はさらに発展した活動を試みたい。	● 年上の子どもたちにやさしく接してもらう場面、また転んだ3歳児の頭を撫でてあげる場面も見られた。異年齢の子どもたちとの交流が得られるものを大切にしていきたい。

●内容
「子どもの姿」を踏まえて、「ねらい」を実現するため子どもたちに経験させたい事項を書きます。経験が細切れにならないよう、前日とのつながりを持たせた内容を記入しましょう。

●環境構成
「内容」の実践にあたって、必要な用具などの物的環境、人員の配置や役割分担などの人的環境について書きます。

●保育者の配慮
「内容」の実践にあたって、子どもたちが自発的に活動していけるための保育者の配慮を書きます。3歳未満児では、子どもの気持ちを受け入れ、安心して過ごせるための配慮も重要です。

指導計画の立て方

　3歳未満児の子どもではわずか一週間のうちに歩けるようになったり、自分で排泄ができるようになったりするなど、計画していたよりも早めのスピードで発達が進むこともあります。保育者は目の前の子どもの姿に合わせ、**子どもが自発的に活動に参加**するように興味や関心を引き出す工夫をしていくことが必要です。

　そのためにも保育者は日々子どもの遊び方をよく観察し、柔軟に対応しなければなりません。その結果、月案と週案が少しずれることがあっても**目の前の子どもの姿を優先**します。

　保育所によっては日々の記録として記す保育日誌に日案の要素を加えることもあります。その場合は、日誌に反省・評価の項目を加え、次の日の計画作成につなげられるようにします。

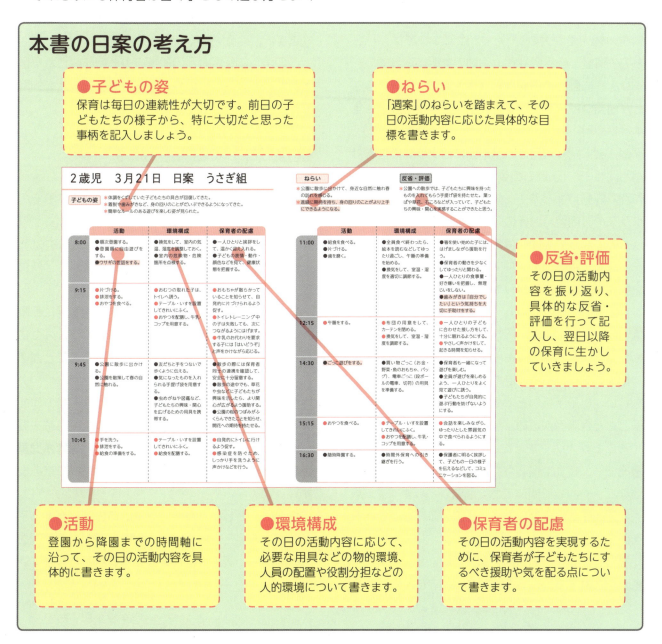

個人案

0～2歳児ではすべての子どもについて個人ごとの指導計画を作成します。その子どもの姿をよく見て、生育歴や発達状況などを踏まえ、家庭との連携のもとでのびのびと成長できるように、発達を見通して作成します。

0～2歳は全員に個人案を

保育所保育指針では一人ひとりの発達、個性に応じた保育と、そのための計画の重要性が強調されています。そして心身の発達が著しく、クラス内での発達の個人差が大きい0～2歳については、子どもの生育歴、心身の発達、活動の実態に沿って、一人ひとりに**個別の指導計画（個人案）**を作成することが**義務づけ**られています。個人案は長期計画を基本とし、月ごとに作成するのが一般的です。

個人案に記す項目は、基本的にはクラスの指導計画と同じで、「子どもの姿」「内容」「保育者の配慮」「反省・評価」などです。個人ごとの指導計画なので、クラスの「内容」とその子どもの「内容」が多少違うものになっても問題はありません。**子どもの個性**をとらえ、**主体性**を発揮できるように、今後の発達を見通して指導計画作りを行います。

家庭との連携を大切に

個人案を作成するにあたっては**保護者と話し合い**を行い、母子手帳などで生育歴を確認しつつ、現在子どもと保護者がどのような生活をしているのかを知ることが大切です。たとえば新入所児の場合、0歳児では、授乳や離乳食をどのように行っているのかなど、くわしく聞いておく必要があります。1歳児、2歳児では食事や排泄、睡眠、遊びなどの状況を確認します。

また、継続児の場合は、個人面談などの際に保育者からこれまでの保育の様子を保護者にくわしく伝えます。家庭での姿と保育所での様子が違うこともあるので、**お互いに情報を伝え合う**ことで、ともに子どもの全体的な姿をとらえられるようになります。そして、それをもとに子どもの一日24時間の生活を見通して、**家庭生活との連続性のある個人案**を作ります。

このように保護者との連携のもとで作成された個人案は、一人ひとりの発達過程や保育ニーズを的確にとらえたものになります。

延長保育などに生かす

個人案があると、クラス担任以外の保育者もその子どもの発達や保育内容について理解しやすくなります。クラス担任以外が保育にあたることの多い、延長保育や早朝保育などの**「長時間保育」**では特に個人案を効果的に利用したいものです。

また、引っ越しで保育所を移る際、幼稚園に転園する際など、新しい環境で子どもに関わる人々にとって、これまでの個人案の内容を伝えることがその子どもを理解する助けとなります。

保育所保育指針では3歳以上児の個人案の作成は義務づけられていませんが、3歳以上児も個人案があると、就学時に小学校に提出する**「保育所児童保育要録」**を作成するときに作業が効率的に進みます。

さらに、もしも保育所に児童虐待の疑いがある子どもがいる場合、関連機関の職員が子どもの状況を調べる際に、個人案は重要な参考資料となります。

本書の個人案の考え方

●内容
「子どもの姿」を踏まえて、ねらいを実現するためにそれぞれの子どもに経験させたい事項を書きます。

●保育者の配慮
「内容」の実践にあたって、それぞれの子どもが自発的に活動していけるための保育者の配慮を書きます。一人ひとりの発達の様子や個性に合わせて、きめ細やかな援助を行えるよう考えましょう。

●反省・評価
その月の保育実践を振り返って、一人ひとりの子どもに対して反省・評価を行い記入します。反省点は翌月以降の保育に生かしていきましょう。

●子どもの姿
一人ひとりの子どもについて、前月の保育実践の中で見てきた様子を、生活（養護）・遊び（教育）の両面から記入します。

2歳児　8月　個人案　うさぎ組

	G児（2歳3か月）	H児（2歳7か月）	I児（3歳0か月）
子どもの姿	●泣くことはほとんどなくなってきたが、ときどき「ママ、くる？」とくり返し聞いてくることがある。 ●ゆっくりではあるものの、衣服の着脱を自分でする気持ちが出てきている。 ●保育室内を走り回ることがある。	●午睡のあとなどに、自分から進んでトイレに行き、排尿できることが増える。 ●自分の思いどおりにならないと、大声で泣いてとおそうとすることがある。 ●集中してパズルに取り組む姿が見られる。	●4歳児クラスの子どもたちとの食事を楽しんでいる。 ●生活や遊びの中で、以前より順番を待つことができるようになってきた。 ●話すことが好きで、保育者や友だちとのやり取りを楽しんでいる。
内容	●保護者や保育者に甘える気持ちを持ちながらも、落ち着いて楽しく一日を過ごす。 ●ある程度自分で衣服の着脱ができるようになる。 ●室内で走り回ると危険があることを理解する。	●自分でトイレに行くことに自信を持ち、排泄のあと、手洗いまでの一連の流れを行うことができる。 ●友だちとのトラブルのときには、少しずつ相手の気持ちを理解できるようになる。 ●いろいろな遊びに興味を持ち、楽しむ。	●食事はみんなのペースに少しずつ合わせて、集中して食べることができるようになる。 ●物事に決まりやルールがあることを、少しずつ意識することができる。 ●生活の中で、挨拶や会話を楽しむ。
保育者の配慮	●保護者と離れて寂しい気持ちを受け止め、やさしく話しかけて抱きしめる。 ●衣服の着脱のやり方を丁寧に知らせ、自分でやりたい気持ちを援助する。 ●室内で走り回ることの危険を伝え、戸外で思いきり体を動かす機会を増やす。	●排泄が終わったら、石けんで手を洗うことを知らせ、気持ちよさを感じられるようにする。 ●大声で泣いたときには、見守りながら気持ちを受け止め、思いどおりにならないこともあることを知らせる。	●食事のときは手が止まっていたら声をかけ、集中できるように援助する。 ●順番を待っている姿が見られたら、「○○ちゃんが終わったら貸してもらおうね」などと声をかける。 ●言葉を受け止め、しっかりと返していく。
反省・評価	●「ママ、くる？」と聞いてくるときには気持ちを受け止め、「大丈夫よ。ママちゃんときてくれるから、一緒に待ってようね」と話すと、安心して遊び始めていた。 ●身の回りのことを自分でやる意欲が育ってきた。引き続き援助していく。	●排泄がだいぶ自立してきた。引き続きはげまし、援助していく。 ●思いどおりにならないときには、ゆったりと受け止め話をすると、聞いてくれることも増えてきた。 ●遊びや玩具のバリエーションをさらに広げる。	●食事のときは声をかけたり、まわりの様子を知らせることで、集中して食べることができるようになってきた。無理せずに完食できることが多くなるよう、引き続き見守っていく。 ●「聞くこと」の大切さも伝えていく。

障害のある子どもの個人案

　0～2歳では障害の有無に関係なく、全員の子どもに個人案を作成します。3歳以上の障害のある子どもについては、「必要に応じて」とされ、義務化されてはいません。しかし、保育所全体で子どもの障害を理解し、すべての保育者が温かく関わっていくために、また専門機関などとの連携を図るためにも、**個人案を作成することが望まれます**（くわしくは188・189ページを参照してください）。

3 一年の行事とスケジュール

行事は保育の「節目」になるものです。その行事で何が体験できるか、それに向かって担任としてどんな取り組みができるかを考えながら、「ねらい」を明確にして行事の計画作りを行います。

＊この行事予定は、一般的な目安です。行事の内容や開催時期は保育所によってさまざまです。

入園式・進級式
- 新入所児を温かく迎え、保育所の仲間になった自覚を促します。
- 新しいクラスに対する意欲を高めます。

遠足
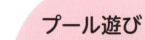
- 自分の足で歩き、体力づくりの大切さを理解します。
- 季節の変化に気づき、自然への関心を高めます。
- 交通ルールを理解し、安全に行動することを学びます。

プール遊び
- プールで水遊びをして、楽しいときもルールを守る大切さを学びます。
- 全身で感じたことを言葉で表現する力を育みます。

| 4月 | 5月 | 6月 | 7月 | 8月 | 9月 |

内科・歯科検診
- 自分の身体的成長に関心を持ち、健康の大切さを知ることをとおし、命を大切にする気持ちを育てます。

保育参観・個人面談
- 保護者に家庭との違いを見てもらい、個人面談では家庭での様子について聞きます。
- 保育所での様子を説明し、今後の保育方針について話し合い、家庭との連携を図ります。

野菜の収穫
- 自然に感謝する心を育てます。
- 収穫しながら植物の変化を観察し、自然を注意深く見る気持ちを育てます。
- 収穫した野菜を食べる喜びを、好き嫌いの克服につなげます。

運動会
- 友だちと力を合わせて競技に参加して、協力するすばらしさを体験します。
- 保護者に応援される喜びや応援する大切さを学び、親子の結びつきを深めます。

● 指導計画の立て方

毎月の行事

お誕生会
●成長を喜び合い、命に対する感謝を育みます。

身体測定
●自分の成長に気づき、健康を大切に思う気持ちを育てます。

避難訓練
●災害に備え、身を守る方法を学びます。

豆まき
●節分の由来を知り、日本の伝統文化の心に触れます。●鬼をはらい、よりよい未来を志向する気持ちや、悪い心と戦う勇気を育てます。

お遊戯会
●みんなで一つの作品を完成させる感動を体験します。●人前で堂々と発表し、自分への自信を育てます。

お正月遊び
●日本の伝統的な遊びに触れ、日本人としての自覚の芽を育てます。●楽しみながら数や文字への興味を引き出します。

お別れ会
●在園児と卒園児が互いに成長を喜び合い、人を祝福することのすばらしさを学びます。●就学とは何かを知り、成長することへの期待感を育てます。

| 10月 | 11月 | 12月 | 1月 | 2月 | 3月 |

保育参観・保護者会
●保護者に春からの成長を見てもらい、保護者会ではクラスの最近の様子を伝えます。●保護者同士のコミュニケーションを図ります。

クリスマス会
●飾り付けでいつもと違う雰囲気を演出し、楽しく食事をするとおいしく感じられることを体験します。●クリスマスの由来を知り、外国の文化に触れます。

作品展
●一年間に製作した作品を展示し、保護者に成長を知ってもらいます。●さまざまな個性があることを知り、どんな個性もすばらしいと思う気持ちを育てます。

卒園式
●保育所生活を振り返り、自分や仲間の成長を喜び合うとともに、新しい世界に飛び出す意欲を育てます。●感謝の気持ちを表現する大切さを学びます。

21

4 自己評価の考え方と方法

「計画→実践→記録→自己評価→改善→計画」のサイクルで
組織的・継続的に保育の質を高めていくために、
保育者がみずから保育を振り返ることが求められています。

自己評価の目的

「自己評価」には大きく分けて、一人ひとりの保育者が行うもの**(保育士等の自己評価)**と、保育所全体で行うもの**(保育所の自己評価)**があります。どちらの自己評価でも、チェックすべきポイントは、「指導計画に沿って保育が展開されていたか」ということにとどまりません。「指導計画そのものが適切だったか」についても自己評価を行います。

指導計画の自己評価は、テストのように点数をつけたり、出来のよさを競ったりする性質のものではありません。保育を振り返ることで**子どもたちへの理解を深め、次の指導計画を改善する**ために活用するのが自己評価をする目的です。

実践を記録する

自己評価を行うために、保育の実践の記録を残しましょう。保育の現場では日々いろいろなことが起こるので、誰がいつ何をしたか、それはなぜか、など詳細な部分までは正確に記憶できません。午睡の時間などを利用し、その日の活動の内容、参加した子どもや保育者の名前、場所、時刻、使った遊具・用具、環境などを記録し、後日の振り返りのために保存します。客観的なデータばかりではなく、活動のときに**保育者が思ったこと、もっと工夫が必要だと感じたこと**なども記入するとよいでしょう。

保育士等の自己評価

クラス担任の保育者など一人ひとりの職員は、自分の担当内容の計画と実践について振り返りを行います。

保育者による振り返りのポイントは、まず、**「子ども一人ひとりの育ちをとらえられていたか?」**ということです。子どもが活動に取り組んでいるとき

● 指導計画の立て方

楽しそうだったか、集中できていたか、友だちと協力することができたかなど、**発達段階に応じた視点**を持って子どもの様子を振り返ります。特に０〜２歳児は成長の早い時期なので、一人ひとりの発達にどういった個性が見られるのかも振り返ります。

次のポイントは、**「自分が保育の実践で行った援助は適切だったか？」**ということです。保育の環境構成や子どもへの関わりが適切であったかなど、保育実践で自分がしたことを冷静に振り返ってみます。

クラス担任が複数いる場合は、**複数の保育者で自己評価を行う**ことも、保育者同士で学び合っていくために必要です。複数で振り返ることで、互いの保育のよいところや課題点を発見でき、子どもの姿のとらえ方も互いに参考にし合うことができます。

保育所の自己評価

保育所としての自己評価は、一年のうちで保育活動の区切りとなる時期を選んで、**月ごと、あるいは期ごと**に行います。保育所の施設長が単独で自己評価するのではなく、**施設長がリーダーシップを発揮した話し合いの場**で自己評価していきます。

保育所の自己評価の観点や項目は、それぞれの保育理念や地域の実情、保育所の実態に合わせて、全職員の共通理解のもとで設定します。設定項目には特に決まりはありません。

保育所の自己評価は、なるべく園だよりやホームページなどを利用して保護者や地域住民に公開します。保育所保育指針では、自己評価の公開を義務づけていませんが、社会的責任を果たすためには公開が望ましいと定めています。

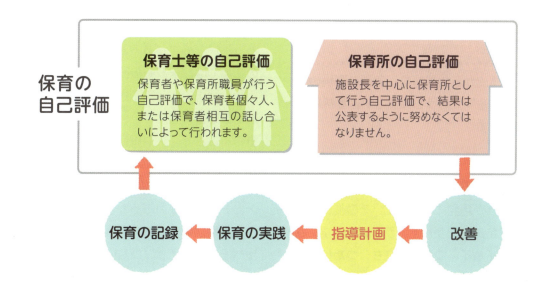

23

5　0〜2歳児の発達過程

この時期は、月齢や生育歴などで一人ひとりの発達に個人差が著しい時期です。
ここでは0〜2歳児の発達過程を2つに分けて特徴を示してあります。
ねらい・内容を作成するときの参考にしてください。

乳児の発達過程

● 乳児期は、月齢や生育歴などで一人ひとりの発達に個人差が著しい時期です。運動機能の発達がめざましく、またそれとともに、特定の大人との応答的な関わりの中で情緒的な絆が形成されていくという特徴があります。ここでは乳児の発達過程の特徴を、身体的発達・社会的発達・精神的発達の3つに分けて示します。ねらい・内容を作成するときの参考にしてください。また実際の保育においては、養護（生命の保持及び情緒の安定）と教育が一体となって展開されていくことに留意します。

身体的発達
〜健やかに伸び伸びと育つ〜

乳児は、母体内から外界への、急激な環境の変化に適応し、短期間のうちに著しい運動機能の発達を遂げます。

● **運動機能が発達し、活動範囲が広がる**

おおよそ4か月ごろまでに**首がすわり**、5か月ごろから手足の動きが活発になります。その後、**寝返り**、腹ばいなど全身を動かせるようになります。さらにお座り、**ハイハイ、つかまり立ち、つたい歩き**をするなど自分の意思で体を動かし、移動したり自由に手が使えるようになっていきます。運動面の発達によって子どもの視界は広がり、さまざまな刺激を受けながら活動の空間を広げていきます。そして、「自分が行きたいところに行ける」という満足感が次の発達の原動力となり、自分の意思で全身を活発に動かすようになります。

● **心地よさを感じる**

快と不快の感覚があり、おむつが汚れる、空腹など、不快な感覚があると泣いて表現します。乳児期の初期では、子どもの欲求はほとんどが生きていくための欲求です。この**生理的欲求**は、周囲の大人の**適切な応答**で満たされ、心地よくなっていく経験を重ねることで、人や周囲に対する信頼感が育ちます。

● **離乳食、幼児食への移行**

おおよそ6か月ごろから離乳食が始まり、すりつぶした状態の食べものを経て、形のある食べものが食べられるようになります。さまざまな食品に少

しずつ慣れ、咀嚼と嚥下の経験をくり返しながら1歳6か月ごろまでには完了期、幼児食へと移行していきます。個々の子どもの食事に対する欲求を受け入れながら、**食事の時間が楽しいものになるよう**心がけることが安心感をもたらします。

●生活リズムがつくられる

4～5か月ごろから睡眠間隔が一定になり、昼夜の区別など、その子どもなりの生活リズムがつくられていきます。しっかりと遊ぶことでほどよい空腹や疲れを感じ、活動と休息という一日の生活の流れが整っていきます。

社会的発達
～身近な人と気持ちが通じ合う～

周囲の大人の受容的・応答的な関わりのもとで、視覚、聴覚などの感覚のめざましい発達に伴って、泣く、笑うなどの表情の変化や体の動き、喃語などで自分の欲求を表現します。それに応じ、欲求を満足させる大人との間に情緒的な絆が形成され、情緒が安定していきます。

●情緒が安定してくる

授乳やさまざまな形での応答をとおして情緒が安定していき、周囲の大人との間で**愛着が形成**されます。3～4か月ごろから、あやされると笑うといった社会的な意味を持つ笑顔（社会的微笑）や大人を求める（社会的欲求）表現が見られるようになります。次第に人と関わることが楽しいという感情がひき出され、人に対する**基本的な信頼感**が培われていきます。

●人間関係が深まる

首がすわり、手足の動きが活発になると、子どもは対面で相手をしてくれる大人に対して、目を見つめて微笑んだり、手足をバタバタと動かしたり、声を出したりするようになります。また、大人に自分から意思を伝えようとし、大人がそれに丁寧に応える中で関係が深まっていきます。

●親しみの表現ができるようになる

6か月ごろには身近な人の顔がわかるようになり、身近な大人とのやり取りを盛んに楽しみます。そして、それまでに芽生えた特定の大人との愛着関係がさらに強まります。

この時期は、初対面の人や覚えのない人を見ると泣くなど**人見知りをする**ようになりますが、人見知りは特定の大人との愛着関係が育まれている証拠ともいえます。

大人との安定した関係を基盤にして、次第にほかの子どもに対しても関心を持つようになります。乳児同士であっても、自分とよく似た子どもの存在を認識し、他児が遊ぶ様子をじっと見つめたり、周囲の**大人や他児のまね（模倣）**をしたり、はって追ったりするなど、周囲に興味を示す姿が見られます。

●クーイングから喃語へ

2～3か月ごろから「アー」「ウー」などのクー

イングが始まり、4か月ごろには「アーアー」「バー」などの**喃語を発する**ことができるようになります。こうした喃語に、大人が音をまねて返したり、「お話し上手ね」などと優しく応答することで、人とやり取りする心地よさを感じ、自分を表現する意欲が高まっていきます。

●共感する喜びを感じる

9か月を過ぎるころになると、**自分が見つけたものや大人が指示したものを、一緒に見たり（共同注意）**、自分の持っているものを見せようとするようになります。子どもの気持ちをくみとって言葉にして返すなど、応答的に関わることで子どもは少しずつ簡単な言葉の意味がわかっていきます。

また、盛んに**指さしをする**ようになり、身近な大人が「そうね、○○ね」「××したいのね」と言葉にすることで、自分の伝えたいことを大人が理解してくれたことに満足し、ますます言葉を理解するようになります。やがて**一語文**で意思や欲求を伝えようとします。

精神的発達
~身近なものと関わり感性が育つ~

運動能力や感覚が発達する中で、子どもは自分を取り巻く環境からさまざまな刺激を感じ取ります。身近な人やものとの関わりをとおして、その意味や性質、特徴などをとらえ、満足感やおもしろさを味わいます。そして、周囲への関心や興味を高め、自分から周囲のものに近づき関わろうとする意欲（探索活動）を示します。

●興味や好奇心が広がる

視覚や聴覚の発達に伴って、色や音に関心を持ち、おおよそ5か月ころからは、自分からものに手を伸ばすようになります。興味を持ったおもちゃを手にすると、口に入れてなめる、振る、床に打ちつける、手から離れて転がっていくのを追いかけるなどして、ものとの新しい関わりを発見し、その子どもなりの遊びを発展させていきます。

●感性が育まれる

情緒が安定した環境のもとでは、子どもは物音や、天井に映る光と影、虫の声など、わずかな変化にも気づきます。これらに何かを感じ、子どもが発見したことを大人に知らせたときに、**大人が共感的に応答し、意味を加える**ことで、子どもの敏感な感性が育まれていきます。音、形、色や感触などから感じ取ったものを大人と一緒に味わうことで、その美しさ、不思議さや魅力に気づいていきます。

●手指の操作が巧みになる

身の回りのものに「触ってみたい」と向かっていき、うまくつかんだり落としたりなどの経験を重ねながら、手指の操作が巧みになっていきます。手のひら全体でものを包みこむように握る状態か

指導計画の立て方

ら、すべての指を使って握る状態を経て、乳児期の終わりごろには、親指とほかの指を向かい合わせて握る状態へと変わってきます。さらに、身の回りのものを親指と人指し指でつまんだり、引っぱったりする中で、**手の操作性**が高まり、道具を使う楽しさなどを経験します。

●音楽やリズムに合わせて自己表現を楽しむ

　全身の運動能力が上がるにつれて、歌やリズムの心地よい刺激に合わせて手足を動かしたり体を揺らしたりして楽しむようになります。自由に体を動かすことは、自分の体をあやつる喜びを伴うもので、これは1～2歳ごろの「**自分でしようとする意欲**」につながるものです。また、近くで体を動かすほかの子どもと共鳴しあって体を動かす経験は、自分の気持ちをほかの子どもに伝えようとすることにもつながっていきます。

●感情の表現が豊かになる

　乳児期の子どもは、主に表情、発声、体の動きなどで感情を表現します。生まれたばかりのころは単純な泣き方だったものが、次第に感情を訴える泣き方になります。泣き方や笑い方の中に表現される意思を、大人がくみとって応対していくことで、より自分を表現しようとする意欲が育っていきます。

1歳以上3歳未満児の発達過程

●一人歩きができるようになり、行動範囲が飛躍的に広がります。語彙も増加し自分の意思や欲求を言葉で表現できるようになり、基本的な生活習慣などにおいて自分でできることが増えてくる時期です。ここでは健康・人間関係・環境・言葉・表現の5領域に分けて特徴を示します。また、実際の保育においては、養護（生命の保持及び情緒の安定）と教育が一体となって展開されていくことに留意します。

健康

自分から体を動かすことを楽しみ、さまざまな動きを体験する中で、生活に必要な習慣に気付き、自分でしてみようとする姿が見られます。

●さまざまな運動能力を獲得する

　一人歩きをくり返す中で、脚力やバランス感覚が身につきます。体を使って動くことが心地よさや喜びをもたらすような活動の中で、**走る、跳ぶ、登る**、押す、引っぱるなどさまざまな動きを獲得していきます。また、歩行が安定すると、自由に手を使うことができるようになり、手先の機能も発達します。

●食事を楽しみにする感覚が育つ

　好き嫌いが出ることも多いですが、初めて口にする食品や調理法の食べものになじんでいきます。おいしさや食べることの心地よさ、満足感を表現する周囲の大人の気持ちや雰囲気を感じ取りながら、

食事を楽しみにする感覚が育っていきます。

●衣服の着脱を自分でしようとする

　毎日くり返し行うことについて、次第に手順が予想できるようになります。体や手指をコントロールする機能が育ち、衣服の着脱を**自分でしようとする姿**が見られます。

●自分で排泄ができるようになっていく

　体の諸機能の発達により、自分で排泄することが可能となっていきます。おむつを交換して清潔にすることの心地よさから、トイレに行く習慣を獲得していきます。トイレに行こうとする、自分でパンツをおろす、便器に座る、便器で排泄ができたなど、一つひとつの段階を認めてともに喜ぶことで、次第に**排泄の自立**へと向かっていきます。

●清潔を心地よく感じる

　清潔を保つための基本的な生活習慣が身についていきます。食事の前やトイレの後などに手を洗うとき、「きれいにしようね」「さっぱりしたね」と大人が意味を伝えることで、子どもは行為にともなう心地よさと意味を結びつけ、その必要性を理解します。

人間関係

保育所での生活を楽しみ、身近な人と関わる心地よさを感じる中で、他児への関心が育ち、自分から関わろうとする姿が見られます。また、生活の仕方やきまりの大切さにも気づいていきます。

●環境に安心感を持つ

　自分を受け入れてくれると感じる環境の中で、**安心してやりたいことに積極的に取り組める**ようにな

ります。信頼できる大人の応答的な関わりから、期待を持って見守られていることを感じることで、自分で考えて自分で行おうとする意欲、あきらめずにやり遂げようとする気持ちが芽生えます。

●ほかの子どもに関心を持ち、関わろうとする

　日常的に接している子どもがしている遊びに興味を持ち、すぐそばで別々ながら同じような遊びをする（平行遊び）姿などがよく見られます。その中で**玩具の取り合い**や相手を拒絶する姿や、簡単な言葉で気持ちを訴えることもありますが、こうした経験の中で子ども同士の関わりが育まれていきます。**ほかの子どものしぐさや行動をまねたり**、同じ玩具を欲しがったりもします。

●自我が育ち、相手の気持ちに気づく

　このころは、自分と他者の気持ちの区別はできにくいため、思い通りにいかない場面も増え、**自己主張が強くなる**にしたがって、ほかの子どもとぶつかり合うことが多くなります。**自我の育ちを大人に見守られる**ことで、自分の思いを相手に伝えることができるようになっていきます。相手にも思いがあることに気づくよう、大人が仲立ちすることで、徐々に他者を思いやる気持ちが芽生え、状況に応じた接し方を覚えていきます。

● 生活のきまりを理解する

　生活の中で、外に出るときは靴をはくことやトイレの使い方などをくり返し経験しながら、きまりがあることに気づき始めます。

環境

身近な環境に親しみ、さまざまなものに興味や関心を持ち、発見を楽しんだり考えようとする姿が見られるようになります。見る、聞く、触るなどの経験を通して、感覚の働きが豊かになっていきます。

● 感覚が発達し、周囲への興味が広がる

　信頼できる大人がそばにいて、情緒が安定した状況にあって、子どもは好奇心を持って周囲の人やものに関わってみようとします。周囲のさまざまな環境に興味を広げ、見る、聞く、触れる、かぐ、味わうなどさまざまな感覚を働かせて対象に関わります。関心を持って周囲に関わろうとすることが、豊かな感覚や感性の発達を促していきます。

● 見立て遊びができるようになる

　手を巧みに使えるようになってくることで、興味を持った玩具などを自分なりの目的や方法で工夫しながら扱って楽しむ姿が見られます。また、生活の中で実際に経験したり、絵本で見たりしたイメージを玩具や遊具と結びつけ、**見立てて遊ぶ**ようになります。目の前にはない場面や事物を頭の中でイメージして目の前のもので見立てるという**象徴機能**の発達は、言語を習得していくことと大変重要な関わりがあります。

● ものの性質に気づく

　身の回りで見つけたものを手に取り、いろいろな角度から眺めたり、壁や床に打ちつけたり、足で踏みしめたりと、ものとさまざまな関わり方をして遊ぶようになります。こうした遊びの中で、子どもは形や色、大きさ、重さ、質感といった、ものの性質に気づき、**探求心が芽生えて**いきます。この時期の子どもにとっては、自分を取りまくすべてが成長を促す環境といえます。

● ものなどの所有の意識が芽生える

　自我の芽生えとともに「自分のもの」という**所有の意識**も明確になってきます。自分が遊んでいた玩具をほかの子どもが持っていくと取り返そうとしたり、外に出るときには自分の帽子や靴を棚から持ってきたりする姿が見られます。

　ものだけでなく場所についても、愛着や親しみの気持ちが生まれます。食事をする場所、着替えをする場所などを認識したり、自分のしたいことや今興味のあることをするのに適したお気に入りの場所を自分なりに見つけ、こだわりを持つようになります。

● 自然の生き物と関わり、心を動かす

　身近な動植物に触れ、親しみや興味を持って関わるようになります。命を持つものとの触れ合いをとおしてそれぞれの特性を感じ、小さな動植物の不思議さ、美しさや力強さ、はかなさ、かわいらしさに

心を動かし、いとおしさを感じ始めます。

●行事への関心が深まる

　家庭や地域、保育所などでの大人とのやり取りの中から、**季節の移り変わり**や生活に伴う行事などに触れることをとおして、自然や伝統文化などに興味を向けるようになります。身近な人とともにこれらを楽しみながら、社会とのつながりを感じるようになっていきます。

言葉

言葉遊びや言葉で表現する楽しさを感じ、人の言葉や話などを聞く力や、自分で思ったことを伝えようとする力が育ちます。また、絵本や物語などに親しむとともに、言葉のやり取りを通じて、身近な人と気持ちを通わせるようになります。

●一語文から二語文へ

　大人が応答的に関わっていくことによって、みずから呼びかけたり、拒否を表す一語文を言ったりします。言い表せないことは、指さし、身振りをまじえて伝えようとします。大人が言葉で対応する中から、「マンマ、欲しい」などの**二語文**を獲得していき、さまざまな思いを言葉で表現できるようになります。「コレ、ナーニ？」などと盛んにものの名前を尋ね、ものには名称があることなど、言葉で世界をとらえ始めるのもこの時期の特徴です。2歳の終わりごろには、自分のしたいこと、してほしいことを言葉で言えるようになっていきます。

●言葉で心を通わせる

　「マンマ」や「ネンネ」といった生活に必要な簡単な言葉を獲得し、のちに「はい」といった返事や、「かして」「ちょうだい」などの要求語、「どうぞ」「ありがとう」など、人と一緒に気持ちよく**生活するために必要な言葉に気づき**、徐々に取り入れていきます。

　また、生活の中で、日々同じ場面でくり返し聞くあいさつの言葉を理解するようになります。安心できる雰囲気の中で交わされる、明るく親しみのこもったあいさつに、応じようとするようになります。

●語彙が増加する

　この時期の子どもは、言葉の意味を理解して楽しむというよりも、言葉そのものの音やリズムの響きが持つおもしろさをくり返し楽しみます。気に入った絵本や紙芝居を何度も読んでもらうことを求め、そこに出てくる簡単な言葉を口にし、使うことを楽しむようになります。

●絵本や物語に親しむ

　絵本や紙芝居など大人が読んでくれる話を興味や関心をもって聞き、それを楽しみ、大人や他児と**簡単な言葉をくり返したり、やり取りをとおして**気持

ちを通わせることが見られるようになります。また読み聞かせで覚えた物語を遊びの中で模倣してイメージを膨らませる姿なども見られます。

表現

身体の諸感覚の経験が豊かになり、さまざまな感覚を味わう姿が見られるようになります。また、感じたことや考えたことなどを自分なりに表現しようとしたり、生活や遊びのさまざまな体験をとおしてイメージや感性が豊かになっていきます。

●諸感覚を働かせることを楽しむ

触れるということは、この時期の子どもにとって、周囲の環境と関わり外界を知るための重要な手段です。ものを口に入れて確かめることが多い乳児期を過ぎると、その後は手指や全身を使ってものを確かめることが中心となります。たとえば砂や土などに触れると、ときには気持ちよいと感じ、あるときには汚れていやだと思うなど、**さまざまなものを体と心の両方で感じとる経験**を重ね、感覚や感性が豊かに育っていきます。

また、生活の中でさまざまな音、形、色、手ざわり、味、香りなどに気づくようになります。聴覚や嗅覚など、外界を知覚する感覚は、誕生の時点である程度発達した状態にありますが、その後、実際に外界と関わる経験をとおしてより発達していきます。

●体で表現する

心地よい音楽や楽しいリズムを耳にすると、その調子や自分の気持ちに合わせて、思い思いに体を揺らしたり飛びはねたり、手や足で自分もリズムを取ろうとするようになります。音楽やリズムに合わせて体を動かす経験をとおして、子どもは楽しい気持ちをこうした方法で表現する喜びを味わいます。また、ほかの人のまねをして体を動かす中で、一体感を味わうことの喜びも感じるようになります。

●感じたこと、考えたことを表現する

歌や手遊びに親しむ中で、子どもは自然に歌や動作を覚えて、みずから口ずさむことがあります。こうした姿を大人が温かく受け止めることで、子どもはさらに自分を表現したいという気持ちを持つようになっていきます。また、クレヨンを使ったなぐり描きや、遊びなどでも同様に、安定した情緒のもと、**のびのびと表現を楽しむ姿**が見られます。

●試行錯誤して充実感を感じる

大人が、子どもが試行錯誤しながら表現を楽しむことを温かく受け止め、適切に援助することで、あきらめずに**自分の力でやり遂げる充実感**を持ち、自信をもって表現できるようになっていきます。

6 食育計画の意義

保育所での食育は、食習慣の基礎づくりに大きな意味を持ちます。
養護と教育の視点から「食」をとらえ、給食も食育に活用しましょう。
職員全体で食育の計画を理解し、食事を楽しむ子ども像の実現をめざします。

保育所の食育の目標

1980年代後半ごろから朝食を食べない子どもや一人での食事など、**食習慣の乱れ**が社会的な問題となりました。そのため平成17年に**「食育基本法」**が公布され、食育は国民全体で行うものと定められました。また平成24年には**「保育所における食事の提供ガイドライン」**が、平成28年には「第3次食育推進基本計画」が策定されています。

保育所の食育では「生きる力」の基礎を養うことを目標に、**5つの子ども像**の実現をめざしています。それは「おなかがすくリズムの持てる子ども」「食べたいもの、好きなものが増える子ども」「一緒に食べたい人がいる子ども」「食事づくり、準備に関わる子ども」「食べものを話題にする子ども」です。

また、保育所が**家庭**や**地域社会**と連携し、地域の小さな子どもを持つ家庭に向けて食育の情報発信を行うことが期待されています。

保育所の食育がめざす5つの子ども像

1. おなかがすくリズムの持てる子ども
＊おなかがすく感覚を知る
＊毎日決まった時間に食事をする

2. 食べたいもの、好きなものが増える子ども
＊いろいろな食べものを食べる
＊さまざまな調理法でおいしく食べる

3. 一緒に食べたい人がいる子ども
＊仲間と楽しく給食を食べる
＊家庭で保護者と食事を楽しむ

4. 食事づくり、準備に関わる子ども
＊給食の配膳の手伝いをする
＊調理に興味を持つ

5. 食べものを話題にする子ども
＊食べものについてのお話を楽しむ
＊「おいしい」と味について話す

●指導計画の立て方

給食を食育実践の場に

　保育所保育指針では第3章の「健康及び安全」のなかで、保育を行う上で踏まえておくべきこととして**食育の推進**について示されています。具体的には、「『食を営む力』の育成に向けその基礎を培うことを目標とする」「生活と遊びの中で、意欲をもって食に関わる体験を積み重ねる」「乳幼児期にふさわしい食生活が展開され、適切な援助が行われるよう食育計画を作成する」などです。

　そこで全体的な計画や指導計画にも食育に関する計画を盛り込み、**給食も食育実践の場**としていくことが大切です。また、栄養士などのスタッフを含め、保育所で働くすべての職員が共通認識を持って計画的に食育に取り組んでいくことが望まれます。また、食育に関しても、「**計画→実践→記録→自己評価→改善**」のサイクルで展開していきます。

0〜2歳の食育のポイント

　0〜2歳は母乳やミルクから離乳食を経て、幼児食に移行する段階にあたります。そのときどきにふさわしい形で食を楽しみ、豊かな食体験ができるように心がけます。

　食育は**離乳食**のスタートとともに始まります。食事用のエプロンを着ける、手をふく、いすに座るなどを毎日同じようにくり返し、食事のマナーの基礎と、食事を楽しみにする気持ちを養います。

　手づかみ食べを経て、1歳児クラスでは**スプーン**や**フォーク**を使うことに慣れていきます。言葉が発達して「いただきます」「ごちそうさま」を自分で言えるようになり、「おいしい」と伝えることもできるようになります。2歳児では、**季節の行事に関**連した食事でいつもと違う雰囲気を楽しむことができるようになります。野菜など**食材の名前**も少しずつ覚えるようになります。少しずつ**好き嫌い**が出てくるので、食べものに親しみが持てるような言葉かけの工夫も必要になってきます。

食物アレルギーへの対応

　食物アレルギーをはじめ食について個別の配慮を必要とする場合は、保護者、かかりつけ医や嘱託医などと連携し、**情報を共有**します。家庭で何を食べさせるのがよいのか悩む保護者のため、保育者や栄養士がアドバイスすることも必要です。

　給食では、除去食や代替食でも楽しく食事ができるように、**食環境**や**言葉かけ**を工夫します。誤って普通食を出すことのないよう、全職員の共通理解を図ることも重要です（くわしくは190・191ページを参照してください）。

7 押さえておきたい！指導計画作成のコツ

指導計画を作成するときにいちばん大切なのは、誰が読んでも同じ指導ができることです。つまり、立案した保育者の考えやイメージが伝わるように書くことが求められます。ここでは、押さえておきたい3つのポイントを解説します。

1 指示・命令・干渉する表現をしない

　指示や命令、干渉する表現がなぜ好ましくないかというと、指導計画は、保育者から一方的に、子どもに活動をさせる計画ではないからです。保育者の視点ではなく、**子どもを主体にとらえた視点**で考えることを常に頭に入れておきましょう。
　「～させる」という書き方は子どもが自発的に行動するのではなく、大人の指示にしたがって動くという意味になるので、**「～する」**と書くようにします。また、「やってもらう」という表現では、子どもは受け身で依存している状態です。これも**「～する、やる」**にしましょう。

　複数の子どもに話をするような場面で、「手を膝に置いて座る」と書くのはどうでしょう。この表現では、子どものとる具体的な姿勢は伝わりますが、**子どもの主体性**を考慮せずに保育者側の視点になってしまっています。確かに、その姿勢だと子どもが手足をぶらぶらさせたり、動き回ったりできないので、「前を見ようね」「立ち上がらないでね」などと注意をする必要もなく、一見、子どもが集中して話を聞くことにつながるように思えます。しかし、子どもは興味や関心があることなら、自分から集中して話をちゃんと聞きます。おもしろい話はもちろん、保育者がまじめに大切なことを話そうとしているときには、子どもにもその気配や空気は伝わり、自然とおしゃべりをやめて、真剣に聞き入ります。姿勢が問題なのではなく、**子どもが集中するにはどうすればよいか**を中心にして活動内容や環境構成を考え

ることが大切になるのです。

　また、「行儀のいい子から順番に〜する」「男／女の子から先に〜する」というのは、**過剰な指示**になります。だいたい2歳を超えた子どもは、「順番」の意味を保育所生活や遊びをとおしてわかるようになっています。誰が先になっても、順番に行動すればいいのですから、「順番におやつをもらいに行く」などとしましょう。また、「行儀のいい子」「男／女の子から先に」という表現も、態度のよい子や性差によって**優先順位**をつけることになり、子どもにはその意味がわかりません。

　決まりや約束事について計画する場合も、子どもが「なぜ」そうしなければいけないのか、「何のために」その行動が必要なのか、という**本質的な意味**がわからないままではいけません。子どもは、ただ決まりや約束を守ることさえできればいいと思ってしまうことでしょう。思考力や判断力は、さまざまな経験をとおして自分で納得がいくように考えることを積み重ねるうちに育つものです。**自発的な子どもの育ち**を援助できる計画を作っていきましょう。

2　目の前の子どもの心情をとらえる

　ねらい・内容・子どもの姿などの欄では「〜できる」「〜遊びをしている」と行動を記述するだけでなく、「〜できることを喜ぶ」「〜遊びを好み、楽しむ」など、**そのときの子どもの心情や意欲、態度が伝わるように書く**とよいでしょう。子どもの姿を保育者間で共有することにもつながります。

　そのためには、子どもとの生活を、保育者も自分

から楽しみ、一人ひとりの姿に向き合うことが大切です。子どもの表情やしぐさなどをよく見ていれば、今、何にその子が興味を持っているのか、どんな気持ちでいるのか、何が必要な段階なのかなど、**関わり方や援助する点**をとらえることができます。

3 環境構成と援助は具体的に書く

環境構成には、**物的環境**と**人的環境**があります。物的環境は、物の位置や並べ方、材料や道具の用意などを指し、人的環境は、雰囲気や心情に関わること、人間関係などを指します。指導案では、人的環境のほうが、物的環境より大事な要素です。

援助とは子どもが手助けを必要とするときに保育者が適切な関わりをすることです。**季節の変化や一人ひとりの育ち**を考え、子どもの自発性や意欲を引き出し、**主体性を伸ばす援助**を具体的に書きましょう。「受け入れる」「共有・共感する」「助言する」「提案する」「見守る」などの表現がよいでしょう。

環境構成欄に必要な用具などの配置図などを入れる場合もありますが、**基本的には文章**で書きます。具体的に書くことで、その場の様子をイメージしやすくなります。特に日案では**保育の連続性**が大事なので、絵本や遊びの名前、準備する用具や材料などを具体的に記入しておけば前日の保育とつながった保育ができます。

以上のことを念頭に、実際の子どもの姿に合わせて、みずから育とうとする力の手助けになるような指導計画を作成しましょう。

新「保育所保育指針」を指導計画に反映させるポイント！

「保育所保育指針」が約10年ぶりに改定されました。
ここでは改定の主なポイントを整理しました。
「指導計画」の立案にどのように反映させればよいか考えてみましょう。

0〜2歳児保育の「ねらい及び内容」を計画に反映する

　新しい「保育所保育指針」では、**第2章の「保育の内容」**において、乳児（0歳児）、1歳以上3歳未満児（1・2歳児）と3歳以上児の保育に関する**「ねらい及び内容」**が分けられ、各年齢に**「内容の取扱い」**が記述されました。

　「内容の取扱い」は保育者の「留意点」で、心と体の発達を促す「ヒント」が書かれています。これらを十分に理解し、今、保育している子どもの姿（発達の様子・興味・関心）を的確にとらえて指導計画を立案しましょう。

0歳児保育は3つの新しい視点で

　0歳児保育は、保育者の配慮や留意点が子どもの発達を促す大きな要因となっています。5領域から考えるのは保育をする上で無理があります。

　今回の改定では身体的発達に関する視点として**「健やかに伸び伸びと育つ」**、社会的発達に関する視点として**「身近な人と気持ちが通じ合う」**、精神的発達に関する視点として**「身近なものと関わり感性が育つ」**の3つの視点が示されました。

　それぞれの視点は、**今、保育している子どもにとって「どういうことなのか」**を担当者が話し合いをもってよく理解し、豊かな愛情を土台として生命の保持と情緒を安定（**養護**）させ、いかに応答的（**教育**）に関わるかを考えて、指導計画を作成することが大切です。個人差がありますので、子どもの個別の計画できめの細かい保育をします。

1歳以上3歳未満児保育は5領域で考えてみる

　1・2歳児の保育は**5領域**で示されています。この時期は、心と体の発達が顕著になります。保育所保育指針の1歳以上3歳未満児の保育に関わる「ねらい及び内容」をよく理解し、0歳児の指導計画と同様に、担当の子どもの姿をきちんととらえて指導計画を作成します。

　成長とともに活動的になりますので、安全に十分留意するとともに応答的な関わりを意識して指導計画に反映させます。

3歳未満児保育は就学時までに育ってほしい姿の土台づくり

　保育所保育指針の第1章総則の「4」に、「幼児教育を行う施設として共有すべき事項」が加えられました。生きる力を培うための**「育みたい資

◆幼児期の終わりまでに育って欲しい姿
　10項目と5領域

幼児期の終わりまでに育って欲しい姿	5領域				
	健康	人間関係	環境	言葉	表現
健康な心と体	●				
自立心		●	●		
協同性		●			
道徳性・規範意識の芽生え		●			
社会生活との関わり		●			
思考力の芽生え		●	●	●	
自然との関わり・生命尊重			●		
数量や図形、標識や文字などへの関心・感覚			●	●	
言葉による伝え合い		●		●	●
豊かな感性と表現		●	●	●	●

質・能力」と小学校就学時までに育まれる具体的な姿である「幼児期の終わりまでに育って欲しい姿」が記されています。

「育みたい資質・能力」では、子どもの自主性を尊重し、幼児の特性から**遊びを中心に環境をとおして具体的に学ぶ**ための計画作りが大切です。この指針の改定を機会に日ごろの保育の振り返りをし、指導計画に反映させることが重要です。

「幼児期の終わりまでに育って欲しい姿」10項目について

10項目は「健康な心と体」「自立心」「協同性」「道徳性・規範意識の芽生え」「社会生活との関わり」「思考力の芽生え」「自然との関わり・生命尊重」「数量や図形、標識や文字などへの関心・感覚」「言葉による伝え合い」「豊かな感性と表現」です。

3歳未満児の保育は、知識を一方的に教え込むことはしませんが、個々の発達（欲求）を受け入れ、それに応えて、その時期に十分必要な経験をさせることが、この10項目の土台になるということを認識することが大切です。

それぞれの年齢には発達の特徴があります。それを抑えることなく十分必要な経験をさせ、次の発達につなげることが保育の基本です。それを常に心にとめて指導計画を作成しましょう。

新「保育所保育指針」は保育を振り返る機会にする

保育所保育指針が改定されたとはいえ指導計画の書き方が根本から変わるわけではありません。基本はあくまで**「個々の発達を知り、次の発達の手助けをどのようにするか」**を常に考え、人的環境である保育者の関わりと物的環境（園舎・園庭・玩具など）を整え、自然・時間・空間等をとおして学ぶ機会をできるだけ多く作ることです。

この改定を日ごろの保育の「振り返り」をする「チャンス」ととらえましょう。これを機会に保育所保育指針を熟読し、その内容の意味を考えて指導計画を作成してみてください。

食育の充実と災害時の対応を

今までも食育の推進が書かれていましたが、**保護者や地域と協働で食育を充実させる**ことなど、今回はさらなる充実が求められています。家庭の食育力が高まるような計画、地域と食文化を支えていく取り組みも考えてみましょう。

また、新指針では安全管理という面で「災害への備え」の記述が加わりました。近辺や地域で想定される**災害に備えた安全のための計画**を、保護者や地域と連携して実施していくことが大切です。

● 指導計画の立て方

月案作成・まずはここから！
月別・年齢別重要ポイント

ここでは、月ごとの保育における重要なポイントを取り上げ、
指導計画との関連について、各年齢ごとにわかりやすく解説しています。
毎月の月案の作成に、ぜひ役立ててください。

4月

新しい環境

4月は新入所や進級で環境が変わることにより、不安になる子が多い時期です。また、疲れが出て体調をくずしやすくなるため、**一人ひとりの心や健康の状態を丁寧に観察**し、早めに対応することが大切です。

0～1歳児では 母親から離れた不安から、遊び・食事・睡眠に影響が出ます。**家庭での個々の様子を把握**して、安心して過ごせるようにします。

2歳児では 新しいクラスに不安を抱く子も見られるので、**落ち着いてゆったりした雰囲気**をつくり、一人ひとりと十分関わるようにします。

保育者に見守られる安心感

新しい環境で不安な子どもたちの気持ちを受け止め欲求を満たすことで、**信頼関係を築き**、安定した生活を送れるようにします。

0歳児では 特定の保育者が関わることが大事です。抱っこやおんぶ、やさしい声かけや、触れ合い遊びなどの**十分なスキンシップ**を取り、落ち着いた雰囲気で安心して過ごせるようにします。

1歳児では 特に新入所児の場合、生活環境の変化で不安になり、長泣きすることがあります。保育者は**1対1で気持ちを受け止め**、落ち着いて関わります。抱っこやおんぶをたくさんして信頼関係ができると、遊ぶことへ関心が向いていきます。

2歳児では クラスの雰囲気や担当保育者が変わることに戸惑い、泣いたりする子もいます。落ち着いた雰囲気の中で、**不安な気持ちを温かく受け止めて新しい環境に慣れる**ようにします。

探索活動を安全に

乳児期は月齢による個人差が大きいので、**一人ひとりの発達段階を把握**して十分に遊べるようにすることが大切です。

0歳児では ずりばいからハイハイ、つかまり立ちなど個々の発達段階が異なります。危険なものがないよう室内の点検や整備をして、**安全なスペースを確保**します。

1歳児では 伝い歩きから一人歩きができる子もいます。行動範囲が広がるので、そばについて**危険のないよう見守り**ゆったりと遊べるようにします。

2歳児では 園庭や公園などの散歩時、急に走りだしたり、興味を持ったものや場所から離れなくなったりすることもあるので、**子どもの動きから目を離さず**、安全に配慮します。

39

5月

連休明けの生活

連休明けは疲れが出たり生活リズムが乱れたりしやすいもの。一人ひとりの**心身の状態を十分把握**し、個別に適切な対応をします。

0～1歳児では 情緒が不安定になり、泣いたりする子も見られます。できるだけ同じ保育者が関わって**不安な気持ちを受け止め**、安心して生活できるよう、ゆったり関わりましょう。

2歳児では 甘えたい気持ちを受け止め、触れ合い遊びでスキンシップを取ったり、好きな遊びを一緒にすることで、**気持ちが安定する**ように配慮します。

紫外線対策

朝夕と日中で気温の差が出てきます。活動状態や気温、湿度に合わせて**衣服の調整や適度な水分補給**をします。また、紫外線が強くなる時期です。屋外の活動では**紫外線対策**に留意します。

1～2歳児では **帽子は必須**です。温度・湿度ともに低めな日では、薄手の長袖シャツなどを着用してもよいでしょう。また、保護者にも紫外線対策の必要性を説明して協力してもらいましょう。

6月

梅雨期の衛生

梅雨期は蒸し暑い日や肌寒い日があるので、**衣服や寝具を調整**して衛生的な生活が送れるようにします。玩具の消毒もこまめに行いましょう。また、食中毒も起きやすいため予防には十分留意します。

0～1歳児では 汗をかいたら**体をふいたり、沐浴**などをして**快適**に過ごせるようにします。保護者には気温の変化に応じて調整できるような衣服を用意してもらいましょう。

2歳児では 手洗いの習慣がついてくるので、保育者も一緒に手を洗いながら**個別に手の洗い方やふき方を教え**、快適に過ごせるようにします。

室内遊びの工夫

0～2歳児では 室内遊びが多くなる時期です。0歳児では箱積み木や玉落とし、1歳児ではひも通しや小麦粉粘土、2歳児ではのりづけ製作や紙ちぎりなど、室内で**指先をつかう遊び**を工夫しましょう。体操遊びやリズム遊びで体を動かす活動もバランスよく取り入れましょう。

7月

夏を健康で快適に過ごす

気温が上がってくる時期です。衛生に留意して快適な生活を送るために、室内の温度や湿度をこまめに調整して、外気温との差が大きくなりすぎないよう気をつけます。暑さで疲れも出るため、**十分な休養と睡眠**を取ることも大切です。食欲が落ちる子もいるので、一人ひとりの体調をよく観察します。

`0～1歳児では` 沐浴や水遊びをする時間帯や遊び方は、個々の発達に合わせます。その日の天候や気温によって柔軟に対応できるよう計画しましょう。遊んだあとに汗をかくので、**体をふいたり、シャワーや沐浴、こまめな着替え**などに配慮します。

`2歳児では` 普段活発に動いている子がおとなしかったり、機嫌が悪かったりしたら、暑さによる体力の消耗や、発熱の兆候かもしれません。**様子をよく観察して検温**をしましょう。

水遊びでの注意点

水や砂、泥を使った夏ならではの遊びを楽しめるように、じょうろやシャベル、たらいなど玩具や遊具は十分にそろえておきましょう。水を怖がったり砂や泥の感触をいやがる子もいるので、無理強いせず**個々に合った遊び方**ができるようにします。また、水の事故は水深が浅くても起こるので、プールや水遊びでは常に子どもから目を離さず、そばについて見守ります。

`0～1歳児では` ベランダや戸外で水遊びをするときには日陰を選び、時間帯にも考慮して**強い日差しを避けます**。

`2歳児では` 水遊びやプールでは体力を消耗するので、**遊んだあとはゆっくり休めるようにしましょう**。体調によっては水遊びができない子もいるので、室内で楽しく遊べるような玩具も用意しておきます。

夏の健康管理

汗をよくかく季節です。**こまめな水分補給**を心がけましょう。夏場はあせもにならないよう皮膚を清潔にし、とびひ・手足口病、水遊びでの結膜炎などの**感染症に注意**します。皮膚や目の様子をよく観察して、異常があったら保護者に知らせ受診してもらいます。つめも短く切ってあるか点検しましょう。

`0歳児では` 食事のとき以外にも白湯などでこまめに水分補給をしましょう。また、**あせもやおむつかぶれにならないよう**、着替えやおむつを交換するときに皮膚の状態をよく観察します。

`1～2歳児では` 園庭で遊ぶときや散歩時には、**水筒を持たせたりやかんなどを用意**したりしてこまめな水分補給ができるようにします。

また、戸外での虫刺されに気をつけます。特に草むらや水たまりは蚊が発生するポイントなので、園庭では虫除けをつるしたり、公園などで活動する際には事前に下見をして、蚊がいないような場所を選びましょう。

8月

水遊びを楽しむ

7月に続いて、夏ならではの水遊びを保育者や友だちと存分に楽しめるよう計画に取り入れましょう。

 0歳児では 全員が砂や水の感触を楽しめるよう、**十分な数の道具**（じょうろ、カップや空き容器など）を用意しておきます。ゆっくり少人数で遊べるよう安全なスペースを確保したり、遊ぶ時間帯に差をつけるなど活動内容を考えましょう。

 1〜2歳児では 保育者が飛ばした**シャボン玉を追いかける**のも楽しい遊びです。その際、子どもがシャボン液を誤飲しないよう十分気をつけます。また、散歩の際にツユクサなど色の出る草花を摘んでくると自然の色水遊びを楽しめます。

暑さによる疲れに注意

暑い日が続くと食欲が落ちることがあります。また、家庭で外出したり、夜に夏祭りや花火大会に参加したりすることで生活リズムが乱れて、体調をくずすこともあります。**健康状態について園と家庭で様子を伝えあう**ことが大切です。

 1〜2歳児では 毎朝必ず、保護者から**水遊びやシャワー、プールの可否**も知らせてもらいます。

9月

生活リズムを整える

 0〜2歳児では 夏の疲れにより、体調をくずさないよう、十分な休息と睡眠をとり、ゆったりした生活が送れるようにします。暑い日には沐浴やシャワーをするとともに、**室温・湿度に気をつけて、換気をしたり、衣服で調節**することも大切です。

体を動かそう

いい天気の日には、外へ出て秋の自然に触れたり、体を動かして楽しく遊びましょう。

 0歳児では 伝い歩きができる子もいて個々に行動範囲が広がるので、興味を引き出す環境設定をします。**危険なものがないか確認**するなど、安全に注意して見守ります。

 1〜2歳児では ブランコなどの固定遊具や、三輪車などで遊ぶことを楽しむようになります。また、運動会の練習も始まります。危険のないよう、必ずすぐ手が出せる位置について見守りましょう。**散歩は普段より少し長く歩くコースにする**と変化がつき、新しい風景を発見して友だちや保育者と言葉のやり取りをするきっかけにもなります。

10月

風邪や冬期の感染症を予防する

急に涼しくなる日もあるので、気温の変化に応じて衣服で調節をします。個々の体調を見ながら薄着にも慣れるようにしましょう。外気に触れるよう十分遊ばせます。また、風邪やインフルエンザがはやり始める時期なので、室内はこまめな換気と適切な温度・湿度を保つようにします。**子ども、保育者ともに手洗い・うがいの習慣もつけましょう**。

0歳児では 感染を防ぎ、子どもたちが快適に過ごせるよう、**保育室の気温や湿度の管理を徹底**しましょう。また、保護者に調節しやすい衣服を用意してもらうよう伝えるようにします。

1〜2歳児では 手洗いやガラガラうがいのやり方を実際に保育者がやってみせます。また、風邪をテーマにした絵本や紙芝居などを使って、**手洗い・うがいが大事なことを伝える**のもよいでしょう。

食べることを楽しむ

年齢や月齢で個人差はあるものの、少しずつ自分で食べようとする意欲を持つ子が増えてきます。保育者は、それぞれの子どもの発達に合わせて適切な介助をします。また、楽しく食事ができるような**落ち着いた空間をつくる**よう心がけます。

0歳児では スプーンやコップを自分で持って食べたり飲んだりしたがるようになります。**食べることを楽しめるよう**、一人ひとりの様子に合わせて小皿を用意し、小分けにして自分で食べさせるなど、やりたい欲求を満たしてあげましょう。

1歳児では 食事の挨拶を言えたり、しぐさで表現する子も見られます。スプーンやフォークを使ってこぼしながらも自分で食べようとするので、すくいやすい大きさにして手伝います。上手に食べられたらほめてあげ、**自分で食べたい気持ちを満たせる**ように関わりましょう。

2歳児では 箸や茶わんを持って食べる子も出てきます。それぞれの**正しい持ち方**を保育者が手を添えて一人ひとりに教えます。

友だちと一緒に

園庭での追いかけっこ、散歩で秋の自然に触れることなど、友だちと一緒に楽しむことができる機会を工夫します。

0歳児では 伝い歩きができるようになって、行動範囲が広がり、好きな場所に行って興味のあるもので遊びます。姿勢はまだ不安定なので転倒に気をつけ、玩具の散らかった**床を片づけるなど安全に配慮**しましょう。

1歳児では ボール遊びや追いかけっこをする中で、友だちとの**簡単な言葉のやり取り**も楽しむようになります。ブランコで遊ぶときは鎖をしっかり握るよう伝えて、必ずそばについて見守りましょう。すべり台でも目を離さないようにします。

2歳児では クラスの友だちと遊ぶ以外に、上の年齢の子たちの運動遊びやリズム遊びの様子を見たり、一緒に遊んだりする機会を設けることで**年上の子から刺激を受け**、模倣して少し難しいことにも挑戦しようとする子も見られます。

11月

戸外で秋に親しもう

　厚着をしすぎると体を動かしづらくなるので、なるべく**薄着の習慣**をつけましょう。好天の日は多少寒くても園庭や散歩へ出て探索活動を楽しみます。

[0歳児では] 手をつないで歩きたがる子も出てくる時期です。安全に気をつけながら、個々のペースに合わせて**楽しみながら歩く経験**を増やしましょう。

[1～2歳児では] 散歩で爽やかな空気を感じながら落ち葉やドングリを見たり触れたりして秋の自然物に興味を持つようになります。園に持ち帰って**製作遊び**で楽しむこともできます。

友だちとの関わり

[1歳児では] 玩具の取り合いなどで**トラブルが起こること**もあります。言葉で伝えられないため、かみつきやひっかき、たたくなどの行動も出てきます。子どもから目を離さずに、ケガをしないよう引き離すなど適切に対応します。

[2歳児では] 保育者や友だちと**言葉のやり取りを楽しめる**ようになり、簡単なごっこ遊びや見立て遊びがおもしろくなります。

12月

冬の生活の注意

　外気温との差に留意しながら室温・湿度を調整しこまめに換気します。乾燥しないよう気をつけましょう。鼻水が出る子も増えるので、すぐにふけるよういつも**ポケットに清潔なティッシュ**を入れておきます。子どもの手が届く場所にティッシュを置いておくと自分でふくようになります。

[1～2歳児では] 寒くなって排泄間隔が短くなったり、着脱が大変で我慢してしまう子もいます。様子を見ながら**個別に声をかけ**ましょう。

クリスマスを楽しみに

[1歳児では] 保育者や友だちと一緒に**クリスマスの歌を歌ったり、手遊びを楽しみます**。人形をおんぶするなど、つもり遊びもするようになります。

[2歳児では] 散歩のときに拾ったドングリや落ち葉を使ってリース製作をしたり、クリスマスの飾り付けにも興味を持ち、クリスマス会への参加に期待をふくらませるようになります。**クリスマスの楽しい雰囲気づくり**を工夫しましょう。

1月

冬の心と体の健康管理

0〜2歳児では 年末年始の休み明けで生活リズムが乱れて体調をくずしてしまう子も多くいます。一人ひとりの健康状態をよく観察して**十分な休息と睡眠**を取り、健康的な園生活に戻れるようにします。

また、保護者と離れることで気持ちが不安定になったり泣いたりする子もいるので、抱っこをしたりやさしく声をかけたりして**安心できるようにしましょう**。

冬期に多い感染症予防のためには、手洗い・うがいに加えてこまめに**玩具の消毒**もしておきます。感染性胃腸炎や嘔吐下痢症などの兆候のある子がいたら、保護者に知らせて早めの受診や治療をしてもらいましょう。下痢や嘔吐の後始末をしたら逆性せっけんでの手洗いやタオル、寝具などの消毒をするなど、感染が広がらないように衛生面での対応を確認しておきます。

冬ならではの遊び

霜柱や氷に触れて楽しむことができる時期です。霜柱を踏んだときの靴底の感触や砕けるときの音を聞いたり、氷に触れて冷たさをじかに感じたりして体全体で冬らしさを味わえる機会を設けましょう。

0歳児では それぞれの子どもの**健康状態を確認**しながら、暖かい日はなるべく戸外へ出て遊ぶ機会を増やします。

1〜2歳児では こま回し、たこあげなどの**正月遊び**も発達の状態にあわせて取り入れ、友だちと一緒に楽しみます。

言語面の発達

年末年始のさまざまな行事は、子どもたちにとっても保育者や友だちとの**コミュニケーションが増える機会**です。この時期に言語面の発達についても配慮してみましょう。

0歳児では 指さしや一語文で自分の要求などを伝えたり、保育者の言葉やしぐさをまねしたりするようになります。その都度話しかけたり笑顔を返しながら、丁寧に関わって**やり取りを楽しめる**ようにしましょう。

1歳児では 保育者や友だちと言葉でやり取りすることを楽しみます。友だちとの言葉での関わりが増えたぶん、言葉でうまく伝えられないことから、**さまざまな場面でトラブルになる**ことが多くなります。保育者が仲立ちとなって、お互いの気持ちを言葉で伝え、楽しく遊べるようにします。

2歳児では 年末年始の出来事を保育者や友だちに喜んで話したりします。いろいろな経験を通じて急激に語彙が増える子も見られます。一人ひとりの**伝えたい気持ちを受け止め、共感しながら応える**ことで会話する力がついていきます。

言葉で思いが通じないときはけんかになったりしがちですが、思いきり全身を使って遊ぶと気持ちがすっきりする場合も多いものです。言語面と身体面の両方が発達するよう活動を組み立てましょう。

2月

冬の健康な生活

　引き続き、室内の温度・湿度、換気や衛生面に留意します。乾燥しないよう**適度な加湿**をすることも心がけましょう。

[1〜2歳児では] 寒くてもなるべく外に出て全身を使って遊ぶようにします。暖かい室内から急に外へ出て、体が温まらないまま動き出すと転倒などケガにつながります。戸外で活動する前には**体操をして体をほぐして温めましょう**。

身のまわりのことを自分で

[0歳児では] 自分でおまるに座ったりしぐさで排泄を知らせることもあります。また、着替えや靴の脱ぎ履きに興味を持ち始める時期です。個々の名前を書いたシールを棚や靴箱などに貼って、**衣服や靴の場所がわかるようにしましょう**。

[1〜2歳児では] 保育士の介助を受けながらも、衣服の着脱や靴の脱ぎ履きを自分でしようとします。**衣服の前後や靴の左右がわかるように並べておきましょう**。排泄もできることが多くなりますが、後始末はまだできないのできちんと保育者が見届けます。

3月

1年を振り返って

[1〜2歳児では] 異年齢児と一緒に散歩をしたり食事をするなどの交流を通じて年上の子に親しみを抱きます。その体験をくり返しながら無理なく進級できるように関わります。

　また、保育者が遊びや生活をとおして1年間の成長を個々に話し、自分が大きくなったことを知らせましょう。保護者にその子ができるようになったことなど**成長ぶりを伝えたり、家庭での変化を聞いたりする**ことで一緒に喜び合いましょう。

春の気配を感じて

　季節の変わり目で寒暖の差が大きいので、**室温・湿度に気を配ったり、衣服での調節が必要**です。午睡時には寝心地に配慮して薄手のものを着たり、遊んだあとに汗をかいたら着替えるなどして風邪をひかないように注意します。

[1〜2歳児では] 戸外では暖かな日差しを浴びながらタンポポや木の芽を探すなど、**春の訪れを感じられる機会**をつくります。友だちと体を動かす遊びも取り入れましょう。

0歳児の指導計画

0歳児　指導計画作りに大切なこと …… 48
年間指導計画作りのポイント …… 50
月案作りのポイント …… 54
週案・日案作りのポイント …… 80
個人案作りのポイント …… 86
コラム＊指導計画「実践のヒント」① …… 88

0歳児
指導計画作りに大切なこと

● 0歳児との関わりは「1対1」

　0歳児の保育では、保育者と子どもが「1対1」で関わることがとても大事です。これを「応答的な関係」といい、特に0～1歳児にはとても大切な関わり方です。

　たとえば、おむつを取り替えるときに「きれいになって気持ちいいね」とあやしながらやさしく声をかけたりします。このことには、清潔にするという養護の面と、声をかけて関わるという教育の面がありますが、月齢の差など発達段階によって、実際の関わり方は一人ひとりで違ってきます。常に「1対1」で応答的に接することを基本に、発達の様子をよく見て、指導計画を考えましょう。

● 一人ひとりの発達に応じた計画を

　0歳児は、運動機能や五感の発達がめざましい時期です。ほかの年齢の子にくらべて、発達段階の個人差が大きく見られるのが特徴です。0歳児では、寝返り、ハイハイ、お座り、つかまり立ち、伝い歩きなど運動機能が高まります。一つひとつの動きを子どもが存分に行えるように環境を整え、一人ひとりの育ちに応じて、保育者にきめ細かな手助けをされることで、子どもはのびのびと成長します。その基礎となるのは、生理的な欲求を十分に満たされ、安定した人間関係のもとで生活できることです。安心して過ごせる環境をつくることで、子どもの意欲

は育っていきます。

　一日の子どもの生活において、家庭でのリズムはそれぞれ異なります。一人ひとりの家庭での生活をよく理解して、ゆっくり時間をかけて、様子を見ながら保育所の生活リズムや保育者に慣れるのを待ちましょう。

安心して過ごせる環境づくり

　環境構成で大切なのは、お座りしながら玩具で遊んだり、ハイハイや、伝い歩きなどを、保育者に見守られながら安全に行えるスペースを十分に確保することです。同じ動きを何度もくり返し行うことでその機能は高まり、一つの動きが十分身についたら、自然に次の段階へと移行していきます。そのためには、好きなように動ける空間が必要なのです。また、いつもそばについて見守り、手助けをしてくれる保育者がいることで、安心して過ごせます。

　戸外に出てできるだけ自然に触れることも大事です。抱っこされて外に出るだけでも、子どもは周囲の人や物、音や動き、においなどを感じとり、五感が刺激を受けて、さまざまなものに興味や関心を持つようになります。それは、やがて喃語(なんご)や指さしなどで自分の思いを表出し、人と関わっていくことにつながります。

　生活の面から見れば、食事や休息、睡眠をとるための静かで落ち着いた場所が必要です。その際、いつも同じ保育者が関わることも子どもの情緒を安定させるためには不可欠なことです。子どもの示すさまざまな欲求に適切な対応をすることで、子どもの中に人間に対する基本的な信頼感が芽生えていきます。特に、この時期に保育者との情緒的な絆が形成されることで、愛着関係に発展するので大切なのです。

　このように、目の前の子どもをよく見ながら応答的に関わっていけば、その子がのびのびと育っていくにはどのような面で保育者が手助けをすればよいのか、そのための環境構成には何が必要かをとらえることができるでしょう。

0歳児
年間指導計画作りのポイント

0歳児の保育では、保育者の配慮がとても大切です。
関わり方と環境構成では、保健と安全に対する十分な気配りが求められます。
また、生活の連続性を持たせることも重要なポイントです。

ここでは、0歳児の年間計画について、主な項目ごとに押さえておきたいポイントを確認していきましょう。

●年間目標

一年を通じて基本となる長期的な目標で、**子どもの生活や発達を見通して作成**します。0歳児では、健康で安全な環境の中で生活すること・体を動かすなど運動機能の発達を促すこと・感覚の働きを豊かにすること・保育者との関わりを通じて発声や発語の意欲を引き出すこと・離乳食の開始から完了まで（食育）を柱に考えます。

●期ごとのねらい

一年の間で子どもが生活する姿は少しずつ変わっていくため、一年を4期に分けます。季節的な特徴や発達段階を考慮して、各期のねらいを立てていきます。

＊**1期**　新入園の時期なので、**子どもが安定して生活できるようにすること**が大切になります。健康状態への配慮や生理的欲求を満たすこと、保育者の関わりで情緒が安定し、保育者や保育所の生活に少しずつ慣れていくことが中心です。

＊**2期**　梅雨期から夏期にかけて、**健康・衛生面に注意が必要**です。0歳児は特に体温調整が未熟で、高熱を出しやすいので、室温や湿度、換気や冷房など環境についての配慮を取り上げます。また、沐浴や水遊びなど夏に行う活動も多いので、それらの活動を通じたねらいも考えます。

＊**3期**　夏から秋に変化する時期なので、2期と同様に健康・衛生面に注意し、**風邪や感染症への配慮**が大切です。子どもも保育所に慣れていろいろな活動を楽しむようになっているので、**戸外での遊び**や、保育者の仲立ちで**友だちとの関わり**にも興味が広がるようなねらいを考えます。

＊**4期**　冬期の**健康・衛生**状態と感染症の予防や発生に十分な注意が必要な時期です。年末年始をはさみ生活リズムが乱れることもあるので、十分な健康管理が大切です。月齢によって遊びや活動、言葉の出方に違いが出てくるので、**一人ひとりが楽しく遊べて、安定した環境で生活**できるようにねらいを立案しましょう。

●月齢別の指導計画

0歳児の年間指導計画は、個人差と月齢差により発達の違いが著しいため、成長の節目に沿って計画を分けて立案します。

＊3〜5か月

- **内容**…授乳や離乳食、睡眠など養護的な内容が中心となります。**保育者との応答的な触れ合いを意識して考えてみましょう。**
- **保育者等の関わりおよび環境構成**…生理的欲求を十分に満たしながら機嫌よく過ごせるように、授乳や睡眠などを一人ひとりの生活リズムに合わせて行い、**快適で安心できる環境**をつくります。子どもの表情やしぐさに応えて言葉をかけたり、触れ合い遊びを通じて、発声や喃語を引き出せるようゆったりと関わることを心がけます。

＊6〜8か月

- **内容**…離乳食が徐々に進み、睡眠時間が一定してくるなど**生活リズムが整ってきます。**寝返りから腹ばいになったり、興味のあるものを手で取ろうとするなど**体全体の動きも活発**になる時期です。人見知りが始まるなど、豊かに育ってくる感情を踏まえて計画を立てましょう。
- **保育者等の関わりおよび環境構成**…落ち着いた雰囲気の中で**一人ひとりの生活リズムに合わせて**離乳食や睡眠をとれるようにします。一人遊びを楽しんでいるときは見守り、発語や喃語はゆったりと受け止め、やさしい言葉や笑顔で応えて**やり取りを楽しめる**ようにします。

＊9〜12か月

- **内容**…手づかみで食べるなど**食への意欲が盛ん**になります。体の動きも、お座りからつかまり立ちや伝い歩きまでできるようになり、**行動範囲が**

広がります。このように、活動の幅や興味がどんどん広がっていくこの時期に、ふさわしい活動内容を考えてみましょう。

- **保育者等の関わりおよび環境構成**…保育者に愛着心を持って甘えてくる時期です。**甘えたい気持ちをゆったり受け止め**、安心して過ごせるようにします。また、何でも口に入れたり、思わぬ動きをすることが多いので室内に危険なものがないか十分に点検して、玩具も消毒するなど清潔を心がけます。

＊13〜15か月

- **内容**…伝い歩きや一人立ち、歩行ができるようになり、さらに活動範囲が広がって**探索を楽しみます。**保育者の模倣をして喜んだり、動作やしぐさ（イヤイヤなど）で自分の気持ちを表現できるようになる時期なので、積極的に**応答的な関わり方**ができる活動内容を取り入れましょう。
- **保育者等の関わりおよび環境構成**…食べものをのどに詰まらせたりしないよう小さく切ったり、声をかけるなどの配慮をして、**自分で食べたいという気持ちを大切**にします。探索活動が安全に楽しめるよう、床の玩具などは片づけておきましょう。模倣が楽しめるような手遊びや体操などで遊びを広げていきます。また、指さしや片言にはゆったりと応答して、**言葉でのやり取り**につなげていくようにします。

0歳児年間指導計画

■期ごとのねらい

期	1期［4月・5月］	2期［6月〜8月］
ねらい	●一人ひとりの家庭での生活リズムを大切に受け止め、欲求を満たしながら安心して過ごせるようにする。 ●保育者と触れ合いながら機嫌よく過ごせるようにする。	●梅雨期・夏期の健康状態を把握し、安全面・衛生面に留意し、気持ちよく過ごせるようにする。 ●気温や湿度、体調などに気を配り、沐浴や水遊びなどを楽しみ、清潔で気持ちよく過ごせるようにする。

0歳児はクラス全員に共通する季節の遊び、健康、心の状態などは期ごとのねらいに記入します。子ども個々の発達は月齢別指導計画と2本立てになります。

■月齢別の指導計画

	3〜5か月	6〜8か月
内容	●授乳、食事、睡眠の生活リズムが少しずつでき始める。 ●身近な人の顔がわかり、聞き覚えのある大人の声に声を出して喜ぶ。 ●首がすわり、手の届くところにあるものをつかもうとしたり、手を口に持っていき感触を楽しむ。 ●盛んに「ウーウー」など喃語を発したり、手足を活発に動かしたりする。 ●少しの物音でも敏感に反応する。	●離乳食への移行が進み、食べることを喜び自分から手を出すようになる。 ●寝返りが自在になり、おなかを軸にして左右に回転したり、ハイハイも見られるようになる。 ●目的のものに手を伸ばしてつかんだり、物を一方の手からもう一方の手に持ち替えるなど、手の動きが活発になる。 ●人見知りや警戒心、甘えなどさまざまな感情が出てくる。
保育者等の関わりおよび環境構成	●個々の状態に合わせて離乳食を始める。 ●一人ひとりの欲求に応じて授乳を行い、おむつが汚れたら取り替え、心地よい中でぐっすりと眠れるようにする。 ●快・不快の表情を受け止め、それに応じた適切な世話と豊かな応答を心がける。 ●あやしたり頬ずりをしたり、語りかけたりする触れ合い遊びをたくさんして、喃語や笑顔を引き出す。	●離乳食は、一人ひとりの状態に応じて無理なく進め、食べようという意欲を育てる。 ●おむつ交換は、話しかけやスキンシップを大切にしながら行う。 ●眠くなったらその子に合った方法で安心して眠れるようにする。 ●ゆったりとした雰囲気の中で保育者と1対1の触れ合いを大切にする。 ●おおむね6か月ごろに母体からの免疫がきれて、感染症にかかりやすくなるので、体調に変化が見られたら早めに対応する。
家庭との連携	●離乳食を進めるにあたり、家庭での状況を把握したうえで、保護者と相談しながら行う。	●感染症にかかりやすくなる時期を迎えるにあたり、個々の健康状態を細やかに観察し、保護者との連絡を密にする。

0歳児の指導計画

| 年間目標 | ＊一人ひとりの子どもの生活リズムや生理的欲求、甘えなどの依存欲求を満たすことで、保育者との基本的信頼関係を築き安定した生活が送れる。
＊子どもの感情や喃語に適切に応えたり、語りかけたりすることで発語の意欲を育む。
＊いろいろな食品に慣れ、楽しい雰囲気の中で喜んで食事ができるようにし、離乳食の完了を図る。 |

0歳児 ● 年間指導計画

3期［9月〜12月］

● 季節の変わり目に起こる体調の変化に十分注意し、健康に過ごせるようにする。
● 戸外活動を多く体験していく中で、自然に親しみ、全身を使った遊びが十分楽しめるようにする。

4期［1月〜3月］

● 一人ひとりの健康状態に応じて、適切に関わり、寒い時期を元気に過ごせるようにする。
● 指さしや片言など、自分の思いを自己表現する喜びや満足感を味わうことをとおして、言葉への関心を育てる。

👑 ここがポイント!

子どもの依存欲求を満たすことにより確立する保育者との信頼関係は、保育者が自分をいつでも受け入れてくれるという安心感になり、子どもの自立の芽生えにつながります。

9〜12か月

● 自分で食べる意欲がわき、手づかみで食べたり、こぼしながらもコップで飲めるようになる。
● 興味のあるものを指さしたり、つまんだり、引っぱり出したり、指先の機能が発達してくる。
● ハイハイからお座り、つかまり立ち、伝い歩きができるようになり、活発に移動するようになる。
●「いないいないばあ」遊びを喜ぶ。
●「ねんね」「おいで」「ちょうだい」など、生活の中でかけられる言葉がわかるようになる。

13〜15か月

● 手づかみやスプーンやフォークを使って自分で食べようとする。
●「バイバイ」「ありがとう」「イヤイヤ」「○○ちょうだい」などを身振りで伝える。
● 伝い歩きから一人歩きをするようになり、探索の範囲が広がる。
● 保育者のすることをまねたり、そばで安心して遊ぶようになる。
●「マンマ」「ワンワン」など一語文が出てくる。

❗ 注意!

つかまり立ちや伝い歩きが始まると子どもは手の届くところにあるものを取ろうとしたり、手で払って倒したり、たれ下がったテーブルクロスを引っぱったりし、物が落ちてケガにつながることがあります。ポット、ラジカセ、花びんなどは手の届くところには置かないようにします。

●「モグモグしようね」など、口の動きを見せたり、楽しい雰囲気の中でゆったりと食事ができるようにする。
● まわりにあるものに興味を示し、口に入れようとするので、安全、清潔に十分注意し、やりたい気持ちを大切にする。
● ハイハイや伝い歩きが盛んになるので、安定感のある箱やつかまれる玩具を用意する。
●「いないいないばあ」など、保育者と向かい合う遊びや、触れ合い遊びを楽しめるようにする。

● 自分で食べようとする気持ちを育てながら離乳食の完了期、乳児食へと無理なく移行できるようにする。
● 午前睡がなくなっていくが、個々に応じて必要なときは睡眠がとれるようにする。
● かみつきやひっかきが出てきたときは、心理状態を十分に受け止める。
● ベビーカーに乗ったり、保育者と手をつなぎ、興味のあるものを見たり触れたりする。
● 片言や喃語をやさしく受け止め、応答しながら発語を引き出していくようにする。

🪑 現場では!

段ボール箱に牛乳パックを詰めてしっかりさせ、まわりを新聞紙で貼り、その上から色彩のきれいなプリント柄の布を貼った箱の台をいくつも作っておきます。子どもたちはハイハイができるようになるとその箱に乗ったり、それを伝いながら歩いたり押したりして遊んでいます。

● 子どもたちが活動しやすい服装を準備してもらうようにする。

● これまでの成長の様子を、送迎時の会話や園だよりで伝え、喜びを共有する。

53

0歳児
月案作りのポイント

0歳児の月案は、クラス全体での活動よりも、個別や
少人数の関わりが基本となります。一人ひとりの育ちをよく理解し、
子どもの姿に基づいたねらいや内容を設定しましょう。

　月案は、年間計画をもとに、季節や生活の様子や発達過程を考慮して、具体的に月単位で立てる計画です。ここでは、0歳児の月案の作成について、主な項目ごとに押さえておきたいポイントを確認していきましょう。

　0歳児は、月齢や発達過程、家庭での生活経験により個人差が大きく見られます。一人ひとりに対する課題が異なるので、個人の指導計画（個人案）とともにクラス単位の月案を作成します。

●ねらい

　各月の目標を具体的に記述します。**子どもの発達過程の見通しを持って**、その月の生活や遊び、季節を考慮します。子どもの心情や意欲に対する、保育者の関わり方についても触れましょう。

●健康・安全への配慮

　0歳児は心身ともに発達が未熟で抵抗力が弱いので、健康な生活を送ることがとても重要です。**季節の変化**による健康状態や睡眠についての配慮や、**感染症の予防や早期発見**への対策などを具体的に書きます。

●子どもの姿

　子どもの生活は連続しています。その月の内容を想定するために、そのときの子どもの姿がもとになるので、具体的な様子を書きます。

　生活は、**0歳児では月齢による個人差が大きい**ため、それぞれの項目に対象となる月齢を書き加えてもよいでしょう。ミルクや離乳食など食事の様子、睡眠時間や眠りの状態、排泄の様子などが中心となります。子どもの機嫌など情緒の安定についてもここで触れておきましょう。

　遊びは、0歳児では**動きや遊びの様子、保育者との関わりで見られる反応**などが中心になります。月齢の高い子では言語や表現面の育ちについての記述もしましょう。

●内容

子どもの姿を踏まえ、生活と遊びの両面から連続性を持って、その月に子どもに体験してもらいたい活動の内容を記します。0歳児の発達過程と目の前の子どもの姿を見ながら考えます。0歳児では**健康に過ごす**こと、**情緒の安定を図る**こと、**生活リズムを整える**ことが主な目的となります。

●環境構成

生活は、抵抗力が弱い0歳児では、温度や湿度、衣類の調整など**健康に生活できるような環境**について書きます。季節によって配慮する事項は異なります。

遊びでは、0歳児が安全に遊んで動けるような環境をどうつくるか、主に**物的な環境づくり**を中心に具体的に書きましょう。

●保育者の配慮

0歳児では情緒の安定と生活リズムを整えるための援助を基本に、食事や排泄、睡眠への配慮が必要です。遊びでは、**発達の段階を個別に把握**して、発語につながる関わり方やハイハイからつかまり立ち、伝い歩きを十分行えるような援助の仕方も考えていきましょう。

●保育所職員の連携

0歳児は複数担任制なので、**個別の子どもへの配慮**などの共通理解や活動での役割分担など職員間の連携が欠かせません。各月で必要な相談事項や確認することを書きます。

●家庭・地域との連携

0歳児では、健康状態や家庭での様子などこまめに家庭と連絡をとり合うことが大切です。**季節や子どもの状態**に合わせた連携内容を書きます。

●食育

0歳児では離乳食の進み具合、食事への意欲や食べ方への配慮について書くことが多くなります。

●反省・評価

0歳児は個別に発達状態が大きく異なるので、設定したねらいや内容が**その子にふさわしかったか**、関わり方が適切だったかに特に注意して振り返りましょう。

0歳児　4月　月案　ひよこ組

ねらい
* ゆったりとした雰囲気の中で、一人ひとりの子どものありのままの姿を受け入れ、心地よく過ごせるようにする。
* 特定の保育者と触れ合いながら安心して楽しく過ごす。

	子どもの姿	内容
生活 （食事・排泄・睡眠・清潔・着脱）	●新しい環境や保育者に慣れるまで、物音に敏感で、寝ていても目が覚めて泣いたりする。 ●ミルクは一定量飲む子と飲まない子がいる。 ●離乳食はよく食べる子と食べない子がいる。うまく飲み込めなかったり口から出すことがある。 ●眠りが浅かったりぐずったりする。 ●環境の変化で体調をくずす子も見られる。 ●名前を呼ばれると喜ぶ。 ●保育者に甘えてくるようになる。	●不安な気持ちを受け止めてもらい、抱っこやおんぶ、声かけなど個々への保育者の十分な関わりによって安心して過ごす。 ●離乳食を食べさせてもらったり、自分で食べようとする。 ●おむつが汚れたら取り替えてもらうことで気持ちよさを感じる。 ●おんぶや抱っこ、そばにいてもらって安心して眠る。 ●保育者に名前を呼ばれたり話しかけられることを喜ぶ。
遊び （3つの視点から）	●保育者のほうに手を伸ばしてきて、相手をすると目を合わせてよく笑う。 ●腹ばいが上手になりお座りが安定する。 ●ハイハイでよく動き回ったりつかまり立ちをする子もいる。 ●伝い歩きをする子もいるが、歩行はまだ不安定である。 ●気になった玩具や友だちのそばへ近づこうとする。 ●機嫌がいいときに喃語（なんご）を発する。 ●おんぶや抱っこをすると安心して機嫌よく過ごす。	●散歩に行き外気に触れる。 ●ずりばいやハイハイで動き回る。 ●つかまり立ちや伝い歩きで行動範囲が広がり、興味を持った玩具で遊ぶ。 ●保育者がする簡単な手遊びなどを見て歌や手の動きへの興味を見せる。 ●喃語を話しているときやさしく応答すると、それに応えるようにさらに喃語を発する。

保育所職員の連携
* 離乳食は栄養士とこまめに連絡をとりながら進める。
* 生活リズムが違う子でも、安心して一定時間眠れる静かな場所を確保できるようにする。
* ハイハイや伝い歩きでの探索では安全に気を配り、危険がないよう、保育者同士で声をかけ合う。

家庭・地域との連携
* 保育所での生活と家庭での様子を伝え合い、保護者が安心して子どもを預けられるよう、信頼関係を築く。
* 食事、排泄、睡眠など生活リズムや健康状態など家庭と密に連絡をとり合いながら、子どもの様子に合わせて生活できるようにする。
* 個人面談、全体懇談会への参加を呼びかける。

0歳児 月案 4月

ここがポイント！
乳児にとって保育者はいつも速やかに要求に応えそれを満たしてくれる人で、毎日同じやり方で世話をしてくれ、やさしく遊び相手をしてくれる人です。主になって保育にあたるのはなるべく特定の保育者がよいとされています。

ここがポイント！
4月は当初、それ以外の月は前月末のクラスの子どもの姿を把握して記入します。0歳児は月齢や個人差で発達が大きく異なります。たとえば食事ひとつにしても同じ月齢でミルク・離乳食の子がいますので、その特徴的な姿を記入します。「生活」「遊び」どちらについても同じです。

● 0歳児の指導計画

健康・安全への配慮

＊環境が変わるので、疲れが出やすく、体調をくずしやすいため、一人ひとりの健康観察を丁寧に行う。
＊それぞれの生活リズムを把握し、様子を見ながらなるべく静かな場所で一定時間、眠れるようにする。
＊安全に気をつけて探索活動が十分できるようにする。

行事

＊入園式
＊誕生会
＊身体測定
＊個人面談
＊全体懇談会

0歳児 ●月案

環境構成	保育者の配慮
●家庭と連絡をとりながら、生活リズムや様子を見て、なるべく静かな場所で一定時間眠れるようにする。 ●散歩など外気に触れて気分転換を図る。 ●離乳食やミルクは話しかけながら、一人ひとりに合わせ、ゆったりと接する。 ●それぞれの健康状態、発達状態を把握して、生理的欲求を満たし、気持ちよい生活を送れるようにする。 ●保育室の温度や湿度、換気に気をつけ、快適で衛生的に過ごせるようにする。	●一人ひとりの入眠時の特徴や癖をつかみ、安心して眠れるようにする。 ●抱っこやおんぶをしたり、触れ合い遊びをするなどスキンシップを十分にとり、ゆったりした雰囲気の中で安心して過ごせるようにする。 ●おむつを交換するときは、きれいになると気持ちよいことがわかるように声をかける。 ●不安になるときは声をかけたり、そばについたりして安心できるようにする。 ●体調には常に気を配り、観察を怠らないようにする。
●手の届くところに興味を引きそうな玩具を置いておく。 ●つかまり立ちや伝い歩きが安全に行えるよう、危険なものや場所がないように点検、整備をしておく。 ●ハイハイなどが十分できるように安全なスペースをつくる。 ●探索しているときには、保育者間の連携をとり、子どもの動きに合わせてそばで見守る。	●手や玩具などを口に入れることが多くなるので、こまめに消毒するなど衛生面に気を配る。 ●寝返りを自分でしようとするときは腰を支えるなど援助して、動きを促す。 ●表情やしぐさなどから欲求をくみとり、言葉をかけながら欲求に応えるようにする。 ●つかまり立ちや歩き始めは、バランスをくずしやすいので、そばについていつでも手で支えられるようにする。 ●やさしい笑顔で話しかけ、歌を歌ったり音楽をかけたり触れ合い遊びなどで機嫌よく過ごせるようにする。

食育

＊子どもの食べたい気持ちを大切にしながら、いろいろな食材に親しめるようにする。
＊食事のときは向き合って、「モグモグしようね」「おいしいね」と声をかけながら楽しい雰囲気の中で食べられるようにする。

反省・評価

＊新しい環境で不安になったり、ちょっとした物音で起きることもあったが、少しずつ慣れ、睡眠もとれるようになってきた。これからもそれぞれの生活リズムに合わせていくようにする。また、疲れも出始め、体調をくずす子もいるため、今後も健康状態には個々の観察など十分行って気をつける。

ここがポイント！

黙っておむつ交換してはいませんか？ おむつを交換してきれいにしてあげることが養護で、「きれいにしようね」「気持ちよくなったね」とくり返し声をかけることによって、おむつを替えてさっぱりしたのが「気持ちいい」ことなのだと覚えるようになるのが教育です。

現場では！

玩具専用の棚に子どもが好きそうな玩具を並べていつも取り出せるようにしています。それをめざしてハイハイや伝い歩きを盛んにします。ただし、玩具は全部下に落としてしまいます。

バリエーション！

簡単な手遊びも大好きです。保育者がやってみせると手をバタバタさせて喜びます。またやってくれるかなという表情で保育者を見ています。「一本橋こちょこちょ」も大好きでくり返していると、自分から手を出すようになります。

0歳児　5月　月案　ひよこ組

ねらい
* ゆったりとした雰囲気の中で、一人ひとりに合った生活リズムで安心して過ごせるようにする。
* 保育者に見守られながら、触れ合い遊びや、興味を持った玩具で機嫌よく遊ぶ。

	子どもの姿	内容
生活 （食事・排泄・睡眠・清潔・着脱）	●連休明けで不安定になり泣く子もいる。 ●前月はミルクをあまり飲まなかった子も、少しずつ飲む量が増えている。 ●離乳食の食べ具合によりミルクも飲む。 ●食欲旺盛で何でもよく食べる子もいる。 ●おむつ交換のときにいやがることがある。 ●少しの物音にも敏感で、寝ていても目を覚ましたり泣いたりする。 ●抱っこやおんぶをしないと眠らない子がいる。 ●環境の変化で泣いて遊べなかった子も、満腹時など機嫌よく過ごすときもある。	●登園時に泣くことがあるが、抱っこやおんぶで気持ちを受け止めてもらうと安心して遊びに入れる。 ●離乳食を食べさせてもらうときに、手づかみで食べようとする。 ●食前の手洗いや、食後の顔ふき、手ふきなどに慣れる。 ●おむつが汚れたら取り替えることをいやがらなくなる。 ●抱っこやおんぶをされたり、そばについてもらうことで安心して眠る。 ●外気に触れることを喜ぶ。
遊び （3つの視点から）	●目の前の玩具に手を伸ばしたり、口に入れたりする。 ●あやすと声を出して笑う。 ●まだ寝返りは打てないが、腰を支えるとできるときもある。 ●ハイハイをする子では、前進するよりも後ろに進むことが多い。 ●つかまり立ちや伝い歩きを始める子もいて、探索をする姿が見られる。 ●抱っこやおんぶをすると泣かずに過ごせるようになる。 ●玩具で遊んだり触れ合い遊びをする。	●興味のある玩具で遊ぶことを好む。 ●歌を歌ってもらったり、触れ合い遊びをするのを喜ぶようになる。 ●寝返りが打てるようになる。 ●ずりばいやハイハイで動き回る。 ●つかまり立ちから伝い歩きが始まり、探索行動が盛んになる。 ●自分で歩きたいという気持ちが出てくる。 ●機嫌のよいときは喃語がよく出るようになる。

現場では！
寝返りをしようと横向きになることがあります。そんなとき両脚を持ってあやにしてクルッと回してやると寝返りをします。何回もやるうちにタイミングをつかみ、自分でできるようになります。

保育所職員の連携
* 離乳食は、家庭とともに栄養士とも連携をとって無理なくゆっくり進めるように配慮する。
* つかまり立ちや歩行中は不安定なので、保育者同士で声をかけ危険のないよう見守る。
* 月齢の高い子と低い子では遊びに違いがあるので、遊ぶスペースや時間を分けて活動できるよう、あらかじめ担任間で決めておく。

家庭・地域との連携
* 連休明けで疲れが出やすい時期なので、健康状態については園と家庭での様子を知らせ合って、連絡を十分にとり合う。
* 日によって気温差があるので調節しやすい衣服を用意してもらう。
* クラス懇談会のお知らせをして、参加を呼びかける。

● 0歳児の指導計画

健康・安全への配慮

＊連休明けで疲れが出やすく、生活リズムもくずれやすい時期なので、健康状態には十分目を配る。
＊気温の高い日などは、水分補給や休息が十分とれるようにする。

行事

＊こどもの日
＊保護者会
＊健康診断
＊誕生会
＊クラス懇談会

ここがポイント！

4月に入園した子は疲れが出てきて体調をくずしやすくなります。無理をさせると長引きますので、早めの受診をすすめましょう。

環境構成	保育者の配慮
●日によって気温の差が激しいので、衣服の調節をこまめにする。 ●連休明けの不安な気持ちを受け止め、生活リズムを整えられるようゆったり関わる。 ●天気のよい日には、外気浴や散歩をする機会をつくる。 ●1対1の時間を大切にしながら、一人ひとりにじっくり関わっていく。	●不安になっている気持ちを受け止め、やさしく声をかけながらゆったりと関わり、無理のないように過ごせるようにする。 ●生活リズムや様子を見ながら、なるべく静かな場所で眠れるようにする。 ●「かみかみね」と声をかけながら離乳食をよくかんで食べられるようにする。 ●体調の変化によく気をつける。 ●家庭と連絡をとり合いながら、一人ひとりの好みや癖を知り、安心して機嫌よく過ごせるようにする。
●何でも口に入れようとするので、危ないものがないよう、よく点検する。 ●ハイハイ、ずりばいなどが十分できるように安全な場所を確保する。 ●触ると音の出るものや、やわらかい素材のものなど興味を持ちそうな玩具を手の届くところに用意しておく。 ●存分に探索を行えるよう、危険なものを取り除いたり、ぶつかると危ない場所がないよう環境を点検しておく。 ●外から帰ってきたときには手洗いや着替えを行い、清潔にする。	●玩具やタオルなど口に入れそうなものは、清潔に保ち衛生面には気を配る。 ●笑顔で向かい合って喃語を受け止め、その都度応えながら発語を促す。 ●つかまり立ちや伝い歩きをしようとするときは、危険のないよう気をつけ、そばについて十分に行えるようにする。 ●登園時間が早くなった子には、様子を見ながら活動を考える。 ●気持ちを訴えてくることがあるので、しっかりと受け止めて関わる。 ●歌を歌ったり楽しく過ごせるようにする。

注意！

隅っこで静かにしていると思うと、ごみをつまんで口に入れていることがあります。画びょう、クリップ、ホチキスの針など床の上に落ちていないか点検します。

バリエーション！

「おてらのおしょさん…」「げんこつやまのたぬきさん…」「おおきなたいこ…」などの手遊びを楽しそうにやると、手足をバタバタ動かしたり、月齢の高い子は全身でリズムをとります。玩具で遊んでいても手遊びの歌が聞こえてくると寄ってきて体を動かしています。

食育

＊食前に手洗いをしたり、食後に口のまわりや手をふく。
＊食事に対して意欲がある子では、手づかみなど自分で食べることに興味が持てるようにする。
＊丸飲みせず、よくかんで食べるよう「モグモグね」など声をかける。

反省・評価

＊疲れや気候のせいで体調をくずす子が多かった。変化を見逃さないよう十分に気をつける。
＊保育所の生活リズムにも慣れてきてよく遊べるようになった。月齢の高い子は戸外、低い子は室内と、遊ぶ場所を分けたことでそれぞれがじっくり遊ぶことができた。

0歳児　6月　月案　ひよこ組

ねらい
* 一人ひとりの体調に留意しながら、機嫌よく快適に過ごせるようにする。
* 保育者との安定した関わりの中で、興味のあるものに触れたり、体を動かして遊ぶ。

		子どもの姿	内容
生活	食事・排泄・睡眠・清潔・着脱	●家庭で離乳食を始めている子には、様子を見ながら少しずつ進めている。 ●皿の食べものを手づかみで食べる姿が見られる。舌でつぶして飲み込んでいる。 ●朝、ミルクだけから離乳食を食べてくるようになった子は、午前中から機嫌よくしている。 ●連休明けは泣くことが多かったが、外に出ると気分が変わり遊べるようになった。 ●体調をくずし、中耳炎になった子がいる。 ●音で目覚めることなくぐっすり眠るようになる。	●スプーンを持って食べようとする。 ●おんぶやそばについてもらうことで安心して眠れる。 ●食前や入室前に保育者と一緒に石けんで手洗いをして、タオルでふいたり、ふいてもらう。 ●抱っこやおんぶで気持ちを受け止めてもらい、安心して遊び出す。
遊び	3つの視点から	●相手をするとよく声を出して笑う。 ●機嫌のよいときには喃語が出る。 ●寝返りができるようになるが、うつぶせからは戻れず、怒って訴えることがある。 ●手で体を支えお座りする姿が見られるが、まだ安定していない。 ●立ち上がるときに、何にでもつかまろうとする。友だちにつかまることもある。 ●目の前にあるものを口に入れることが多い。 ●靴を履いて戸外へ出ると喜んで歩くが、歩行は、まだ不安定である。	●歌や曲に合わせて体を揺すったり、保育者のしぐさをまねたりする。 ●探索心が出てきて、廊下やほかのクラスへ行こうとする姿も見られる。 ●「一本橋こちょこちょ」など保育者との触れ合い遊びを楽しむ。 ●ボールや玉落とし、コップ重ねなど気に入った玩具でよく遊ぶ。 ●箱積み木で段差や山、橋を作るとよじ登ったり渡ったりして遊ぶ。 ●戸外の散歩をして、安全なところでは移動車から降りて自由に歩く。

保育所職員の連携
* 室内遊びが多くなるので、場所の活用や体を使った遊びなどができる環境を話し合う（廊下やホールを使う、動と静のバランスがとれるよう少人数に分けての活動など）。
* 戸外散歩の際は、歩ける子では探求心も盛んになっているため、安全には十分注意し、声をかけ合うなどして見守る。

家庭・地域との連携
* 気温の変化に応じて調節しやすい衣服を用意してもらう。
* 日中の様子や家庭での様子を知らせ合って、個々の体調管理に気をつける。
* 親子触れ合いデーのお知らせをして、参加を呼びかける。触れ合いデーでは保育所での生活や子どもの活動などを見てもらう。

ここがポイント！
保育室から出なかった子も環境に慣れてくると恐る恐る廊下に出てみたり、廊下から隣のクラスをのぞき込み、入っていったりします。危ないからと子どもを連れ戻すのではなく子どもの行動に沿って保育者が動き、行動範囲を広げてあげます。

注意！
友だちにつかまって倒してしまったり、一緒に倒れてしまい、床で頭を打ってしまうこともあります。その様子を見たらすぐに手を貸せるようにします。

● 0歳児の指導計画

健康・安全への配慮

＊梅雨期の室温、湿度に気をつけ、室内を衛生的にする。
＊蒸し暑い日には水分補給をこまめにする。
＊汗をかいたら体をふいてさっぱりしたり、衣服の調節をするなど、気持ちよく過ごせるようにする。

行事

＊保育参観
　（親子触れ合いデー）
＊誕生会

環境構成	保育者の配慮
●湿度が高い日も多くなるので、玩具などの消毒をこまめに行う。 ●「モグモグ」「おいしいね」と声をかけながら楽しい雰囲気の中で食べられるようにする。 ●スプーンにのせたり皿に取り分けるなど個々に配慮して自分で食べやすいようにする。 ●手洗いをするときは、そばについて行く。 ●戸外へ散歩するときは、目が行き届くよう少人数に分けて出かける。 ●一人ひとりをよく見て不安なときは声をかけたり抱っこをするなど、安心できるようにする。	●静かな場所で一定時間眠れるようにする。 ●「かみかみ、ごっくん」など声をかけ、よくかんで食べられるように個々のペースに合わせて関わる。 ●お座りで後ろに倒れることもあるので、保育者が支えたり布団を敷いておくなど安全に留意する。 ●手洗い時には「きれいになったね」「気持ちいいね」など一緒に手をこすりながら声をかけ、清潔になった快適さを感じられるようにする。 ●下痢や鼻水など体調の変化に留意する。
●ハイハイやつかまり立ち、一人歩きなど移動が盛んになってくるので、机や棚の上、床の玩具などをこまめに片づける。 ●散歩する場所では、石やガラスなど危険なものがないかよく注意する。 ●楽しめるような歌や触れ合い遊びを取り入れて、歌ったり体を動かして遊べるようにする。 ●段差や山を作るときは低めに設定する。 ●行動範囲の広がりに応じて、危険のないようによく見守り、声をかけたりしながら、探索活動が十分行えるようにする。	●膝の上で安心する子もいるので、ゆったりと関わり、少しずつ遊び始められるようにする。 ●戸外で砂や土など自然物に触れたりして、いろいろな感触に慣れるようにする。 ●つかまり立ちや歩行中はバランスをくずしやすいので、そばにつき、すぐに手を出せるようにする。 ●歌ったり音楽を聴くときは保育者も一緒に楽しむ。 ●かみつきには、その子の気持ちを受け止めながら、かむと相手が痛いということを言葉や表情で知らせるようにする。

現場では！

自分で食べたい時期は口に入れるよりこぼすことが多いので、取り皿に分けて少量ずつ食べさせるようにするとこぼす量も少なくなります。

食育

＊家庭でやわらかいものを食べている子には、かんで食べられるかたさにしてもらうように話す。
＊梅雨期なので栄養士とも連携をとり、食中毒を起こさないよう食品の管理には十分な注意を怠らない。

反省・評価

＊今月は下痢が何日間も続く子が多かった。便の状態をよく把握したり、家庭ともよく連絡をとり合うようにした。これから気温、湿度が高くなり、疲れが出やすくなると予想されるので、体調の変化には十分気をつける。
＊新入所児や体調をくずしている子など、生活リズムや様子を見ながら、それぞれの発達に合わせてしっかり遊べるように活動を分けることを考えていきたい。

0歳児　7月　月案　ひよこ組

ねらい
＊一人ひとりの健康状態を把握し、沐浴などで体を清潔に保ちながら快適に過ごせるようにする。
＊安全で楽しい雰囲気の中で、少しずつ水に慣れて遊ぶ。

		子どもの姿	内容
生活	食事・排泄・睡眠・清潔・着脱	●離乳食を始めた子は、よく食べ、自分から口を近づけたりスプーンを持とうとするなど意欲が見られる。 ●手づかみで食べようとする姿もある。 ●かためのものなどを口から出してしまう子もいる。 ●午前睡をしないで過ごすようになった子もいる。 ●体調をくずし休みが多くなったため、休み明けに不安定になり泣く子もいる。 ●食事中にいすに座っていられず、立ち上がったり大泣きすることがある。	●手づかみも見られるが、こぼしながらもスプーンですくって食べてみようとする。 ●自分でコップを持って少しずつ飲めるようになる。 ●食前、食後には保育者と一緒に挨拶をするまねをする。 ●おんぶや、そばについてもらうと安心して眠り、睡眠時間が少しずつ長くなる。 ●スキンシップなどで安心すると自分から遊び出すようになる。 ●保育者の声かけでよくかんで食べようとする。
遊び	3つの視点から	●お座りが安定してくると、手を伸ばして玩具を取ろうとする姿が見られる。 ●人見知りが始まり見慣れない人が保育室に入ってくると、じっと顔を見て表情をこわばらせたり泣いたりする。 ●砂場の砂の感触を楽しんでいる。 ●つかまり立ちから座る姿勢に移行できるようになる。 ●自然に対する好奇心が出てきて、戸外でよく探索をする。	●腹ばいの姿勢からずりばいやハイハイをする子が増える。 ●保育者との安定した関わりがあると、慣れない人がいても泣くことが減る。 ●砂の感触に慣れシャベルですくって遊ぶ。 ●触れ合い遊びを楽しみ、しぐさをまねしたり曲や歌に合わせて体を揺すったりする。 ●玉落としなど、手先や指先を使う遊びを楽しむ。 ●じょうろやカップなどを使って、ベランダで水遊びをする。 ●気に入った絵本を読んでもらい喜ぶ。

保育所職員の連携
＊睡眠時間には個人差があるので、眠っている子の妨げにならないよう、目が覚めた子がほかの部屋などで遊べるよう連携をとり合う。
＊人見知りが始まった子には安心できる保育者が関われるよう、様子をよく伝え合う。
＊一人ひとりの動きや居場所は声をかけ合って確認し、危険のないようしっかり見守る。

家庭・地域との連携
＊沐浴、水遊びがあるので、下着やシャツなど着替えを多めに用意してもらう。
＊毎朝の検温、体調チェックをお願いして、沐浴、水遊びができるかどうかの判断を伝えてもらう。
＊日中や家庭での様子を伝え合って、個々の体調管理に気をつける。

0歳児 月案 7月

ここがポイント！
この時期子どもたちは汗びっしょりで動き回っています。遊んだあとや午睡後にはシャワーや沐浴をさせ肌を清潔にしましょう。あせもからとびひになってしまうこともよくあります。

注意！
日差しが強いので日陰で遊ばせるようにしましょう。戸外の時間が長いと疲れから興奮したり、ぐずったり、眠らなかったりするときがあります。

バリエーション！
マヨネーズやシャンプーなどの空き容器にとても興味を示します。色彩のきれいなものは特に好きで、既製のものよりよく遊びます。

0歳児の指導計画

健康・安全への配慮

* 温度、湿度に気をつけて快適な室温を保つ。
* 沐浴、水遊びは、個々の体調や発達に合わせて時間や遊び方を変えるようにする。また、天気や気温に十分配慮する。
* 暑さで疲れが出たり体調をくずすことがあるので、こまめな水分補給や十分な休息をとれるようにする。

行事

* 七夕
* 身体測定
* 誕生会
* プール遊び

環境構成	保育者の配慮
● 落ち着いて食事ができるよう、テーブルやいすの配置を考える。 ● 興味を持っている子にはスプーンを使う機会をつくってみる。 ● スプーンを持った子には手を添えながら、持ち方や使い方を知らせる。 ● 不安定な子には好きな玩具を用意して一緒に遊び、気持ちを切り替えられるようにする。 ● 一人ひとりに合わせて休息がとれるような静かな環境をつくる。	● 家庭での様子も聞きながら「かみかみね」など声をかけるようにする。 ● 慣れない食べものでも少しずつ手を出すようになっているので、食べたいという意欲を大切にして関わる。 ● 不安な気持ちを受け止め、抱っこなどでスキンシップをとり、安心できるように関わる。 ● いすに飽きてしまう子にはやさしく言葉をかけたり、抱っこをしたりして最後まで楽しく食べられるようにする。 ● 暑い時期なので家庭と連絡をとりながら日中の活動を考え、体調の変化に気をつける。
● 楽しめるような歌や触れ合い遊びを取り入れて保育者も一緒に体を動かしながら、歌や音楽に親しめるようにする。 ● 水や砂の感触を楽しめるよう、子どもの興味や関心が広がるような遊びや遊具を工夫する。 ● 簡単な絵本やくり返しのある遊びを用意する。 ● 探索心が盛んになり、保育所内や散歩での探索を楽しむので危険のないよう十分目を配る。 ● 手先や指先を使う玩具や、水、砂遊び用の道具などを用意する。	● 腹ばいからお座りができるよう足を支えたり、目の前に玩具を置いて前に進めるようなきっかけをつくる。 ● 膝に乗って甘えてくるときはゆったりと関わり、安心して機嫌よく過ごせるようにする。 ● 好きな遊びなどを一緒にくり返し楽しみ、言葉や遊びの幅を広げる。 ● 探索が楽しめるよう、周囲に危険なものがないよう、気をつける。 ● 水遊びでは怖がる子もいるので、個々の様子をよく見て、その子に合った遊び方ができるように配慮する。

食育

* 保育者も一緒に「いただきます」「ごちそうさま」の挨拶をする。
* テーブルや床が汚れたらその都度ふき、きれいな場所で食事できるようにする。
* 言葉をかけたり、スプーンに手を添えるなど、個々に合った援助を行う。

反省・評価

* 下旬には暑さもあり、体調をくずす子が多かった。家庭との連絡をとり合いながら健康状態に気をつける。
* 水遊びではできないことも多かったので、無理なく体験できるように工夫する。
* 全員が給食を食べられるようになったため、時間や座る位置などを考え、落ち着いて食事できるようにする。

現場では!

ベランダにいくつかのたらいを用意し、そこで子どもたちは水遊びを楽しみます。水に足をつけただけで怖がって泣く子がいますが、そのような子には無理をせず、そばで友だちの遊んでいる様子を見せましょう。そのうち恐る恐る近づいて遊び出す様子が見られます。

0歳児 ● 月案

0歳児　8月　月案　ひよこ組

ねらい
* 一人ひとりの健康状態を把握し、水遊びや沐浴をしたり、体を清潔に保ちながら快適な生活をする。
* 水や砂などに触れ、夏の遊びを十分に楽しむ。

		子どもの姿	内容
生活	食事・排泄・睡眠・清潔・着脱	●コップを自分で持ち、少しずつ飲めるようになる。 ●自分でかもうとする姿も見られるが、口の中にためたり、かまずに飲み込む子もいる。 ●スプーンに興味を持ち、上手持ちでスプーンを口に運ぶようになる。 ●体調がよくないときはぐずることがある。 ●休みが続いた後、朝は少し泣くがすぐに遊び始めている。 ●そばについてもらうと安心して眠り、睡眠時間が長くなる。	●手づかみやスプーンを使ってこぼしながらも自分から食べる。 ●嫌いなものをいやがる姿も見られるが、保育者のはげましで少しは食べようとする。 ●汗をかいたときに着替えや沐浴、シャワーをしてきれいになることに心地よさを感じる。 ●保育者についてもらうと、安心してぐっすり眠る。
遊び	3つの視点から	●腹ばいから座ったり前に進もうとする。 ●ハイハイで探索し、興味のある玩具に触ろうと手を伸ばす。 ●階段の上り下りがハイハイで上手にできるようになる。 ●散歩のときに保育者と手をつないで歩けるようになる。 ●<mark>絵本を膝の上で見ることを楽しむ。</mark> ●好きな玩具でよく遊ぶ。 ●伝い歩きをする姿が見られるようになる。 ●一度泣くとなかなか気分が変わらず、遊べないことがある。	●ハイハイや伝い歩きなどで探索を楽しみ、いろいろなものに触れたり関わろうとする。 ●好きな遊びをする中で、保育者や友だちと関わろうとする。 ●水遊びに慣れてきて、ベランダでじょうろやカップを使って遊ぶ。 ●砂をすくったり小さな山を作ったり、くずしたりして遊ぶ。 ●気に入った絵本をくり返し読んでもらう。 ●歌や触れ合い遊び、手遊びを楽しむ。

現場では！
自分の好きな絵本を持ってきて、保育者の膝にチョコンと座り、しぐさで読んでほしいと伝えます。子どもの欲求に応え、ゆったりと接してあげましょう。でも、途中で本を持って立ち上がり興味を持ったところに行ってしまうこともあります。

保育所職員の連携
* 水遊びでは個々に合わせて関われるよう、水との親しみ方、遊び方などを相談する。
* 行動範囲が広がってくるので、机や棚の上、床の玩具を片づけるなど危険のないよう、気をつけ合う。
* かみつきが見られる子には相談し合い、保育者が代わっても同じ対応をとるようにする。

家庭・地域との連携
* 暑さによる食欲不振、疲れなどが予想されるので、保育所と家庭で様子を知らせ合って体調管理を心がける。休息や水分補給の大切さも知らせる。
* 着替えを多めに用意してもらう。
* 毎朝の検温や体調をチェックしてもらい、沐浴、水遊びの可否を伝えてもらう。

● 0歳児の指導計画

健康・安全への配慮

＊暑さにより体調をくずしたり、疲れが出やすくなるので、休息と水分補給を十分にする。
＊あせもやおむつかぶれになりやすいため、こまめな着替えやシャワーなどで皮膚を清潔に保つ。
＊沐浴、水遊びの際は体調や発達に合わせた遊び方を考える。

行事

＊プール遊び
＊身体測定
＊誕生会
＊夏祭り

環境構成	保育者の配慮
●水分をこまめにとれるよう、飲みものをポットなどに用意しておく。 ●食べたい気持ちを大切にしながらさまざまな食材に親しめるようにする。 ●一人ひとりの睡眠時間、起床時間を把握し、静かな環境を整え安心して一定時間眠れるようにする。 ●こまめな着替えや沐浴、シャワーで肌の清潔に心がける。	●自分で食べようとする意欲を大切にし、スプーンの持ち方や使い方を知らせながら、ゆっくりと関わり、個々に応じた手助けをする。 ●つかまり立ちや伝い歩きをしているときは、安全に配慮しそばについて転倒に気をつけながら存分に行えるようにする。 ●目が覚めた子は、ベランダやほかの部屋で遊ぶようにしてほかの子の睡眠を妨げないようにする。 ●安心できる保育者との関係を基盤に、ほかの人との関わりも持てるようにする。
●水や砂の感触を十分に楽しめるよう、遊び方や道具に工夫をする。また、時間差をつけ少人数で遊べるようにする。 ●喃語や発語のタイミングを逃さないよう、ゆっくりと話したり聞いたりして関わる。 ●好きな絵本や興味を持った玩具や手先、指先を使う遊びなどを用意しておく。 ●歌や手遊びをくり返して楽しめるよう、一緒になって遊ぶ。 ●友だちをかんだりするときは、気持ちを受け止めながら、してはいけないことを言葉や表情で知らせる。	●一人ひとりの様子を見たうえで、水遊びが楽しめそうなときは、そばにつきながら、興味や関心を広げるようにする。 ●喃語や指さしを十分に受け止めながら応え、発語を促す。 ●保育者のしぐさの模倣をしてきたら、一緒に楽しむようにする。 ●ハイハイの子には興味のある玩具で誘いかけたり、「おいで」と声をかけて動きを促す。 ●高月齢の子でシール貼りなど手先の遊びに興味を示しているときは、その遊びを十分に楽しめるようにする。

食育

＊食事の際は、落ち着いて食べられるよう環境を整え、時間差をつけるなど一人ひとりに合わせて対応する。
＊徐々にいろいろな味覚、食材に親しめるようにする。
＊上手に食べられたときはほめる。

反省・評価

＊休むほどではなかったが体調のよくない子が多く、水遊びをあまり経験できなかった。そのため、水に慣れずに泣いてしまう姿が見られた。また、暑さによる疲れも出てきていたので、無理をせず、一人ひとりの様子を見ながら行うようにした。

0歳児 ● 月案

♛ ここがポイント！

散歩に行ったときや窓から外を眺めながら自動車、飛行機、犬、猫などを指して「アッアッ」と保育者に知らせます。その都度「自動車ね、バイバイ」「飛行機ね、またきてね」などと応答をくり返しているとだんだん言葉を覚えるようになります。

✿ バリエーション！

ビニール製のトンネルを用意し、子どもの反対側より「おいで」と呼びかけます。はじめは不安そうな顔をしていますがそのうち出入りをくり返しています。トンネルの真ん中に座り込んで出てこないこともあります。狭いところが大好きですから。

❗ 注意！

0歳児のかみつきは、たまたま自分の口元に友だちの足があったのでパクリ！　友だちと好き好きと抱き合ったときに友だちの頬をパクリ！　ということがよくあります。快感なのか同じ子がくり返すこともあります。遊びの様子をよく見ていると防げることです。

0歳児　9月　月案　ひよこ組

ねらい
* 気温の変化に留意して、一人ひとりの生活リズムを整え、健康状態を把握して、快適に過ごせるようにする。
* 体を動かして遊ぶ楽しさや気持ちよさを味わう。

		子どもの姿	内容
生活	食事・排泄・睡眠・清潔・着脱	●食に好みが出てきて苦手なものを口に入れても出したりする。 ●手づかみで食べたり、スプーンを使って食べようとする姿が見られる。 ●連続して休む日が少なかったため、一日の中で機嫌よく過ごす時間が増えてきている。 ●おむつが汚れると、しぐさや表情で知らせることがある。 ●麦茶をいやがることがときどきある。 ●人見知りをして泣くことがある。 ●午前睡をしないで過ごせるようになる。	●手づかみで食べられるようになる。コップも自分で持って飲もうとする。 ●食事の時間を機嫌よく過ごし、自分で食べようとする。 ●食べものを口にためたり出してしまうことが減る。 ●おむつを取り替えてもらうと、清潔で気持ちよくなることを知る。 ●不安なときでも保育者がそばにいると安心して遊べるようになる。
遊び	3つの視点から	●ハイハイで少しずつ進めるようになる。 ●つかまらずに数秒間立っていられる。 ●喃語が盛んになりおしゃべりを楽しむ。 ●「バイバイ」と手を振るとまねをしたり、「いないいない」に「ばあ」と応えたりする姿が見られる。 ●水遊びでは、たらいにつかって水の感触を楽しむ。 ●高月齢の子ではシール貼りで左手から右手に持ち替えてシールを貼ろうとする。 ●他児の様子をよく見たり、近くにいる子の髪を引っぱってみたり顔を触ったりする。	●ハイハイがしっかりできるようになり、興味のあるところへ行ったり、つかまり立ちをする姿も見られるようになる。 ●バランスをとりながら2～3歩歩くことができる。 ●喃語が盛んになり、声をかけられると返事をするなどやり取りを楽しむようになる。 ●保育者のまねをして歌に合わせて体を動かしたり手をたたいたりする。 ●少人数で行く戸外の散歩を楽しむ。 ●好きな絵本をくり返し読んでもらい、片言を話したりする。

保育所職員の連携

* 自分の思いがとおらず、かんだりひっかいたりトラブルが起きたときには、保育者間で同じ対応がとれるように話し合う。
* 一人ひとりの動きや居場所を把握して、保育者同士が声をかけ合って動く。バランスをくずして転倒するなどの危険も予想されるので、目を離さないようにする。

家庭・地域との連携

* 暑い日にはシャワーをするので、毎朝検温と体調チェックをしてできるかどうかの判断をしてもらう。着替えも多めに用意してもらう。
* インフルエンザの流行に配慮し、健康状態を伝え合うようにする。
* 親子触れ合いデーのお知らせをして、参加を呼びかける。

ここがポイント！

おむつが汚れたことをしぐさで知らせたり、気持ち悪がっておむつを外してしまう子もいます。「オシッコ出たのね」「きれいきれいしようね」などと声をかけてすぐに取り替えてあげましょう。汚れたことを教える子はおむつがぬれていないときトイレに連れていくと、排尿に成功することがあります。

注意！

寝ている他児の上をハイハイで通りすぎたり、顔をたたいたり髪を引っぱったりして泣かせてしまうなど、目が離せない時期があります。他児を「物」として見ているようです。

● 0歳児の指導計画

健康・安全への配慮

＊涼しい日も増えるので、気温の変化に合わせて衣服の調節をする。
＊夏の暑さの疲れが出てくる時期なので、体調の変化には十分気をつける。
＊それぞれに行動範囲が広がってくるので、危険物がないか点検し安全には配慮する。

行事

＊誕生会
＊敬老の日
＊お月見会
＊親子触れ合いデー

0歳児
● 月案

現場では！

歩きはじめは子どもだけではなく保育者にとってもうれしいものです。子どもが用心深く1歩2歩…と歩いてはしゃがむ様子を見て、保育者はその都度「すごい！上手上手！」などと手をたたきます。子どもは照れ笑いのような表情をしてまた立ち上がりまた挑戦しています。そのうち疲れたのか、ハイハイして興味のあるところへ遊びに行ってしまいます。

環境構成

●落ち着いて食事ができるよう環境を整え、一人ひとりのペースに合わせて対応する。
●コップやスプーンを持ちたがる子には、個別に丁寧に関わって手を添えるなど、持ち方や使い方を知らせる。
●汗をかいたときはこまめに着替えたり、水分補給を十分に行うようにする。
●その子に合わせた睡眠時間がとれるよう、目が覚めた子とは部屋を分けるなど配慮する。

●ハイハイやつかまり立ちをしているときには安全に十分気をつけて見守る。歩き始めの子は転倒することもあるので、すぐに手を出せるようそばについたり、玩具などは片づけておく。
●階段の上り下りをする際は、目を離さずによく見守り、まわりの子の動きに注意する。
●好きな玩具で十分遊べるよう、数をそろえておく。
●それぞれの興味、発達に合った玩具や遊びを考えて用意する。
●段差のある遊具で遊ぶときは低めに設定しておく。

保育者の配慮

●苦手なものは少しでも食べてみるように声をかけて、いろいろな味や食材に親しんでいけるようにするが、無理強いはしない。
●手づかみで食べたりスプーンを持とうとする意欲を大切に、個々に応じて手助けをする。
●おむつ交換では、歌ったり声をかけたりしながら機嫌よく取り替えられるようにする。
●家庭との連絡を十分とり、子どもの様子に合わせて生活していくようにする。

●不安定なところで立とうとすることも多いので、子どもの動きから目を離さないようにする。
●喃語は十分に受け止め、応えたりしてやり取りを一緒に楽しみながら発語を促す。
●ハイハイでの上り下りや、立ったり歩いたりできたときには一緒に喜び、これからの意欲につなげる。
●散歩を楽しめるように時間を分けて、少人数で出かけるなど工夫する。
●触れ合い遊びは一緒になって楽しみながら肌の触れ合う心地よさを味わわせる。
●指さしや片言にはゆったりと関わる。

バリエーション！

道端の草を引っぱったり、ドングリや松ぼっくり、石を拾ったり、マンホールの穴をのぞき込み穴から小石を落としたり、アリの動きをじっと見たりします。子どもの目線の先には興味のあるものがたくさんあります。目的地を決めない道草散歩が大好きです。

食育

＊食事の挨拶を一緒に行い、「おいしいね」など言葉をかけながら楽しく食べられるようにする。
＊スプーンやフォークはいつでも使える準備をしておき、手づかみでも食べやすい大きさの食品も用意しておく。

反省・評価

＊夏の疲れや気温差のせいか、中旬に熱を出す子もいたので体調の変化には十分気をつけるようにする。
＊月齢の小さな子もハイハイができるようになり、クラス全員が好きなところへ行けるようになった。これからは様子を見て、活動を分けたり、時間差をつけるなど、それぞれに合わせた遊びをたくさん行えるようにする。

67

0歳児　10月　月案　ひよこ組

ねらい
* ゆったりとした雰囲気の中で、一人ひとりの生活リズムや健康状態を把握し、安心して機嫌よく過ごせるようにする。
* 園庭や散歩などで秋の自然に触れ体を十分動かして遊ぶ。

	子どもの姿	内容
生活 食事・排泄・睡眠・清潔・着脱	● コップは自分で持てるようになるが、ストローはくわえても吸えない子がいる。 ● 手づかみでよく食べるが、嫌いな食べものは口から出すことがある。 ● 昼食後など満腹になると機嫌がよくなり、好きな場所へ行って遊び始める。 ● おむつ交換をいやがることがある。 ● 30分くらいで起きてしまう子もいるが、ぐっすり眠れる日もある。 ● 休み明けは、朝夕泣くこともあるが日中は機嫌よく遊ぶ。	● スプーンですくって自分で食べようとしたり、コップを持って飲むことに意欲を見せる。 ● 保育者の声かけやはげましで、苦手なものでも口に入れてみようとする。 ● 食事の挨拶を覚えて頭を下げたり手を合わせるなど、保育者のまねをしてみる。 ● 汚れたおむつを取り替えてもらい、気持ちよく過ごす。 ● 保育者についていてもらい、静かな場所で安心してぐっすり眠るようになる。
遊び 3つの視点から	● ハイハイで前に進めるようになる。 ● つかまり立ちができるようになったり、バランスをとりながら数歩、歩けるようになる。 ● 「あい」といって物を渡すしぐさをしたり、返事をする姿が見られる。 ● 思いどおりにならないと泣いたり怒ったりすることがある。 ● 「あーうー」「だー」など喃語がよく出てきて、保育者とのやり取りを楽しむ。 ● 散歩で疲れると手をつながず、その場でしゃがみこんだりすることがある。	● 自分で好きなところへ行って機嫌よく遊ぶ。 ● 伝い歩きができるようになり、歩くことを喜び、探索を楽しんでいろいろなものに触れたり関わったりする。 ● 散歩に出かけ、秋の自然に触れて虫や木の実、草花などを見つけたりして楽しむ。 ● 斜面台を登ることに意欲を見せる。 ● 歌や触れ合い遊び、手遊びに興味を示し、体を揺らしたりする。 ● 玉落としや積み木、シール貼りなど手先や指先を使った遊びを楽しむ。

保育所職員の連携
* 新入所児など環境に慣れていない子もいるので、落ち着いて遊べる場所をつくるなど、保育者間で相談する。
* 遊びの空間や、少人数に分けて散歩に出るなど、子どもの発達に合わせた活動を考える。
* かみつき、ひっかきなどが見られたらミーティングで情報を共有し、同じ姿勢で対応する。

家庭・地域との連携
* 涼しくなって体調をくずしやすい時期なので、体調をこまめに伝え合い、一人ひとりの健康状態を把握できるようにする。
* インフルエンザの流行についてもお知らせして、家庭でも予防に努めてもらう。
* 気温の変化に応じて、調節しやすい衣服を用意してもらう。

現場では！
「ちょうだいな」と手を出すと渡すふりをしますが、手から離さなかったり、「いや」というように物を自分の胸につけてしまったりし、「あら、くれないの?」などと言う保育者の反応をくり返し楽しんでいます。

ここがポイント!
自分がやりたいと思っていることを手伝ったりすると怒ったり、欲しいものが何かにつっかえて取れなかったりすると泣いたりしますが、欲求が満たされると、何事もなかったようにケロッとして遊び出します。

● 0歳児の指導計画

健康・安全への配慮

* 気温の変化に合わせて衣服の調節をする。
* インフルエンザの流行する時期なので、予防を心がけ保育者のうがい、手洗いを励行する。玩具も消毒し清潔に保つ。
* 一人ひとりの発達に合わせて体を使った遊びができるよう遊具を設定しておき、そばについて安全に気をつける。

行事

* 身体測定
* 誕生会

環境構成	保育者の配慮
●楽しく食べられるよう、食事時間に差をつけるなどして落ち着いた空間づくりをする。 ●夕方に疲れが見られるときは、ゆっくり過ごせるような静かで安心できる場所をつくる。 ●休み明けなどで不安定な場合には、スキンシップをとったり、気持ちを引きつける玩具を見せたりして、遊び方を工夫する。 ●目が覚めた子をベランダやほかの部屋に連れていくなど、眠っている子の妨げにならないようにする。	●一人ひとりの食べるペースに合わせてゆったり関わりながら対応する。 ●口の中に食べものを入れたまま遊んでいる様子も見られるので、「ごっくんね」など声をかけ、飲み込んだのをしっかり確認してからごちそうさまをする。 ●ゆっくりと子守歌を歌ったり、背中をさすりながら安心して眠れるようにする。 ●機嫌のいいときには触れ合い遊びなどを一緒にしながら、体を使う遊びを楽しめるようにする。
●いろいろな場所に興味を示し行動範囲が広がっていくので、物につまずいて転倒したりしないよう床は片づけておき、探索活動を楽しめるように気を配る。 ●散歩に出たときなど、小石や砂などを口に入れないようによく気をつける。 ●好きな遊びをくり返せるよう、個々の発達に合った玩具を十分に準備しておく。 ●砂場にはシャベル、型抜き、カップなど、さまざまな遊びができる道具をそろえておく。 ●好きな歌や曲をかけるなど、自然に音楽に親しめるようにする。	●散歩は時間にゆとりを持って出かけ、子どもの指さしや発見に応え、自然を十分に楽しめるようにする。 ●斜面台で遊ぶときに、高くても恐怖心を持たず、床と同じ感覚の子もいるので、そばについて安全に十分気をつける。 ●喃語や指さしなどに応え、子どもの気持ちを受け止め、やり取りを楽しめるようにする。 ●いろいろな遊びを一緒になってくり返し、楽しみながら、言葉や遊びを広げる。 ●思いどおりにならない気持ちを受け止めながら、気分を切り替えられるように関わる。

✿ バリエーション！

歌も心地よい眠りを誘いますが、ぬいぐるみや絵本、ミニカーなどを持って自分から布団に入り眠ってしまう子もいます。

❗ 注意！

拾って大事そうに持っていたドングリやオシロイバナの種、石などを口に入れてモグモグしていることがあります。大きさにより、のどに詰まることもありますので気をつけます。

食育

* 言葉をかけながら最後まで楽しく食べられるような雰囲気をつくる。
* いろいろな食材に親しめるよう、少しでも口に入れるように声をかけたりする。
* 口に入れすぎることもあるので、様子をよく見て量を調節する。

反省・評価

* 歩けるようになってきたので、天気のよい日には園庭や散歩に出た。探索したり楽しんでいるので、引き続き様子を見ながら行う。散歩の行き先や行き方にも工夫していきたい。
* 食事では好みが出てきたので、声をかけたりしながら楽しく食べて、いろいろな味に親しめるように進める。

0歳児
月案

0歳児　11月　月案　ひよこ組

ねらい
* 一人ひとりの健康状態を把握し、生活リズムを大切にしながら、安心して過ごせるようにする。
* 園庭に出て、体をたくさん使って遊んだり、散歩へ行き、探索活動を楽しむ。

	子どもの姿	内容
生活（食事・排泄・睡眠・清潔・着脱）	● 給食は手づかみでよく食べるが、ときどき口に入れすぎたり、いつまでも口に残っていることがある。 ● 泣かずにいすに座って食べられるようになる。 ● 午前中はおんぶや抱っこをしても泣いて遊べないことがあったが、慣れてくると機嫌よく過ごしている。 ● 自分の思いどおりにならないと、泣いたり怒ったりすることがある。 ● しぐさや表情で排泄を知らせることもある。	● 保育者の声かけやはげましで、いろいろな食材を口に入れてみようとする。 ● 食事の環境に慣れ、立ち上がったり歩き回ったりしないで座って食べられるようになる。 ● 「ちっち」など言葉やお尻を触ったりして排泄を知らせることが増える。 ● 午後の1回寝で過ごせるようになる。 ● 保育者への甘えが出てきて、ほかの子の相手をすると泣いて訴えることがある。 ● 食事の挨拶がわかるようになり、まねしてみるようになる。
遊び（3つの視点から）	● 伝い歩きができるようになり、保育者と両手をつないで歩こうとする姿が見られる。 ● 支えがないところで立つことができ、数歩、歩くこともある。 ● 斜面台では急な斜面から登るなど意欲的だが、すべるときはバランスをくずす。 ● 自分から好きなところに行けるようになったことで、保育者が離れていても、歩いてそばにくるようになる。 ● 高い場所でも怖がらずに立ち上がる。 ● 音楽に合わせてリズムをとったり手をたたいたりして自分から体を動かす。	● 歩行が安定してきて手をつないで歩くことができる。 ● 探索を楽しみ、廊下やベランダなど移動範囲が広がる。 ● 「○○しようね」など、簡単な言葉を理解する。 ● 歌や体操、触れ合い遊びなど体を動かす遊びに興味が広がり、保育者や友だちとの触れ合いを楽しむ。 ● 絵本をくり返し読んでもらうことを喜び、気に入ったところを指さし、片言で知らせたりする。

ここがポイント！
トイレに連れていくチャンスです。自動車や動物など、子どもの好きな絵を貼っておいて誘うと喜んでトイレに行きます。

保育所職員の連携
* 感染症などの状況によっては、保育室を移動することもあるので、職員同士で話し合いながら活動の仕方を考える。
* 散歩先で遊べるコースを考えたり、歩ける子はなるべく少人数で出かけて十分に歩く機会をつくるなど、行き先や行き方を工夫する。

家庭・地域との連携
* インフルエンザの流行に配慮し、子どもの体調を把握して変化を見逃さないよう、連絡をとり合う。感染症についての情報を伝えて、手洗い、うがいなど家庭でも予防に努めてもらう。
* 厚着になりすぎないよう、調節しやすい衣服を用意してもらう。

0歳児の指導計画

健康・安全への配慮	行事
＊気温の変化に合わせて衣服の調整をする。 ＊インフルエンザなど感染症の情報を共有して予防に努める。 ＊気候のいい日には、園庭に出たり散歩に行って外気に触れる。	＊収穫祭 ＊誕生会 ＊交通安全教室

環境構成	保育者の配慮
●手づかみでこぼしてしまい食べる量が少なくなるので、取り皿にご飯やおかずを少しずつ入れるなど量を調節する。 ●食べこぼしたときにはそのままにせずすぐ拾い、気持ちよく食べられるようにする。 ●体調や心理的な変化が見られたときには、家庭と連絡をとり、よく話し合う。 ●感染症予防のため、玩具は定期的に消毒して清潔を保つ。 ●戸外に出るときは、健康状態をよく見て暖かい時間帯を選ぶようにする。	●楽しい食事になるよう、声をかけながらゆったりと関わり、自分で食べようとする姿を認めてほめる。 ●怒ったり泣いたりして気持ちを表現するのを受け止め、声をかけたりスキンシップなどで十分に関わる。 ●おむつを取り替えるときに「きれいになったね」などと清潔になると快適に過ごせることを知らせる。 ●声やしぐさで排泄を知らせてきたら、大いにほめて認め、次への意欲につなげる。
●行動範囲が広がっているので、伝い歩きをする場所などでの転倒に気をつけながら、十分行えるようにする。 ●斜面台や階段ではすぐに支えられる位置につき、安全に配慮する。 ●歩くことを楽しんでいるので、その子の気持ちやペースを大事にしながら歩く経験をたくさん持つようにする。 ●音の出る玩具を用意したり、好きな曲をかけるなど音楽に親しめる環境をつくる。 ●室内で集中して遊べるよう、気に入った玩具をそろえておく。	●保育者の言うことと、物や行動が結びついてきているので、やり取りを楽しむ。 ●戸外にいるときは、安全に気を配りながらも探索活動をたくさん楽しめるようにする。 ●片言が出てきている子には、ゆっくりはっきりと話しかけるよう心がける。 ●いろいろなもののまねをしているときは、一緒になってまねて遊ぶなど、子どもの気持ちに寄り添うようにする。 ●機嫌よく一人遊びをしているときは、そっと見守る。

食育	反省・評価
＊自分でスプーンを持って食べたがるので、コップや小皿に取り分けて少しずつ飲んだり食べたりできるようにする。 ＊最後まで楽しく食べられるように落ち着いた雰囲気をつくる。	＊休むほどではないが、鼻水や咳が出る子が見られたので、室内で過ごす日が多くなったが、様子を見て戸外へも出るようにした。 ＊ボタン落としでどの子も集中して遊べた。今後気温が下がり、外に出られない日も増えてくると予想されるので、室内で十分遊べるように環境を考える。

注意!

登るときは手を使って用心深く登りますが、斜面をすべり降りるときは体が不安定になり、落下することがあります。必ずそばにつき手を出せるようにします。

現場では!

「今そこにいたのに、もうすべり台の上にいる」というように戸外での一人ひとりの把握は大変です。常に保育者は「○○ちゃんはあそこにいる」と確認したり、手が回らないときはほかの保育者に声をかけて見てもらっています。

バリエーション!

リングベル、鉄琴、太鼓、ピアノなどの音の出る玩具をいつも使えるようにしておきます。力いっぱい振ったり、たたいたりして、音色を楽しむというより、アクションを起こすと音が鳴ることを楽しんでいるようです。

0歳児　12月　月案　ひよこ組

ねらい
* 一人ひとりの健康状態を把握し、寒い時期を健康に過ごせるようにする。
* 探索活動を楽しみながら、体を十分に動かして遊ぶ。

	子どもの姿	内容
生活 （食事・排泄・睡眠・清潔・着脱）	●ご飯は食べるがおかずを好まず、口から出すことも多い。 ●給食のときに泣いたり、いやなものだと床に落とすことがある。 ●食べたことのないものでも一口食べて好みの味だと、自分から食べようとすることがある。 ●不安定な様子が見られなくなっている。 ●よだれが多く出るためよだれかけをしていても、服までぬれていることが多い。 ●おむつがぬれていたら声やしぐさで知らせることが多くなっている。	●苦手なものを食べるのが最後にならないように順番を工夫したり、声をかけられることで、ご飯もおかずも一緒に食べられるようになる。 ●おむつを取り替えてもらうと気持ちよくなることがわかり、排泄を知らせることが少しずつできるようになる。 ●抱っこやスキンシップなどじっくり関わってもらうと安定し、気持ちを切り替えて遊び出せる。
遊び （3つの視点から）	●階段の手すりにつかまって上り下りできるようになる。 ●歩行が安定してきて、散歩のとき手をつないで歩くことができる。 ●ときどきしゃがみ込んでしまうが、以前よりもよく歩くようになる。 ●犬を見て「わんわん」と言ったりする。 ●サイレンの音を聞くと「ぷーぷー」と声を出す姿が見られる。 ●一人歩きでいろいろなところを探索して楽しむ。	●伝い歩きや歩行が安定してきて歩くことを楽しみ、探索活動を盛んに行う。 ●手をつないで歩くことに慣れてきて、散歩ではまわりのいろいろなものに興味を示して、指さしや「マンマ」など一語文で反応を表すようになる。 ●「抱っこ」「いや」など、気持ちを表す言葉が出始める。 ●歌や手遊び、体を使った遊びを喜び、くり返しやりたがる。 ●砂や土の感触を味わい、よく遊ぶようになる。

保育所職員の連携
* 園庭や散歩に出るときは、子どもの様子をよく見て発達に合った活動を考え、遊ぶ場所を分けたり時間帯を変えるなど、保育者間でよく相談する。

家庭・地域との連携
* インフルエンザや感染症の状況についてお知らせして、家庭でも予防に努めてもらう。
* 体調の変化に十分気をつけて、送迎時などにも子どもの様子をよく伝え合い連携をとる。
* 厚着になりすぎないように、動きやすい上着や調節しやすい衣服を用意してもらう。

ここがポイント！
今まで食べていたものを食べなくなったり偏食が出てきます。細かく切って気づかないようにしてもらうなど、給食室と連携をとります。無理強いすると食事をいやがる子も出てきます。

注意！
日だまりの砂場に座り込んで砂を放り投げたりしてよく遊びます。手についた砂をなめてしまい、変な顔をしてモグモグやっていることがあります。0歳児にはよくあることですが、子どもの遊んでいる様子をよく見てそのようなときはすぐに口の中を洗ってあげます。一度やると学習してやらなくなることが多いようです。

0歳児の指導計画

健康・安全への配慮	行事
＊気温の変化に合わせて衣服の調節をしていくが、厚着になりすぎないよう気をつける。 ＊インフルエンザや胃腸炎など、感染症の予防や早期発見に努める。玩具の消毒にも引き続き留意する。 ＊戸外で遊ぶときは、天候や気温、時間帯を工夫する。	＊お遊戯会 ＊誕生会 ＊クリスマス会

環境構成	保育者の配慮
●よだれや食べこぼしでよだれかけなどが汚れたら、すぐに取り替えて気持ちよく食事ができるように心がける。 ●午前中によく遊んで空腹を感じてから食事ができるよう、子どもの発達や様子を見ながら活動を考える。 ●おむつ交換をいやがるときは、歌ったり玩具を見せてすばやく済ませ、気分転換を図る。	●食事が進まないときは、声をかけながらゆったりと関わり、無理強いはしないようにする。 ●自分でコップや皿を持ったり、手づかみで食べようとするときは、やりたい気持ちを大事にして見守る。 ●おむつ替えの際は、目を合わせてスキンシップを大切にしながら、「きれいにしようね」と声をかけて心地よくなることを知らせる。 ●夕方など疲れが出て甘えが見られたら十分関わり、落ち着いて過ごせるようにする。
●階段での上り下りでは危険がないよう、そばについて安全には十分気を配る。 ●転倒したとき、ケガをしないよう散らかした玩具はまめに片づける。 ●つまむ、引っぱるなど手先を使う遊びや、きれいな色彩や音の出る玩具を用意しておく。 ●砂場や遊具の点検を怠らないようにする。 ●三輪車などに興味がある子は、安全に注意しながら見たり触れたりできるようにする。 ●発達に合った指遊び、触れ合い遊び、体操などを行い、室内でも十分体を動かせるようにする。	●保育者のしぐさのまねをするようになったら、向かい合って遊び、楽しめるようにする。 ●戸外で見たり聞いたりすることに発語や指さしで反応を示したら、丁寧に受け止めてやり取りをする。 ●「ちょうだい」「どうぞ」など簡単なやり取りを取り入れながら遊び、言葉を広げる。 ●友だちの上に乗ったり、顔や髪を引っぱったりすることがあるので、危険がないようそばで見守り、触れ合いを楽しめるようにする。 ●戸外に出るときは、暖かい時間帯を見計らって、体を動かして遊べるようにする。

食育	反省・評価
＊早食いや丸飲みにならないよう、一緒に口を動かしてみせて、よくかむことを伝える。 ＊保育者が味見をして「おいしい！」と反応し、いろいろな食材に親しめるようにする。	＊今月は気候もよく戸外で遊べる日が多かった。散歩ではいろいろなものを指さしたり、手をつないで歩くことを喜ぶ姿も見られた。好きなところへ行って探索活動を楽しんでいたが、人数が多いと圧倒されて遊べない子もいた。どの子も体を動かして遊べるように様子を見ながら活動を工夫する。

現場では！

食事を手伝おうとするとスプーンを投げたり、お皿をひっくり返して怒ったり、床に寝転んで泣いたりする姿も見られます。「ごめんね、自分でやってね」と言うと泣きやんで食べ続けます。自分でやりたい気持ちが強くなってきます。

バリエーション！

大人の毛布を二つ折りにして子どもを乗せ、保育者2人が両端を持ってハンモックのように揺らします。歌を歌ったりしながら揺らすと、大喜びで何回もやってくれと要求します。

0歳児　1月　月案　ひよこ組

ねらい
* 一人ひとりの健康状態を把握し、機嫌よく過ごせるようにする。
* 保育者との関わりをとおして、模倣をしたり、簡単な言葉のやり取りを楽しむ。

ここがポイント！
伝い歩きができるようになると何でも押したがります。押したい欲求を満たすために、カタカタや段ボールで作った箱や押しても危険のないものを用意します。ベビーカーなどは動き出すと子どもの歩みがついていけず、前のめりになりケガにつながるときがあります。

バリエーション！
「ことりのうた」「ちゅうりっぷ」「おはながわらった」など保育者が歌いながら大きな動作をすると、体を大きく揺らしながら拍子をとり楽しんでいます。

	子どもの姿	内容
生活（食事・排泄・睡眠・清潔・着脱）	●食事はよく食べるようになったが、食べ始めるまでに時間がかかったり、横を向いて食べたりすることがある。 ●コップや皿を自分で持ちたがり、保育者が援助しようとするといやがる。 ●体調をくずして休んでいた子は、朝に保護者と別れるときに泣くことがある。 ●ほとんどの子が午前睡をしないで午睡1回で過ごせるようになってきている。 ●やりたいことを中断されたり、思うようにできないと、泣いたりして訴える。	●食べもので遊んだり、横を向いてしまうこともあるが、声かけで援助すると最後まで食べようとする。 ●スプーンの持ち方、扱い方に少しずつ慣れて保育者の援助がなくても自分で持って口に運べるようになる。 ●靴を脱いだりズボンを上げたりすることに興味が出てきて自分でやろうとする。 ●何かをやってほしいときにしぐさや表情で伝えたり、一語文で話しかけてくることがある。
遊び（3つの視点から）	●伝い歩きをよく行い、ベビーカーを押して移動しようとする姿が見られる。 ●手をつなぐことに慣れてきて歩くことを喜ぶ。 ●玩具を口に入れることが多かったが、本来の遊び方を楽しむ姿も見られる。 ●園庭の乗り物に近づいていくなど探索活動がより広がっている。 ●手遊びなどをまねして楽しんでいる。 ●パズルボックスなどのやり方を見せると理解し、くり返し行う姿が見られる。	●戸外へ出ることを楽しみにして、喜んで手をつなぎながら歩く。 ●興味のある玩具で集中してよく遊ぶ（ひも通しなど）。 ●物の名前を言ったり、保育者の言葉や動作をまねしてみる。 ●歌やリズムにのって体を揺らしたり手をたたいてみたりする（「ごんべさんの赤ちゃん」など）。 ●絵本に興味を持ち、自分から持ってきたり絵本の中の言葉を一緒に言ったりする。「もう一回」と要求する子もいる。

保育所職員の連携
* それぞれの行動範囲が広がってきているので、職員同士で声をかけ合い、危険のない環境で遊べるように十分配慮する。
* インフルエンザなど感染症の情報は家庭も含めて共有し、手洗い、うがいを励行する。

家庭・地域との連携
* 年末年始の家庭での生活や子どもの様子を聞いて、生活リズムを戻し、無理なく活動できるようにする。
* 親子触れ合いデーのお知らせをして参加を呼びかける。
* 厚着になりすぎないよう、調節しやすい衣服や動きやすい上着などを用意してもらう。

● 0歳児の指導計画

健康・安全への配慮

＊気温の変化に合わせて衣服の調節をする。厚着になりすぎないよう気をつける。
＊冬期の感染症予防のため、玩具を定期的に消毒して清潔に保ち、手洗い、うがいなど衛生面に十分配慮する。

行事

＊避難訓練
＊誕生会
＊親子触れ合いデー

環境構成	保育者の配慮
●一人ひとりのペースに合わせながら、ゆったりとした雰囲気の中で食べられるようにする。 ●おむつを交換するときに、寝返りや立ち上がろうとすることがあるので、好きな玩具を用意して渡したり、声をかけたり、歌を歌ったりして気を引き、手早く替える。 ●個々の排尿間隔を把握し、おまるやトイレに誘う。 ●午睡時には静かな環境を確保し、安心して眠れるようにする。 ●一人ひとりの体調の変化に気をつけて活動内容を考える。	●自分で食べようとしたり、コップなどを持ちたがるときは見守る。集中できなくなったときには声をかける。 ●不安定なときは抱っこなどでゆったりと関わり、気持ちを切り替えられるようにする。 ●夕方には疲れも出てくるので、怒ったり泣いたりして訴えてきたときには、気持ちを受け入れ、関わりを多く持つ。 ●途中で起きてしまう子には背中をやさしくなでたりして、一定時間、眠れるようにする。 ●着脱など自分でやりたい気持ちが出てきたときには、手伝いながらその気持ちを満たす。
●天候や気温に合わせて室内や戸外で遊び、時間帯や遊びの内容を工夫する。 ●個々の体調に気をつけながら、なるべく戸外へ散歩に行くようにする。 ●冬の自然に興味が持てるよう氷や霜柱、雪に触れる機会をたくさんつくる。 ●興味を示した遊びは、そばについてやり方を知らせながら一緒に楽しむ。 ●気に入った玩具や絵本などは、手の届くところに用意しておく。	●園庭では時間帯や場所を考えて体を十分動かして遊べるように活動を工夫する。 ●散歩で歩くことを楽しんでいるときはその気持ちやペースを大切にする。 ●指さしや片言には、たくさん話しかけたり笑いかけたりして丁寧に応え、やり取りを楽しめるようにする。 ●乗り物の近くでは必ず子どものそばにいて安全に気を配る。 ●くり返しのある遊びを何度も楽しめるように準備しておく。

現場では！

ズボンに両脚を入れると立ち上がって上げたり、シャツは首を入れると両腕を通したりします。そんなとき「すごーい!」などと言って拍手をすると得意顔になります。このくり返しが着脱の土台になります。

注意！

保育室は暖房で暖かく、外気温と室温の差が大きくなっています。この時期戸外に出るときはコートを着せたり帽子をかぶせるなど、寒気から保護します。

食育

＊意欲的に食べているときには見守り、遊びにならないよう様子を見ながら声をかける。
＊スプーンを自分で口に運べるよう、手を添えるなどして持ち方、扱い方を知らせる。

反省・評価

＊下痢をする子が多く見られたので、家庭と連絡をよくとり様子を見るようにした。
＊今月は室内で過ごすことが多かったが、後半になり暖かい日もあったので、健康状態に気をつけながらなるべく戸外で遊ぶようにした。歩ける子も増え、行動範囲が広がってきたので、安全面に注意しながら、探索活動をたくさん楽しむことができた。

0歳児　2月　月案　ひよこ組

ねらい
* 一人ひとりに合った生活リズムで、体調を把握しながら健康に過ごせるようにする。
* 保育者と関わりながら、室内や戸外で体を動かして遊ぶことを楽しむ。

	子どもの姿	内容
生活（食事・排泄・睡眠・清潔・着脱）	●好きなものから食べたり、「ちょうだい」と言ってお代わりを欲しがる子もいる。 ●スプーンですくうのが上手になり、ほとんど自分で食べられるようになる。 ●自分でズボンを上げようとしたり、靴を脱ごうとするなど、身の回りのことに興味が出てきている。 ●おむつが汚れると自分から知らせてくる。 ●ほかの子が欲しい玩具を持っていると、引っぱったり、保育者の顔を見ながら泣いたりする。	●声をかけられたり、手伝ってもらったりしながら最後まで自分で食べられる。また、初めての食べものでも、言葉をかけられると口に入れて味わってみる。 ●ほかの子をまねしておまるに座ってみることがある。 ●「ちっち」「出た」など言葉で排泄を知らせる。 ●着替えや靴の脱ぎ履きに興味が芽生え、自分でもやってみようとする。 ●自分の思いを、怒ったり泣いたり、声や動作で表そうとする。
遊び（3つの視点から）	●園庭に人が多いと圧倒されて泣いたり抱っこを求めたりして遊べないことがある。 ●物の名前を言おうとしたり、物を渡すしぐさをする姿が見られる。 ●歩くことを喜び、探索活動がますます盛んになる。 ●好きな遊びをくり返し行い、集中して遊ぶ姿がよく見られる。 ●歌遊びでは、手振りをまねしたり体を揺らしたりして楽しむ。 ●名前を呼ばれると反応する。 ●保育者の口まねなどを盛んに行う。	●園庭で、大きいクラスの子やほかの保育者が遊ぶのを見て関心を持つようになる。 ●友だち同士で手をつないで歩き、探索や発見を一緒に楽しむ。 ●手先や指先を使った遊びに親しみ、シール貼りや新聞紙ちぎり、型はめなどで喜んで遊ぶ。 ●マットの山を登ったりトンネルをくぐったりして体を使った遊びをする。 ●自分の名前だけでなく、友だちの名前にも反応し、徐々に覚える。

保育所職員の連携
* 園庭に人が多いと遊べないことがあるので、庭に出る組と散歩に行く組など少人数に分けたり、時間帯を変えるなど活動内容の工夫をする。なるべく全員が戸外で体を使って遊べるよう職員間でよく話し合う。

家庭・地域との連携
* 個人面談のお知らせをする。
* 日中の様子や家庭での状態などをよく伝え合い、一人ひとりの体調を把握して変化を見逃さないようにする。
* インフルエンザや感染性胃腸炎などの情報を共有する。
* 調節しやすい衣服を用意してもらう。

現場では！
トイレに行く（出なくても）子が多くなると、まねをしておむつ交換のためおむつを外すとトイレに行き便器に座ります。しばらく座ってから降りて水を流し部屋に戻ります。そのうちたまに成功するようになります。

● 0歳児の指導計画

健康・安全への配慮

＊感染症が流行する時期なので、一人ひとりの体調に十分気をつける。
　家庭とも連絡をこまめにとり合う。
＊戸外と室内の気温の差に合わせて衣服の調節をする。
＊厚着になりすぎないよう気をつける。
＊室内は乾燥しすぎない程度の湿度を保つよう注意する。

行事

＊節分（豆まき）
＊誕生会
＊個人面談

環境構成	保育者の配慮
●一人ひとりの食べるペースや様子を把握し、好きなものと苦手なものを交互にすすめていくなど、その子に合わせた工夫をする。 ●身の回りのことに興味を持った子が、着替えや靴の置き場所がわかるように個別のシールなどを貼っておく。 ●おむつは玩具を持たせたり歌ったりしながら手早く交換する。 ●着替えるときは「手を入れようね」「頭を入れるよ」と声をかけ、いつも決まった場所とやり方で行う。	●身の回りのことに興味を示したら、やりたい気持ちを見逃さずに受け止め、やり方を見せて一緒に行うようにする。 ●友だちの持っているものが欲しくて、泣いたり怒ったりして主張する場合は、「貸して」と代弁したり、同じ玩具を渡すなど気持ちを受け入れて関わる。
●子ども同士で手をつないでの歩行が安定してきているが、不安定な子もいるので個々の様子を見ながら安全に楽しく歩けるようにする。 ●園庭でのびのび遊べるように活動時間や遊びの内容を工夫する。 ●新聞紙をちぎったりシール貼りが存分にできるよう、人数に合った分量や遊ぶ場所を確保する。 ●「ちょうだい」「どうぞ」など簡単なやり取りのある遊びを取り入れる。	●保育者の言うことと、物や行動が結びつく時期なので、言葉はゆっくり、はっきりと言うように心がける。 ●生活の中や遊びに、季節の歌やリズミカルな手遊びをたくさん取り入れて楽しめるようにする。 ●集中して遊んでいるときは見守るが、いろいろな遊びに誘いかけ、興味を広げていくようにする。 ●子どもの名前を入れた歌を歌うなどして、友だちの名前に気づくようにする。

注意！

他児と玩具の取り合いをして相手をたたいたり、かんだりすることがあります。他児を思いやることができない段階なので叱るのではなく、両方の子が満足するようにします。

バリエーション！

ちぎった新聞紙を紙吹雪にすると歓声を上げて遊びます。飽きたらビニール袋に入れてボールを作ると、投げてまたしばらく遊んでいます。

ここがポイント！

ままごとの茶わんやスプーンで食べるまね、飲むまねをして遊ぶのが好きです。保育者が「お茶ちょうだい」と言うと茶わんを出してくれ、飲むまねをするとじっと見ています。「おいしい!」などと言うとうれしそうな顔をします。言葉をたくさんかけてやり取りを楽しませましょう。

食育

＊好き嫌いが出てきた子では、好きなもののばかりを食べないよう、様子を見ながら声をかける。
＊スプーンの持ち方などは一緒に持ったりしながら丁寧に知らせる。

反省・評価

＊前半は戸外でたくさん遊べた。全員歩けるようになったので、散歩も徒歩で行えた。これからも暖かい日には散歩を取り入れ、それぞれのペースに合わせ楽しく歩けるようにする。
＊後半は寒くなり室内で過ごすことが多かった。新聞紙をちぎったりシール貼りを楽しめるようになってきているので、手先を使った遊びを楽しんでいきたい。

77

0歳児　3月　月案　ひよこ組

ねらい
* 一人ひとりの家庭での様子や体調を把握し、健康で安全な環境で過ごせるようにする。
* 保育者との関わりの中で模倣をしたり、手先や体を使って遊ぶことを楽しむ。

		子どもの姿	内容
生活	食事・排泄・睡眠・清潔・着脱	●食べものの好き嫌いが出てきて、好きなものから食べ、嫌いなものは口から出したりするが、声をかけられたり手伝ってもらって完食する。 ●食べ始めるのに時間がかかる。 ●スプーンですくって、上手に口元まで運べるようになってきている。 ●前月に感染性胃腸炎や突発性発疹にかかった子がいたが、休み明けでも不安定になる様子はなく、機嫌よく過ごしている。 ●寝起きが悪く、次の行動に移る前に泣いたり、抱っこもいやがって怒ることがある。	●声かけにより、食べ始めるのが以前より早くなり、スムーズに食事が進むようになる。 ●ほとんどの子が手づかみからスプーンを使って食べるようになる。 ●遊びを中断されて怒ることもあるが、次の活動に入ると気持ちを切り替えることができる。 ●戸外へ出る前には帽子を持ってくるなど、少しずつ身の回りのことをやろうとする。
遊び	3つの視点から	●体力がついてきて保育者と手をつなぎ、喜んでよく歩く。 ●積み木やブロックを重ねたりくずしたりする遊びを好んで行っている。 ●1歳児クラスと散歩に行って、子ども同士で手をつないで歩くことができる。 ●友だちに関心が向くようになり、欲しい玩具があると、使いたいと訴えてきたり、取り合いになったりする。 ●名前を呼ばれると振り向いたり、表情で応えたりする。 ●言葉でのやり取りが少しずつ見られる。	●歩行が安定してきて、友だちと手をつないで喜んで歩く。 ●散歩の途中で発見したことを伝えてくる。 ●手先の遊びに集中できるようになる。 ●「○○ちゃん、どこ」と友だちの名前を呼んだり、言葉でやり取りをすることが多くなる。 ●それまで使っているものを取られても執着しなかった子でも、主張が出てきて保育者に訴えてくる。また「かして」「どうぞ」などと言葉で伝えることがある。

保育所職員の連携
* 1歳児と一緒に遊ぶ場合には、担任同士で声をかけ合い、ぶつかってケガをしたりしないよう安全面には十分気を配る。
* 食べ具合などを栄養士や給食室にも伝え、子どもの様子をお互いに把握する。

家庭・地域との連携
* 個々の成長を振り返りながら、家庭とともに喜びを共有する。また、新年度に向けての不安がないよう話をする。
* 気温の変化に応じて、調節しやすい衣服の用意をしてもらう。

ここがポイント！
ほとんどの子は歩行が安定し、いろいろなものに興味や関心を持ち探索活動が盛んになります。危険物は取り除くなどの配慮をしながら、探索したい欲求を十分に満たしてあげます。

ここがポイント！
相手に関心を持って同じことをしようとしますが、相手の状況をとらえる力や我慢する力がまだ弱く、自分の気持ちを言葉で伝えることができないため、直接行動に表します。たたく、押す、かみつくなどの行動で欲求を満たそうとします。この時期はできるだけ同じ玩具を人数分そろえ、一人ひとりが安定して遊べるようにします。

● 0歳児の指導計画

健康・安全への配慮

＊気温の変化に合わせて衣服を調節し、厚着で汗をかいたりしないよう気をつける。

＊散歩ではそれぞれの様子を見ながら、安全には十分留意して、歩く楽しさを感じられるようにする。

＊天候や気温に合わせて、体をよく動かして遊べるようにする。

行事

＊ひな祭り
＊誕生会
＊身体測定

環境構成	保育者の配慮
●食べ始めが遅い子には、食事の開始時間をずらすなど工夫する。 ●好き嫌いがある子には、様子を見ながら声をかけたり食べる順番を変えてみたりする。 ●遊んでいる最中に寝転がったり座り込んだり疲れが見られたときには、落ち着いてゆっくり過ごせる場所に移動する。 ●感染症予防には引き続き留意し、玩具の消毒など衛生面に気をつける。 ●排泄を知らせることが増えてきたら個々の間隔を把握して、おまるに誘ってみるようにする。	●スプーンですくいやすいよう手伝いながら自分でやろうとする気持ちを大切にする。 ●体調が回復している子でも、様子を見ながら無理なく過ごせるように日中の活動を考えていく。また、体調の変化を見逃さないようにする。 ●機嫌よく起きられるように次の活動をする前に、ごろごろする時間をつくるなど、気持ちの切り替えができるように関わる。 ●帽子の置き場所などはマークやシールのほかに言葉でも伝える。
●暖かい日にはなるべく戸外へ出て、木の芽や花のつぼみなど、春の自然を見たり触れたりできるようにする。 ●一人遊びをじっくり行えるよう、玩具は同じものをいくつか用意しておく。 ●保育者が仲立ちとなって子ども同士が触れ合える遊びを行う。1歳児と一緒にホールで遊ぶ機会などもつくるようにする。 ●積み木など自分で楽しめる玩具のほかに、ちぎり遊びや小麦粉粘土など、手先や指先を使う遊びも取り入れる。	●友だちと手をつないで歩いているときは、安全に注意しながら散歩を楽しめるようにする。 ●自然との触れ合いの中で、驚きや発見などが見られたら、そのときの子どもの気持ちにすぐに応えられるようにする。 ●玩具の取り合いになった場合は、同じ物を与えたり、ないときは興味のありそうなほかの玩具で気分を変えたりしてみる。 ●保育者の口元を見ながらまねをするので、ゆっくり話しかける。

現場では!

散歩に行くことを知らせると自分の帽子だけではなく、友だちの帽子も持ってきて渡している姿が見られます。帽子についているアップリケや絵で誰のものかわかっています。

注意!

小麦粉粘土は食用色素でピンク、みどり、きいろなどに色づけるととても喜びますが、おいしそうなので口に入れてしまうことがあります。十分に注意するとともに、粘土に塩を入れると辛いのですぐに口から出します。絵の具での染色は危険ですから絶対やめましょう。

食育

＊早食いや丸飲みにならないよう見守っていきながら、最後まで楽しく食べられるようにする。

＊個々の様子やタイミングを見計らって、言葉をかけながら、いろいろな食材をすすめてさまざまな味に慣れるようにする。

反省・評価

＊戸外に行くときに帽子を持ってくることや靴を履くなど、生活の流れの中で、身の回りのことを少しずつやろうとする姿が見られるようになったので、手伝ったり見守ったりした。

＊玩具の取り合いなども以前より増えてきている。すぐに止めずに、お互いの気持ちを伝え合うようにしたり、仲立ちをしながらやり取りをすることができた。

0歳児

● 月案

79

0歳児
週案・日案作りのポイント

0歳児の週案・日案作りでは、ねらいや内容が前の週や前日と
連続していることが大切です。子どもの成長・発達の様子をよくとらえて、
その週やその日にふさわしい設定を考えましょう。

週案

週案は、各月の指導計画をもとに、具体化して週単位で立てる計画です。保育日誌を手がかりにして週の計画を考えます。週5～6日の活動には連続性があることを考慮し、細切れにならないよう、また、天候や子どもの姿や要求にも柔軟に対応できるように作成します。ここでは主な項目ごとに押さえておきたいポイントを確認していきましょう。

●子どもの姿

0歳児は日々の育ちや**発達の度合いに著しいものがあります**。日誌をもとに子どもの生活リズムや、活動の様子、健康状態や保育者の関わり方の様子を書きます。

●ねらい

月案の「ねらい」をより具体的に記述します。前週との連続性を考えることが大事です。0歳児では、食事や排泄など生活の面から見た**発達状態**と、遊びや保育者との関わりの中での**育ちの様子**を考慮して、ねらいを設定します。

●内容

前週の様子を踏まえ、生活と遊びの両面から子どもに今週体験してほしい内容を書きましょう。0歳児は**離乳食の食べ具合**や睡眠が安定してとれているか、おむつ交換の様子、どのような遊びを好んでいるかなど、**一人ひとりの発育・発達状態を把握**して、具体的な活動を書きます。

●環境構成

0歳児では、**健康と安全性の確保**が不可欠で、室温や湿度に気をつけることが求められます。戸外へ出るときの衣類の調整や水分補給など季節も関係するため、その週によって配慮する事項は異なります。**安全に遊べる環境づくり**も必要です。興味のある玩具の用意なども、そのときの子どもの様子をとらえて書きましょう。

● 0歳児の指導計画

●保育者の配慮

0歳児では特定の**保育者との安定した関わり**がもっとも大切です。子どもの興味や意欲を伸ばすような援助が基本となります。食事や排泄、睡眠への配慮、遊びの内容などを保育日誌や前週の姿をもとにしてどのような関わり方をすればよいかを考えて記入します。

●反省・評価

その週の保育を振り返り、子どもの姿で気づいたことや、設定した**環境構成や援助が適切だったか**どうかを見直します。翌週への見通しを持って、気をつけたいことや継続したほうがよい点などを書いていきます。

日案

0歳児では主として、食事、排泄、睡眠、休息などの生理的欲求を中心に、時間に沿って生活の流れを記入して日案を作成します。その日の活動、環境構成と、それに対する保育者の配慮を考えましょう。

0歳児では、一人ひとりの発育・発達状態や個人差を考慮して生活リズムに合わせて作ります。

日案は、3歳未満児ではデイリープログラム（日課表）という形で作成することもあります。

●活動

一日の生活の流れに沿った子どもの活動です。食事、排泄、睡眠などの**生活習慣**と、散歩や遊びなど**活動の様子**を予想して具体的に記述します。

●環境構成

その時間帯に行う**保育者の活動を予想**して書きます。保育室の整理整頓や必要なものの準備、安全点検や授乳や離乳食の世話、睡眠準備やおむつ交換など子どもに対する養護活動が主となります。

●保育者の配慮

子どもの活動に必要な**手助けの仕方**や食事や排泄などへの**援助の仕方、健康や安全に留意する点**などを時間に沿って書きます。

生活の流れに沿って、毎日くり返していくことで生活習慣が身につくので、月齢に合わせてさまざまな働きかけをすることが大切です。

81

0歳児　12月　週案　ひよこ組

子どもの姿
* 風邪気味で鼻水を出している子や、咳が出る子が多かった。
* 簡単な言葉や、友だちの名前を覚える子も増えてきた。
* 手遊び歌に合わせて、声を出したり体を動かしたりしていた。

0歳児は免疫力が弱く、集団生活では風邪がはやるとほかの子どもにもうつってしまいます。鼻水をふいたティッシュはすぐ始末したり、手を洗うなど保育者から感染することにならないように十分気をつけましょう。

わらべ歌での触れ合い遊びは、どの子も大好きです。「おせんべやけたかな」では、やわらかいマットの上などで体をおせんべいに見立ててごろごろ転がしたり、途中でくすぐったりすると声を立てて喜びます。

	12月8日（月）	12月9日（火）	12月10日（水）
内容	●室内、戸外で遊び、睡眠や休憩を十分にとる。 ●近くの公園まで出かけて、散策を楽しむ。 ●「一本橋こちょこちょ」「いないいないばあ」など、触れ合い遊びを楽しむ。	●誕生会に参加して、楽しい雰囲気の中で、友だちと過ごす楽しさを味わう。	●絵本を読み聞かせたり、手遊びや歌を楽しむ。 ●天気がよければ、ベランダで体を動かして遊ぶ。
環境構成	●散策の前にワゴン車を点検しておく。 ●室内は落ち着いた雰囲気がつくれるよう、採光や室温を調整する。	●誕生会では、事前にプレゼントのカード作りや、ケーキの工作などの準備を終えておく。	●子どもが興味を持ちそうな絵本を選び、配置しておく。 ●ベランダに危険なものがないか点検を行う。
保育者の配慮	●散策の途中で、子どもが手に取ったり、興味を持ったものがあったら、気持ちを受け止め、発見の喜びを共感する。 ●触れ合い遊びのときには、一人ひとりの顔を見て、安心感を与える。	●誕生会では、一人ひとりに目を配り、全員で喜びを分かち合えるよう配慮する。 ●食事のときには、「おいしいね」などと声かけをして、楽しく食べる経験を大切にする。	●絵本の読み聞かせでは、子どもの反応を確かめながら、表情豊かに読み、ともに楽しむ。 ●ベランダでは、転倒に備えて、つかまり立ち、伝い歩きの子のそばにいるようにする。
反省・評価	●公園への散策では、一人ひとりが目を輝かせて、自然と触れ合っている姿が見られた。まだ寒い季節が続くが、これからも積極的に外へ出かけるようにしていきたい。	●戸外遊びの際に、保育者の役割分担を決めておいたので、安全かつ、スムーズに行うことができた。今後も続けていきたい。	●読み聞かせや、手遊びの際には、子どもたちが積極的に関わりながら遊ぶ姿が見られた。「もっとしたい」という気持ちに応えられるよう、バリエーションを広げていきたい。

● 0歳児の指導計画

ねらい		**行事**
＊室内の温度・湿度・換気に注意し、寒い時期を健康に過ごせるようにする。 ＊体を活発に動かして遊ぶ楽しさを味わう。 ＊友だちと一緒にいることの楽しさが感じられるようにする。 ＊言葉やしぐさをしっかり受け止め、満足できるようにする。		＊誕生会（9日） ＊身体測定（11日）

0歳児 ● 週案

12月11日（木）	12月12日（金）	12月13日（土）
●身体測定を受ける。 ●園庭の散策や砂場遊びを楽しむ。	●ハイハイ、つかまり立ち、伝い歩きなど、体を動かす。 ●近くの神社まで、散策を楽しむ。	●土曜日保育、保育者に見守られながら安心感を持って過ごす。
●体重計、身長計等の準備をしておく。 ●砂場の安全をチェックして、シャベルや型抜きなどの遊具を用意しておく。	●散策用のリュックの中の備品をチェックしておく。	●土曜日担当の保育者への伝達事項の連絡を行う。
●身体測定のときには、安心して衣服の着脱ができるよう介助をする。 ●砂場では、砂が目や口に入らないよう、十分に気をつける。	●つかまり立ち、伝い歩きの子には、危険がないよう十分に目を配りながら、体を動かす楽しさを実感させる。	●普段より、登園している友だちや保育者の人数が少ないので、不安を感じずゆったりと過ごせる雰囲気をつくる。
●このところの寒さから、体調をくずした子どもが複数いた。戸外で遊ぶ際には、体調管理に十分に気をつけたい。	●伝い歩きの子ども同士がぶつかりそうになる場面があった。保育者の目の配り方、室内遊具の配置などについて話し合った。当面、様子を見守っていきたい。	●保育者同士の連携がうまくいき、個々の健康状態に配慮しながら対応できた。落ち着いた雰囲気の中で保育を行うことができた。

ここがポイント！

普段と違うところへ散歩に行くと、コース途中の景色や行った先の雰囲気が目新しく、子どもの興味や好奇心が刺激を受けます。十分に散策を楽しめるよう、時間にゆとりを持って出かけましょう。

バリエーション！

月齢の高い子はほかの子に興味を示すころなので、少人数のよさを生かしてじっくり遊べるようにします。手を出しながら「ちょうだいな」「どうぞ」「○○ちゃん、ありがとう」など、名前も呼びながらやり取りしてみましょう。

0歳児　7月4日　日案　ひよこ組

子どもの姿
＊高い気温の影響で、体調をくずす子が見られた。
＊一人が泣き出すと何人かの子がつられて泣き出す場面があった。
＊つかまり立ちができるようになるなど、それぞれの体の発達が見られた。

ここがポイント！
夏場は特におむつかぶれを起こしやすいので、汚れたらすぐに取り替えられるよう、準備を整えておくことが大事です。交換しながら、皮膚の状態もよく見てあせもなどができていないかも、注意しましょう。

	活動	環境構成	保育者の配慮
7:00	●順次登園する。 ●抱っこで受け止めてもらう。	●室内の整理整頓をして、子どもたちの興味のある遊具を準備する。 ●玩具は消毒をしておく。	●明るく笑顔で挨拶し、声をかけながら気持ちよく受け入れる。 ●子どもの様子をよく見て、保護者から家での様子を聞いたりしながら、健康状態を把握する。
9:00	●おむつを替えてもらう。おむつ交換をいやがる子もいる。 ●ミルクや果汁を飲む。コップではうまく飲めずにこぼす子もいる。	●おむつ・おむつ交換マットを用意する。 ●調乳用具、コップの準備をする。 ●そばについてやさしく話しかける。	●やさしく話しかけながら手早く交換する。 ●きれいになったこと、気持ちがいいことを知らせる。 ●安心して飲めるように、一人ひとりに合った飲ませ方をする。
10:00	●午前睡をする（月齢の低い子）。 ●園庭で遊ぶ。	●布団を用意し、眠りやすい室温、湿度の調節をする。 ●帽子をかぶり、外靴に履き替える。	●一人ひとりの様子を見て、ぐっすり眠れるよう援助する。 ●園庭では、日差しの中一人ひとりの子どもの体調に変化がないか目を配る。
10:45	●保育室に戻る。 ●手足を洗ってもらい、着替え、おむつ交換をしてもらう。	●着替え、おむつ、タオルを用意する。 ●テーブルを並べてふく。	●人数確認をする。 ●入室する際には、一人ひとりとゆったり関わりながら手足を洗う。
11:15	●食事をする。	●食事を運び、配膳する。 ●ミルクを飲む子の調乳を行う。 ●各テーブルに一人ずつ保育者がつく。	●言葉かけをして、楽しい雰囲気をつくる。 ●自分で食べたいという気持ちを大切にして見守り、満足感を持たせる。

84

● 0歳児の指導計画

ねらい

＊本日はよく晴れて、気温、湿度ともに高くなることが予想されるので、健やかで安全な一日が送れるようにする。

＊スキンシップを大切にして情緒の安定を図る。

反省・評価

＊室内での遊びのときに、子ども同士がぶつかって泣き出す場面があった。幸いケガにはならなかったが、今後は十分に子どもの動きに目を配れるよう、注意を徹底していきたい。

	活動	環境構成	保育者の配慮
12:00	●午後睡をする（全員）。	●布団の用意をして、カーテンを閉める。 ●換気をして、室温、湿度を調節する。	●スムーズに眠りにつけるよう、そばについてやさしく体をさすったり、頭をなでたり子守歌を歌ったりする。 ●室内を明るくし、自然に目覚められるようにする。
15:00	●おやつを食べる。 ●手を洗ってもらったり、洗ったりする。	●テーブルを並べてきれいにふく。 ●おやつを運ぶ。 ●おしぼりの用意をする。	●おやつを配りながら「いただきます」と声をかける。 ●一緒に食べながらおやつの内容について話したり、「おいしいね」などの声かけをして楽しく食べる雰囲気をつくる。
15:40	●おむつを替える。 ●ミルクを飲む。	●おむつ・おむつ交換マットを用意する。 ●調乳、おしぼりの用意をする。	●ゆったりとした雰囲気の中でおむつ替え、授乳を行う。
16:00	●好きな遊びをする。	●一人ひとりが楽しめるような遊具や玩具を用意する（ままごと・ブロック・パズル・手作り玩具・絵本等）。	●好きな遊びを楽しんでいるときは、見守りながらじっくり遊ばせ、見てもらいたがるときにはすぐに応えられるようにする。 ●子どもと一緒に遊びながら、危険のないように見守る。
16:30	●随時降園する。		●他の子の迎えがくると、泣いたり甘えたりする子には、抱っこやおんぶをしてやさしく接する。

！ 注意！

前週に暑さで体調をくずしがちだったことを踏まえ、無理をさせないように気をつけます。午前中は紫外線が強いので戸外の遊びは避け、夕方涼しくなってから外に出すようにしましょう。

現場では！

0歳児にとっておやつは、食べる楽しみだけでなく、一度の食事では補いきれない栄養やエネルギーの補給をするという面からも大事です。食欲が落ちている子ものどごしのよい果物や小さなおにぎりなどは、よく食べています。

バリエーション！

鈴や太鼓など、振ったりたたいたりすると音が出る玩具も用意しましょう。夕方で疲れも出てくるので座ってゆっくり遊べるものを考えます。指人形で楽しくお話遊びをしてあげるのも、お迎えの前にはちょうどよいでしょう。

0歳児 ● 日案

0歳児
個人案作りのポイント

0歳児の個人案は、きめ細かく一人ひとりの課題をとらえ、
興味や意欲を大切にした目標を具体的に設定しましょう。
子どもが自発的に関われるような援助を考えることが大事です。

個人案（個人別指導計画）はクラス全体の指導計画では対応できないところを補うために作成します。特に0歳児では成長が著しく、発達・発育に月齢による差と個人差が大きいので、クラス全体の月案の内容を頭に入れながら、個別に生活の様子や発達過程を考慮して、きめ細かく具体的に計画を立てていきましょう。ここでは、主な項目ごとに押さえておきたいポイントを確認していきましょう。

●子どもの姿

子ども一人ひとりのそのときの姿を書きます。その月の保育内容のもとになるものなので、**個別の課題**をとらえて記述します。

0歳児は、授乳や離乳食などの様子、睡眠時間や排泄などの養護面と、動きや遊びの様子、保育者との関わりで見られる反応などを具体的に書き出します。

●内容

子どもの姿を踏まえ、その月に**その子に体験してもらいたい内容**を書きます。個別の発達状態や、活動や遊びの様子、興味・関心など一人ひとりに合わせて具体的に考えましょう。養護の面についても必要なことを書きます。

●保育者の配慮

0歳児では**情緒の安定した生活**を送り、**甘えや欲求を十分に満たす援助**とともに、**食事や排泄、睡眠への配慮**も不可欠です。一人ひとりの発達の段階を個別に把握して、発声や喃語に応答したり、やさしく語りかけることで発語の意欲が育ちます。**健康で安全に過ごせる環境**をつくることも欠かせない配慮です。月齢や個人差によって、遊びや活動の設定も異なるため、一人ずつの成長や発育に必要な援助を考えておきます。

●反省・評価

0歳児は**個別に発達状態が大きく異なる**ので、その月の内容や保育者の配慮がその子にふさわしかったか、環境構成が適切だったかを振り返ります。問題点に気づいたら、翌月の保育につなげられるように何を改善すればよいかを記録しておきましょう。

0歳児　12月　個人案　ひよこ組

バリエーション！
子どもを膝に乗せて一緒にゆらゆら揺れてブランコごっこをしたり、保育者が仰向けになり子どもを持ち上げて飛行機ごっこをするのも楽しい遊びです。

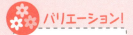

ここがポイント！
寝返りができるようになることは、お座りからハイハイ、つかまり立ちへ移行するときに必要な足腰の筋肉や運動機能が発達するので、とても大切です。腰や足にそっと手を添えて寝返りを手伝ってあげましょう。

	A児（7か月）	B児（11か月）	C児（1歳1か月）
子どもの姿	●ミルクをよく飲む。ぬるめの温度を好む。 ●物音など、少しの環境の変化にも泣いてしまうことがある。 ●自分で寝返りはできないがたまにできそうになる。 ●目の前の玩具に手を伸ばしたり、口の中に入れる。	●離乳食に慣れてきたが、好き嫌いがある。 ●一人立ちができるようになり、数歩歩くこともある。 ●保育者に甘えて膝に乗って抱っこされることを喜ぶ。 ●やりたいこと、欲しいものなどがはっきりして、泣いたり身振りで表現する。	●風邪をひくことが多く、長く欠席することがある。 ●手づかみで、よく食べるがかまずに舌でつぶして飲み込んでいることが多い。 ●靴を履いて戸外に出ると喜んで歩くが、まだ歩行が不安定である。
内容	●離乳食を一定量食べられるようになる。卵黄を少しずつ試してみる。 ●保育者に見守られながら、安心して十分な睡眠をとる。 ●自力で寝返りを打てるようになる。	●自分で食べたり、食べさせてもらったりしながら、少しずつ食べられるものを増やす。 ●歩けるようになった喜びを味わい、少しずつ歩数を増やす。 ●保育者に十分に甘えて、ゆったりと時間を過ごす。	●保育者に見守られながら、毎日を健康に過ごす。 ●少しずつ、しっかりとかんでから飲み込むことができるようになる。 ●歩くことを喜び、十分に体を動かす。 ●保育者との触れ合いややり取りを楽しむ。
保育者の配慮	●触れ合い遊びをしたりしながらゆったり関わるようにする。 ●家庭と連絡をとりながら、生活のリズムや様子を見たり、なるべく静かな場所で寝るなど、機嫌よく過ごせる環境をつくり、一定時間眠れるようにする。	●しっかり離乳食を食べることができたときには、ほめてあげ、食べることに興味を持たせる。 ●一人立ちはまだ不安定なので、立ったときに危険がないように十分に目を配る。	●気温に応じた服装を選び、体調の変化に目を配る。保護者にも送迎時の会話や連絡帳を通じて、様子を聞いたり伝えたりする。 ●「かみかみね」など、声をかけながら、しっかりかむことができるよう促す。
反省・評価	●落ち着いた雰囲気の中で、ゆっくりと離乳食を与えたことで、一定量を食べることができた。 ●玩具などに対する関心が高まってきて、物を口に入れることが多い。危険のないよう見守り、注意を徹底していく。	●声をかけ、はげましながら食事をすることで、苦手だったにんじんを食べることができた。これからも少しずつ努力していく。 ●甘えてきたときには、膝に乗せたり抱っこをした。ゆったりと接する時間を、もう少し増やしていきたい。	●今月は一度風邪をひいたが、症状は軽く一日休んだだけで登園することができた。今後も体調の変化に目を配っていく。 ●よくかまずに飲み込んでしまう状態が続いている。時間をかけて援助を続けていく。

87

コラム ＊ 指導計画「実践のヒント」①

[8・9月の3～5歳児の例]

かき氷屋さんに大喜び！

　8月、暑い夏の終わりかけの日のことです。夏の活動の一つ、おやつの時間にクッキング活動として、園でかき氷を作って、子どもたちと一緒においしく食べました。

　氷屋さんに本物の氷を発注して、家庭用のかき氷機のハンドルをぐるぐる回して氷を削り、シロップをかけて「いただきます」。

　みんなで手作りしたかき氷は、きーんと冷たくて甘くて、舌の上があっという間に冷え冷えになりました。

　その年は格別に残暑が厳しく、9月になっても涼しい風の吹く気配はどこにもありません。

　そんなある日の職員会議で、またかき氷作りをやってはどうかと、一人の保育者が提案したのです。悪くない案でしたが、前と同じようにクッキング活動で食べるのでは新鮮味がなく子どもたちもあまり喜ばないのではないか、という意見が出て、確かにそうだ、という声も上がりました。

　そこへ、以前にお店屋さんごっこで使ったチケットが余っているから、それをかき氷用のチケットにして即席かき氷屋さんごっこにしてはどうだろう、と別の保育者が提案したのです。

　職員一同、文句なく拍手して賛同しました。あとは、実行する日を決めて計画を立て、準備をすればよいのです。

　さっそくいつもの氷屋さんに氷の手配を済ませ、余っていたチケットに「かきごおり、いちご」などとそれらしく書き、準備は整いました。

　数日後の午後、かき氷屋さんを園内に開くと、子どもたちは大喜び。「またやりたい」という声もたくさん上がったほどです。

　さて、当日の朝のことです。チケットを配ると「先生、これなくしたら困るから預かってくれる？」とても不安そうにチケットを握りしめて頼む子がいるかと思えば、自分の担任ではなく園長先生のところにやってきて、「園長先生は、かき氷券あるの？　ないと食べられないよ」と心配してくれる子もいました。子どもの個性がよく表れ、ほのぼのする光景で、忘れられない一日になりました。

　職員が自由にアイデアを提案できる環境をつくって、園全体の指導計画に生かしていくことで、保育の実践にも活気が出てくるのですね。

1歳児の指導計画

1歳児　指導計画作りに大切なこと …… 90
年間指導計画作りのポイント …… 92
月案作りのポイント …… 96
週案・日案作りのポイント …… 122
個人案作りのポイント …… 128
コラム＊指導計画「実践のヒント」② …… 130

1歳児
指導計画作りに大切なこと

好奇心いっぱいの1歳児

　1歳児では、0歳児と同様に保育者と子どもが「1対1」で関わる「応答的な関係」が大切です。特定の保育者が応答的に関わることで、子どもの情緒が安定し、のびのびと育ちます。

　ハイハイの時期から探索は始まっています。いろいろなものがあることを知り、興味のあるものをくり返し見たり触ったりなめたりして確かめます。これは好奇心の表れで、探求心や集中力が育つ基礎となる大切な時期です。

　伝い歩きや一人歩きができるようになると行動範囲が大きく広がり、探索活動もより一層盛んになります。今ここにいたのに、もういなくなってしまったというように目まぐるしく動き回っています。ティッシュペーパーを全部箱から引っぱり出してしまったり、高いところによじ登ったり、机の引き出しから中身を引っぱり出すなど、いたずらも多くなってきます。この大人にとってのいたずらも、子どもにとっては大切な試行錯誤であり、体験学習なのです。

　1歳児の散歩は、道草が特徴です。興味のあるものを目にすると立ち止まってじっと見たり、触ったり、拾ったりします。さまざまなものから刺激を受ける経験はとても重要です。計画を実践するときにも、目的地に着くことより、歩きながら新しい発見に驚いたり、自然の不思議さを感じたりすることを存分に楽しませてあげましょう。

　しかし、生命に関わる危険についてはまだ理解していないので、行動範囲の中にある危険なものは取り除き、危ない場所をつくらないようにするなど、子どもの動きをよく観察して安全な環境を整えなければなりません。

　できるだけ多くの経験をすることでさまざまな能力が育っていく大切な時期なので、思う存

分動いたり遊んだりできるように、事故が起きないよう十分目を配りながら、関わることができるよう計画を立てていきましょう。

●「他人」がわかり始める時期

この時期は自我が芽生えてきて、自分と他人の区別がつくようになってきます。集団生活の中ではお互いの存在に興味を持ち、子ども同士の関わりが出てきます。自分の思いどおりにならないと友だちを押したり、たたいたり、ひっかいたり、また、かみつきが見られます。0・1歳児では、自分の行動の意味がわかっていないので、きびしく叱ったりしてはいけません。子どもが怖がったり怯えたりして、不安になり、大人への信頼を持てなくなってしまいます。してはいけない理由をくり返し知らせることが大切です。

保育者が言っている言葉の意味がわかるようになり、二語文も出てきて、自分の意思や思いを伝えようとします。引っくり返って激しく主張し始める姿も見られますが、思ったことを言葉で十分伝えることができず、行動で示すのもこの時期の特徴です。

●「欲求を満たす」ための指導計画作りを

ときには甘えて抱っこを求めてくることもあります。そんなときは、欲求を満たしてあげてよいのです。愛着が必要な時期に十分満たされることが、その後の自立心を支える基盤になるからです。計画を立てるときにもこのことを常に念頭に置きましょう。

気をつけたいのは、「子どもの行動の先取りをしない」ことです。人にやってもらうことに慣れると、自分からはやらなくなってしまいます。子どもが何をしたいのかを見極め、できないところを手助けしながら、自分でやろうとする気持ちを尊重し、見守りながら関わることが自発性や主体性の育ちにつながります。

指導計画を作成するときは、クラス全体で1歳児の活動をすると考えるのではなく、月齢で分けながら活動案を立てるのもよいでしょう。伝い歩きの子もいれば、一人で支えがなくても歩ける子もいるなど、発達の段階には個人差が大きいため、一人ひとりの育ちを大事に考えましょう。目の前の子どもの姿をよく見て特徴をつかむことがいちばん大切です。

1歳児
年間指導計画作りのポイント

1歳児は、離乳食の完了を迎えたり、歩行が完成し、二語文を話し出すなど
生理的・運動的な面の発達が大きいことが特徴です。子どもの主体性、自発性を
十分に伸ばせるような内容と援助を考えることが大切です。

ここでは、1歳児の年間計画について、主な項目ごとに押さえておきたいポイントを確認していきましょう。

●年間目標

一年をとおして基本となる長期的な目標で、子どもの生活や発達を見通して作成します。

1歳児では、健康で安全な環境で生活し、要求を満たされる中で**保育者との信頼関係**を築き、安定すること（養護）・身の回りのことに興味を持つこと・全身を使う運動や指先を使う遊びで**機能の発達**を促すこと・自然や小動物に触れて興味や好奇心を抱くこと・やり取りを通じて**言葉で表現**すること（教育）・**自分で食べようとする意欲**（食育）などを柱に考えていきます。

●期ごとの計画

＊1期

・ねらい…新入所児・継続児とも新しい環境に慣れるよう**生活リズムを整える**ことが中心になります。安心できる保育者のもとで生理的欲求や甘えを満たして情緒が安定するよう設定しましょう。

・内容…保育者と一緒に簡単な手遊びや体操をしたり、散歩に行く機会が多くなります。子どもの**好奇心、探究心**を広げられるような活動内容を考えてみましょう。

・保育者等の関わりおよび環境構成…一人ひとりの健康状態、発達過程を見ながら、食事や睡眠は**生活リズム**に合わせてとれるようにしましょう。興味のある玩具や好きな遊具を用意して**安心して遊べる環境**をつくります。探索を十分行えるよう、安全面への配慮も必要です。指さしや片言にやさしく応えることで**言葉でのやり取り**を楽しめるようにします。

＊2期

・ねらい…人間関係が安定し、安心していろいろな遊びを楽しめるようになります。水遊びなど**夏の遊びや戸外での探索**を十分楽しんで、たくさん体を動かすこともねらいとなります。

・内容…生活面では、好き嫌いが出てきたりしますが、自分で食べようとします。「**自分で**」という気持ちを伸ばすことができるような内容を考えましょう。遊びでは、慣れてくると水遊びを喜び、

砂や泥の感触も楽しみます。戸外で、さまざまなものを見たり触れたりして、**自然への興味・関心**が広がります。友だちと一緒に楽しく遊べるような計画を立てましょう。

・**保育者等の関わりおよび環境構成**…暑さで体調をくずさないように水分補給や十分な休息をとれるようにします。**行動範囲が広がり、遊びの対象も増えてくる**ので、安全に配慮しながら、満足して遊べるように環境を整えましょう。

＊3期

・**ねらい**…秋の自然に触れて散歩へ行き、いろいろな遊びや探索することを楽しみます。**友だちとの関わり**も多くなり、触れ合いながら親しみを持つことも大切なねらいです。

・**内容**…生活面では、排泄機能も発達して、尿意を伝えたり、排泄に成功することもあります。衣服の脱ぎ着も自分でやりたがります。**自立を促せる**よう活動内容を工夫しましょう。また、好きな絵本をくり返し読んでもらい、出てくる言葉をまねするなど、**言葉への興味**が広がってきます。この時期の活動内容は言葉の発達も考慮しましょう。保育者も子どもたちと同じ遊びをしながら、触れ合うことを楽しみましょう。

・**保育者等の関わりおよび環境構成**…身の回りのことを自分でやろうとする気持ちを大切にして、必要なところだけ手助けしながら見守り、**自分でできた喜びや満足感**を味わえるように関わることが大事です。室内では遊びのコーナーを区切るなどじっくり落ち着いて遊べるように工夫します。

＊4期

・**ねらい**…冬の寒さに負けず、冬の遊びを楽しみながら、**元気で健康に過ごせる**ことが大切です。保育者に手助けされながらも簡単な身の回りのこ

とは少しずつ自分でするようになったり、**友だちとの関わり**で、遊びや言葉のやり取りを楽しむようになることもこの時期のねらいです。

・**内容**…ごっこ遊びなどで見立てをしたり、言葉でやり取りすることを楽しむなど、**遊び方が広がってくる**時期です。発達段階の異なる子が、一緒に遊びの内容をふくらませていけるような活動の内容を工夫してみましょう。また、次年度に進級するクラスの子どもたちと触れ合う機会を設けるなど、**進級に向けた活動**も考えてみましょう。

・**保育者等の関わりおよび環境構成**…身の回りのことを自分でしようとする様子を見守りながら、一人ひとりの状態に合わせて、声をかける、手助けするなど**個別に関わっていきましょう**。天候や子どもの体調をよく確かめてから、戸外へ出ます。手先や指先を使う遊びにじっくり取り組めるよう、玩具や材料を用意します。取り合いにならないよう、数を十分にそろえておきましょう。

進級して新しい部屋で過ごすことに不安を抱かないよう、担任間で連携して**2歳児クラスで遊ぶ機会**をつくっていきます。また、暖房で室内が乾燥しすぎないよう加湿器を使ったり、外気温と室温の差が大きくならないように注意します。

1歳児年間指導計画

ここがポイント！
ねらいは養護と教育の2つの観点から記述します。養護は時期や季節を考えて心や体についてのねらいを保育者側の言葉で書き、教育は子どもの発達や季節を考えて遊びを中心としたねらいを子ども側の言葉で書きます。

現場では！
子どもが便座に腰かけて見える位置に子どもたちの好きな絵（動物・自動車・新幹線など）を貼っておきます。「くまさんとおしっこしよう」などと誘うと喜んで行きます。

期	1期 [4月・5月]	2期 [6月〜8月]
ねらい	●個々の生活リズムを大切に、一人ひとりに合わせた対応をし、情緒の安定を図る。 ●新しい環境に親しみ、安心して過ごせるようにする。 ●好きな遊びを見つけ保育者と一緒に遊ぶ。	●夏期の健康に十分配慮し、休息を取り入れ快適に過ごせるようにする。 ●水、砂、泥んこなどに触れ夏の遊びを楽しむ。
内容	●安心できる保育者と一緒に、楽しく食べる。 ●食事前や戸外で遊んだ後に、手を洗ってもらったり、自分で洗おうとしたりする。 ●おむつが汚れたときに新しいものに替えてもらい、きれいになった心地よさを感じる。 ●保育者と一緒に好きな場所に行って、興味のあるもので遊ぶ。 ●周囲の様子を見たり、草花に触れたりしながら、探索活動を十分に楽しむ。 ●保育者と一緒に、知っている歌や音楽に合わせて体を動かす。	●好きな食べものを自分で選んで食べる。 ●好き嫌いや食事のムラが出てくるが、保育者の声かけにより、少し食べようとする。 ●おむつを替えてもらったり、保育者の誘いかけで便座に座ったりする。 ●保育者と一緒にパンツやズボンなどの着脱をしようとする姿が出てくる。 ●保育者と一緒に泥遊びや水遊びなど、夏の遊びを楽しむ。 ●身近な生きものに触れ、興味・関心を持つ。 ●簡単な歌・手遊び・体操を好み、保育者のまねをして体を動かす。
保育者等の関わりおよび環境構成	●楽しい雰囲気の中での食事を心がけ、一人ひとりの様子を把握し、その子のそのときの姿に応じて関わる。 ●一人ひとりの生活リズムを大切にする。 ●子どもの動きに合わせて一緒に遊び、探索活動が十分にできるようにする。 ●子ども自身の感情の表現を見逃さずにくみとり、言葉で返しながら発語を促す。 ●子どもが好きな歌遊びを取り入れ、子どもの興味、関心に合った絵本をくり返し楽しむようにする。	●暑さで体調をくずしやすいので、水分補給、休憩などを十分にとり、快適・健康に過ごせるようにする。 ●こまめに衣類を替えたり汗をふいたりして、気持ちよく過ごせるようにする。 ●行動範囲が広がってくるので、一人ひとりの動きを把握して、保育者同士連携をとりながら、好きな遊びが十分にできるようにする。 ●子どもからの話を十分に受け止め、言葉で返す。
家庭との連携	●新入所児は、環境の変化によって体調をくずしやすく、生活リズムもまだ整っていないので、日々の様子をよく知らせて保護者が不安にならないように話をする。	●水遊びなど、夏ならではの遊びについて、家庭と個々の体調を把握しながら連絡をとり合う。

94

1歳児の指導計画

年間目標	＊保育者との安定した関係の中で、探索活動が十分できるようにし、新たなものへの興味を広げる。 ＊好奇心や自分からやりたいという気持ちを育てる。 ＊保育者や子ども同士の関わりを通じて言葉の理解や発語を育て、言葉を使うことを楽しむ。

3期［9月～12月］	4期［1月～3月］
●季節の変わり目による体調の変化に十分注意し、健康でゆったりと過ごせるようにする。 ●散歩や遊びを通じて全身を動かすことを楽しむ。	●寒い季節を健康に過ごせるよう、一人ひとりの健康状態に応じて適切に関わる。 ●保育者を仲立ちとして、友だちと関わりながら遊ぶ楽しさを味わう。
●保育者に援助してもらいながら、スプーンやフォークを使おうとする。 ●保育者の言葉かけで便座に座り、タイミングが合うと排尿することがある。 ●保育者に援助してもらいながら、パンツやズボンの上げ下げをする。 ●走る・登る・降りるなどの運動を楽しむ。 ●したいこと、してほしいことを言葉やしぐさで伝えようとする。 ●簡単な言葉の模倣を楽しむ。 ●保育者を仲立ちとして、友だちとの関わりを楽しむ。	●こぼしながらも、手づかみやスプーン・フォークを使って食べようとする。 ●手のひらをこすり合わせて洗い、保育者の声かけにより、手の甲や指の間も洗おうとする。 ●保育者の誘いかけで、トイレに行き、便座に座る習慣がついてくる。 ●自分で布団に横になり、一定時間眠れるようになる。 ●友だちや保育者と手をつなぎ、散歩をすることを喜ぶ。 ●保育者を仲立ちとして、好きな友だちと関わって遊ぶ。
●ゆったりとした雰囲気の中で、楽しく食べられるようにする。嫌いなものを少しでも食べられたときはその意欲を認め、次へとつなげるようにする。 ●子どもが自分でやろうとする気持ちを大切にし、そばで見守る。 ●指先の遊びが十分にできるよう、玩具や素材を用意しておく。 ●秋の自然に触れ、子どもの気づきを見逃さず応答的に関わることで、興味を広げる。 ●友だちと関わりたい気持ちを受け止める。	●自分でやろうとする姿を見守り、一人ひとりの発達や気持ちに応じて援助する。 ●寒い戸外でも体を動かしたり、散歩に出る機会を持てるようにする。 ●話す楽しさを感じられるように、ゆっくり丁寧に言葉をかけるようにする。 ●気に入った絵本やパネルシアターなどを用意し、内容を工夫して楽しめるようにする。
●運動会などの行事をとおして子どもたちがたくましく成長している姿を見てもらう。 ●気温の変化から体調をくずす子も見られるので、家庭と連絡をとりながら健康に過ごせるようにする。	●子どもの成長や発達を保護者と確認し合い、進級に向けて不安のないようにする。 ●冬期の感染症の情報を家庭に伝え、予防に努める。

注意！

風邪やインフルエンザの流行期です。いつも動き回っている子が座り込んでいたり、ぐずったり、ちょっとしたことで泣いたりするときは、健康状態をよく観察します。発熱の前兆であることが多いようです。

1歳児

●年間指導計画

95

1歳児
月案作りのポイント

1歳児の月案では、クラス全体の内容とともに、月齢や個人差による発達の違いを考慮した目標の設定が大切です。行動範囲の広がりに注意しつつ、子どもの活動したい気持ちを大事にする内容と援助を心がけましょう。

1歳児は、発達のテンポが速く、生まれ年の前半と後半での個人差が大きく、低月齢児と高月齢児で一人ひとりに対する発育・発達の課題が異なるので、個人の指導計画（個人案）とともにクラス単位の月案を作成します。ここでは、1歳児の月案の作成について、主な項目ごとに押さえておきたいポイントを確認していきましょう。

●ねらい

各月の目標を具体的に記述します。現在の子どもの姿の中から、子どもに育ちつつあるものや、育てたいことに注目してねらいを定めます。発達過程の見通しを持ち、その月の生活や遊び、季節も考慮して立てましょう。また、**保育者による援助で育つ心情や意欲**についても触れましょう。

●健康・安全への配慮

1歳児は心身ともに発達が未熟で抵抗力が弱いので、体調管理をきめ細かく行い健康な生活を送るための配慮がとても重要です。1歳ごろはまだ免疫がついておらず、**感染症にかかりやすいため**、予防や早期発見への対策などを具体的に書いていきます。各月の季節による気温の変化などへの対応にも気を配りましょう。

●子どもの姿

子どもの生活は連続しています。その月の内容を想定するためにはそのときどきの子どもの姿がもとになるので、具体的な様子を書きます。

1歳児の生活については、**発達による個人差**とともに**月齢による個人差**も大きくなるので、低月齢と高月齢を分けて書いてもよいでしょう。離乳食の進み具合や、休息や睡眠時の様子、おむつからトイレでの排泄に移行する状態などを中心に、自分の気持ちを表情やしぐさで表す姿なども書きましょう。

遊びについては、1歳児では活動や遊びを楽しむ様子、さまざまなものへの**興味や関心の示し方**、**保育者の話しかけで見られる反応**などが中心になります。身近な自然に触れて、好奇心を持つのもこのころからです。

●内容

　子どもの姿を踏まえ、生活と遊びの両面から連続性を持って、その月に子どもに体験させたい活動の内容です。1歳児の発達過程と**目の前の子どもの姿**を照らし合わせながら考えましょう。1歳児では援助されながらも、身の回りのことを**自分でしようとする気持ち**が芽生えてきます。その気持ちを大切に育てることを意識して活動内容を考えてみましょう。

●環境構成

　生活では、温度や湿度、衣類の調整など**健康に生活できるような環境**について書きます。季節によって配慮する事項は異なります。遊びでは、歩けるようになり、行動範囲が広がるため**安全に遊べる環境づくり**や、玩具や絵本の準備をすることや、体を動かす遊びの設定などが中心となります。

●保育者の配慮

　1歳児では**情緒が安定して快適な生活を送るための援助**を基本に、一人ひとりの食事や排泄、睡眠への十分な配慮が必要です。喃語や片言を発するようにやさしい**語りかけ**や、興味や好奇心を引き出す遊びや、歩行を十分行い、簡単な運動で体を動かす活動を楽しめるように考えます。

●保育所職員の連携

　1歳児は複数担任制で、個別の子どもへの配慮などの共通理解や、活動での役割分担など職員間の連携が欠かせません。**離乳食**を進めるにあたって栄養士と協力することも必要です。各月で必要な相談事項や確認することを書きます。

●家庭・地域との連携

　1歳児では午睡が1回になったり、食事の時間帯も定まってくるなど**生活リズムが整ってきます**。健康な生活のためにリズムが乱れないよう、家庭との連携は必須です。ともに子どもを育てるという視点で、成長を知らせて喜び合えるよう、口頭だけでなく連絡帳なども活用しましょう。散歩などで**戸外へ出る機会**も増えるので、地域の人との連携も大事です。

●食育

　1歳児は**離乳食から完了食に移行する時期**なので、進み方や食事への意欲に配慮し、さまざまな食材に慣れ、食への関心が持てるように関わりましょう。

●反省・評価

　1歳児の発育・発達は著しいものがあるので、ねらいや内容が**一人ひとりの状態に合っていたか**、適切な援助をしたかなどを振り返ります。反省点があれば、翌月の保育に生かすためにはどうしたらよいのかを見直して記録します。

CD-ROM
— P089-130_1歳児 — P098-099_月案4月

1歳児　月案　4月

1歳児　4月　月案　りす組

ねらい
＊一人ひとりの子どもの生活リズムに合わせてゆったりと関わりながら、情緒の安定を図り、少しずつ新しい環境に慣れるようにする。
＊保育者に見守られながら、好きな遊びを見つけて、機嫌よく過ごす。

		子どもの姿	内容
生活	食事・排泄・睡眠・清潔・着脱	●新しい環境で不安になり、保護者との別れ際に泣いたり、後追いしたりする。前の担任の後を追う子もいる。 ●食事は喜んで食べるが、丸飲みしたり早食いになることもある。 ●おむつを取り替えてもらい心地よさを感じる。 ●担当保育者がわかり、後追いをしたり姿が見えなくなると泣いたり人見知りをしたりする。 ●新入所児はまだ遊ぶことができず、抱っこやおんぶで過ごす。	●食事はこぼしながらも、手づかみやスプーンを使って食べようとする。 ●保育者と一緒に食事やおやつ前に手洗いをする。 ●いやがらずにおむつを替えてもらったり、トイレで便器に座ろうとする。 ●保育者のそばで安心して眠る。 ●話しかけられると喜び、興味のあるものを指さし「あーあー」と声を出したり「ワンワン」などと言う。 ●着替えでは自分から手や足を通そうとする。
遊び	健康・人間関係・環境・言葉・表現	●ハイハイや伝い歩きをしたり、一人歩きで探索活動を盛んに行っている。 ●手をつないで散歩することを喜ぶ。 ●友だちに興味を示し、そばに行って触ったり顔をのぞき込んだりする。 ●玩具を取ったり取られたりして泣く。 ●「高い高い」など、体を使った遊びをすると声を上げてはしゃいだりする。 ●名前を呼ばれると振り向いたり、表情で応えたりする。 ●手先を使った遊びや動きのある玩具、きれいな色や音の出る玩具に興味を示す。	●ハイハイをしたり伝い歩きや一人歩きで動き回って、興味を引くものや玩具で遊ぶ。 ●ベビーカーで散歩に出かけたり、保育者と手をつないで歩く。春の草花に触れて遊んだりする。 ●歌を歌ったり手遊びをすると、体を動かしたり手をたたいたりして喜ぶ。 ●触れ合い遊びをする。 ●保育者と一緒に好きな玩具（車、ぬいぐるみ・積み木・ブロックなど）で遊ぶ。 ●絵本を読んでもらったりパネルシアターを見たりするのを喜ぶ。

保育所職員の連携
＊生活面の援助については、同じ姿勢で対応ができるよう保育者間で確認し合う。
＊子どもが好きな場所や好きなものでゆったりと遊べるよう、危険のないよう役割分担し見守る。
＊戸外や園庭で遊ぶとき、子どもから目を離さず常に複数の目で見守り安全に配慮する。

家庭・地域との連携
＊送迎時や連絡帳などで子どもの様子を伝え合い、保護者の悩みや思いをしっかり受け止め、信頼関係をつくる。
＊新しい環境に慣れるまでは疲れやすく体調もくずれやすいので家庭でゆっくり過ごしてもらう。
＊着脱が調節できる衣服を用意してもらい、記名もお願いする。

👑 **ここがポイント！**
4月は当初の子どもの姿を、5月からは前月末の子どもの姿をしっかりとらえて書き入れます。それに基づき内容、環境構成、保育者の配慮を書き入れます。

👑 **ここがポイント！**
1歳児の新入所児は母親との1対1の関係から全く知らない人の中に置かれたため、食べず、眠らず、遊べず、一日中泣いている子もいます。そんなとき最初に抱っこやおんぶをしてくれた保育者を頼り離れなくなります。それを受け入れることによりその保育者との愛着関係ができると心が外に向いて、だんだん遊べるようになります。

● 1歳児の指導計画

健康・安全への配慮

＊一人ひとりの健康観察を丁寧に行う。
＊食事や排泄、睡眠時間などは一人ひとりに合わせて対応する。
＊個々の体調によっては、室内で過ごすようにする。
＊担当の保育者に安心できる場所で気持ちを受け止めてもらい、信頼関係をつくり安心して生活できるようにする。

行事

＊進級式
＊誕生会
＊身体測定

環境構成	保育者の配慮
●眠くなったときは、いつでも眠れるような環境をつくっておく。 ●手を添えながら、洗うときの手の動かし方やふき方を伝える。 ●おむつをこまめに替え、心地よい状態を知らせる。個々に応じてトイレに誘う。 ●自分で食べようとする気持ちを大切にしながら、必要に応じて介助し、楽しく食事ができるようにする。 ●子どもと行動をともにしながら危険のないよう見守り、ゆったりと遊べるようにする。	●一人ひとりの寝るときの癖や特徴をつかみ、抱いたり子守歌を歌ったりしながら安心して眠りにつけるようにする。 ●子どもの気持ちをしっかり受け止め、信頼関係を築き安心して生活できるようにする。 ●発声や喃語、指さしには、視線を合わせやさしく応える。 ●顔や手が汚れたらふいて「きれいになったね」と言葉をかけて気持ちよさを知らせる。 ●安心して過ごすようになるまでは1対1でゆったりと関わる。
●安全に気をつけながら、草花や虫、小動物を見たり触れたりして、春の自然の中で遊ぶ。 ●子どもの好きな絵本や生活に身近な絵本をいつでも取り出せるようにしておく。 ●落ち着ける場所で好きな玩具でゆったり遊べるようにする。 ●すべり台やブランコに興味があり、登ろうとするので必ずそばにつきながら、危険のないように見守る。	●子どもの指さしにはゆっくり正しい言葉で応答する。 ●子どもと一緒に体を揺らしたり、歌ったりして楽しみ、ゆったりと向き合って過ごす時間をつくる。 ●手遊びや歌は、やさしい声や笑顔でくり返し歌うようにする。 ●散歩先や園庭での発見や驚きに応え、一緒に楽しむ。

現場では！

子どもが登園してきたら子どもの好きな体操の曲を流します。保育者が動き出すと子どもたちもまねをして動き出します。「もっともっと」と何回もくり返しています。

注意！

園庭を歩き回っていて動いているブランコに興味を持ち、柵の中に入りそうになることがたびたびあります。子どもの動きから目を離さないようにします。

食育

＊食事の様子を保護者に聞いておき、一人ひとりの生活リズムに合わせながら食べられるようにする。
＊よく食べたときはしっかりほめて、意欲につなげる。

反省・評価

＊新入所児は慣れないうちは泣いたり落ち着かなかったが、担当の保育者がおんぶや抱っこで関わることで安心して過ごせるようになった。
＊園庭では探索が盛んになり、固定遊具などでバランスをくずし転ぶこともあるので、そばについて気をつけた。室内遊びでは好きなもので遊べるよう、遊具の設定などを考えていきたい。

99

1歳児　5月　月案　りす組

ねらい
* 安定した生活リズムの中で、一人ひとりの子どもに合わせ、安心して過ごせるようにする。
* 保育者と一緒に好きな遊びをしたり、探索を楽しんだりする。
* 戸外で保育者や友だちとたくさん遊び、機嫌よく過ごす。

	子どもの姿	内容
生活 食事・排泄・睡眠・清潔・着脱	●スプーンですくったり手づかみで好きなものから食べようとする。 ●おむつが汚れたら取り替えてもらったり、おまるに座る子もいる。 ●不安や甘えから泣いたり抱っこを求めるが、だんだん落ち着いてきて玩具で遊んだり探索したりする。 ●保育者のスキンシップで安心して過ごせるようになる。 ●衣服を着替えるときに、自分でやろうとする。	●手づかみやスプーンを使って自分で食べたり、手伝ってもらいながら食べる。 ●食前に手洗いをしたり、食後に口のまわりや手をふいてもらう。 ●食事前後の挨拶を保育者と一緒に行う。 ●保育者にそばについてもらい、安心して眠る。 ●衣服を取り替えるとき、手伝ってもらいながらも、自分で手や足を通そうとする。
遊び 健康・人間関係・環境・言葉・表現	●ベビーカーや歩きで戸外の散歩をするのを喜ぶ。 ●保育者の話しかけを喜び、興味のあるものを指さしたり、「マンマ」「ワンワン」などと言ったりする。 ●園庭を探索したり、すべり台やブランコ、砂場で遊ぶ。 ●草花を見たり触れたりして遊ぶ。 ●手遊びや触れ合い遊びを楽しみ、くり返して遊ぶ。 ●絵本を読んでもらったりパネルシアターを見ることを喜ぶ。	●戸外に出ることを喜び、あちこち歩き回ったり、好きな遊具や、砂遊びを楽しむ。 ●保育者と一緒に興味を持った玩具・遊具で遊ぶ（ボール・コップ重ね・音の出るものなど）。 ●体操・触れ合い遊びなど体を使った遊びのほかに、手先や指先を使った遊びを楽しむ（積み木・ブロック・ストロー落としなど）。 ●散歩に出かけ、身近な虫や草花に触れたりし、いろいろなものへの興味・関心が広がる。

保育所職員の連携
* 起床・睡眠時間や寝るときの癖や特徴などを共通理解して、同じ対応ができるように確認し合う。
* 散歩では、事前に危険な場所を把握し、安全な場所で十分探索できるようにする。
* 一人ひとりの動きや居場所は声をかけ合って確認し、それぞれの発達に合った遊びができるようにする。

家庭・地域との連携
* 連休明けなので、疲れが出ていないかなど子どもの体調や様子を細かく伝え合う。
* 気温の変化に対応できるような衣服について知らせ、用意してもらう。
* 保育参観について知らせ、日程は保護者の都合に合わせる。当日は日々の保育の様子を見て保育所での生活を理解してもらう。

ここがポイント！
子どもたちは園周辺の道草散歩が大好きです。道端の花を指さして保育者に教えたり、葉っぱや小石を拾ったり、犬や猫がいることに気づいたり、子どもの目線の先には興味のあるものがたくさんあります。

1歳児の指導計画

健康・安全への配慮	行事
＊連休明けで疲れが出やすいので子どもの様子を把握し、不安定になっている子には、なるべく同じ保育者が関わり気持ちを受け止め、安心して過ごせるようにする。 ＊散歩は、月齢と体調に合わせてグループ別に出かける。暖かくなり始めるので、日中の気温や活動状態によって水分補給をする。	＊こどもの日 ＊保育参観 ＊健康診断 ＊避難訓練 ＊誕生会

ここがポイント！

保育所の生活に慣れてきた新入所児も5月になると疲れが出て体調をくずしたり、登園時に泣いたりする子が出てきます。子どもの心身の状態を常に把握し、適切な対応が必要になります。

環境構成	保育者の配慮
●食べようとしないときは、言葉かけをしたり食べようとする気持ちになるまで待ち、落ち着いた雰囲気で食べられるようにする。 ●入眠時の癖や特徴を把握し、子守歌を歌うなどして安心して眠れる環境をつくる。 ●危険なものがないか、常に点検し、整理整頓と、玩具の消毒をする。 ●手洗いでは、手を添えながら一緒に洗ったり、ふいたりしてやり方を知らせる。 ●おむつを替えるときは心地よさを伝え、個々に応じておまるに誘う。	●連休明けの不安な気持ちを受け止めながらゆったりと関わり、生活リズムを整える。 ●おむつの交換は、ゆったり関わり、「きれいになったね」と心地よさを知らせる言葉かけをしながら行う。 ●食事の挨拶では、一緒に手を合わせたり頭を下げたりして「いただきます」「ごちそうさま」を伝える。 ●着替えるときに、自分でやりたがる子には様子を見ながら、必要に応じて手伝う。
●遊びのコーナーをいくつかつくり、好きな遊びがじっくりできるように見守ったり一緒に遊んだりする。 ●一人ひとりどこで遊んでいるか動きを把握し、安全に遊べるようにする。 ●子どもの動きに合わせて動き、探索活動が十分楽しめるようにする。 ●身近な生きものなどが出てくる絵本やパネルシアターなどの玩具を準備しておく。	●発語や指さしにはやさしく応え、子どもの発見には、言葉で返す。 ●遊ぶ姿を見守りながら、様子を見て一緒に遊んだり、興味を示しているものがあれば、話しかけたりしながら十分楽しめるようにする。 ●手遊びや歌遊びで体を揺らしたりして喜んでいるときは、くり返して楽しめるようにする。 ●好きな絵本をゆったりとした雰囲気の中で楽しめるようにする。

現場では！

新しいことに興味を持ち動き回る時期です。今ここにいたのに、もうすべり台の上に、ということもたびたびありドキッとさせられます。子どもの位置を十分把握できるよう、保育者が常に声をかけ合って子どもの動きを見守るようにしています。

食育	反省・評価
＊自分で食べようとする気持ちを大切にしながら、やさしく言葉をかけたりして楽しい雰囲気の中で食事ができるようにする。 ＊一人ひとりの生活リズムに合わせて時間差をつけるなど、少人数でゆったりと食べられるようにする。	＊体調をくずして休んだりした後など、不安定な気持ちを表すことがあったので、抱っこや一緒に遊んだりすることで受け止めたら落ち着いてきた。 ＊歩くことを喜んでいるが、勢いがついてバランスがとれないことがあるので、気をつけて見守るようにする。 ＊友だちと玩具の取り合いをしたり、かみついたりすることがあるので、遊びの環境設定を考える。

101

1歳児　6月　月案　りす組

ねらい
* 一人ひとりの健康状態に配慮しながら、梅雨期の衛生面に気をつけ、快適に過ごせるようにする。
* 自分の気に入った遊びを見つけ、保育者と関わりじっくりと楽しむ。

	子どもの姿	内容
生活 食事・排泄・睡眠・清潔・着脱	●朝、保護者と別れる際に不安や寂しさで泣いたり後追いをしたりする。 ●おむつが汚れたら取り替えてもらい気持ちよく過ごす。おまるに座る子もいる。 ●手づかみやスプーンですくって自分で食べようとする。 ●食前に手洗いをしたり、食後に顔や手を保育者にふいてもらう。 ●保育者に見守られながら安心して眠る。 ●衣服を替えてもらうとき、自分から手や足を通そうとする。	●おまるに興味を持ち、いやがらずに座り、タイミングが合うと排尿することもある。 ●こぼしながらも手づかみやスプーンを使い、自分で食べようとする。 ●自分で手を洗おうとしたり、保育者と一緒に洗ってきれいになった気持ちよさを味わう。 ●衣服やおむつの着脱時に手や足を出したり、自分でパンツやズボンの上げ下ろしをしようとする。 ●保育者にそばについてもらい、安心して眠る。
遊び 健康・人間関係・環境・言葉・表現	●公園へ散歩に行き、身近な虫や草花に触れたりする。 ●保育者と手をつないで歩く。 ●室内で好きな玩具（引っぱり玩具・穴落とし・積み木・ブロック）で遊ぶ。 ●曲に合わせて保育者のまねをしながら体を動かした後、手をたたいて喜ぶ。 ●絵本を読んでもらうことや、手遊びをくり返し楽しむ。 ●探索活動を盛んに行い、興味のあるもので自分から遊び始める。	●園庭で好きな遊び（砂遊び・ボール・乗り物など）をしたり探索したりする。 ●探索して発見した喜びを表情や片言で伝えようとする。 ●体操・リズム遊び・触れ合い遊びなど、体を動かして遊ぶことを楽しむ。 ●手先・指先を使った遊びをする（ストロー落とし・ひも通し・小麦粉粘土など）。 ●一語文や片言がよく出てくる。

保育所職員の連携
* 室内遊びが多くなるので、遊び方の工夫や体を使って遊べる環境について話し合う（廊下やホールの活用、静と動の遊びなど）。
* 体調の変化については連絡漏れのないよう声をかけ合う。具合が悪いときには早めに対応できるように職員間で共通認識を持つようにする。

家庭・地域との連携
* 季節の変わり目なので、体調の変化に気をつけ、その日の様子を送迎時や連絡帳などで細かく伝え合う。
* 家庭でも食中毒の予防をするよう伝える。
* 通気性がよく動きやすい衣服を用意してもらう。

ここがポイント！
まねっこ大好き！　食事の挨拶「いただきます」「ごちそうさまでした」をまねて「…す」「…た」と言い、ペコンと頭を下げたり、遊びでは手遊び、体操、リズム遊びも保育者の大きいしぐさをまねして楽しみます。保育者が「上手！」と言って手をたたくのをまねて、自分でもうれしそうに手をたたきます。保育者は子どものモデルです。

● 1歳児の指導計画

健康・安全への配慮

＊気温や湿度に合わせて寝具の調節をしたり、寝汗をふき心地よく眠れるようにする。
＊行動範囲が広がるので、安全な環境を整え、子どもの居場所を把握して十分に遊べるようにする。
＊不安な気持ちを受け止めながら、安心して過ごせるようにする。

行事

＊誕生会
＊虫歯予防デー

注意！

梅雨時は気温の差がありむしむししたり、寒かったりで体調をくずすことが多くなります。湿度が高いときには沐浴をしてさっぱりさせたり、寒いときには上に衣服をはおらせたりします。

環境構成	保育者の配慮
●おむつ交換はゆったりとした中で、言葉を添えながら行う。 ●自分で食べようとする気持ちを大切にしながら、必要なときには介助する。 ●パンツやズボンがはきやすいようにいすを用意したり、手を添えながらやり方を知らせる。 ●鼻水が出たらすぐふけるようティッシュを持ち歩く。きれいになったことを知らせる。 ●手洗いの手順や丁寧に洗うことは言葉をかけながら一緒に行って知らせる。	●おまるに座る時間が長くならないようにし、いやがる子には無理強いしない。 ●一人ひとりの入眠時の特徴や癖をつかみ、そばにつき、背中をさすったり子守歌を歌って安心して眠れるようにする。 ●手洗いでは、両手をこすり合わせて洗っているか、タオルでよくふけたかなど声をかけ、個別に関わり丁寧に見る。 ●着脱など自分でしようとしているときは見守り、できないところは声をかけながらさりげなく手伝う。
●玩具の取り合いからトラブルが起こらないよう、数や遊びのスペースは十分に確保する。 ●散歩先では探索活動をゆっくり楽しめるよう、子どもと行動をともにしながら危険のないよう見守る。 ●一人ひとりが気に入った遊びを見つけられるよう、遊びたくなる環境を工夫する。 ●雨上がりの散歩では、梅雨期の自然をいろいろ発見ができるように、子どもの気持ちや一人ひとりの体調を把握して歩くペースを考える。	●子どもの見たい、触れたいという好奇心や興味を十分に満たし、感じたことに応えながら一緒に遊ぶ。 ●子どもの発見に応じて言葉で返す。 ●思いどおりにならなかったり、かみつきやひっかきなどが見られたら、気持ちを受け止め、してはいけないことを知らせる。 ●身振りや表情から、気持ちや欲求を察し、言葉に置き換えるなどして応える。 ●保育者が楽しく体を動かして遊び、子どもも一緒に手や足を動かせるようにする。

現場では！

お気に入りの玩具（ぬいぐるみ・絵本・ミニカーなど）を持ったり抱いたりすることにより、安心して眠れる子もいます。布団をたたむとき、あちこちの布団から玩具がたくさん…ということもあります。「おもちゃ持って寝ちゃダメ!」なんて言っていませんか？

1歳児 ●月案

食育

＊自分で食べようとする気持ちを大切に、必要なときは介助しながら満足感が持てるようにする。
＊食品の名前を知らせながら、いろいろな食材への興味を引き出す。
＊梅雨時の衛生に配慮する。

反省・評価

＊園庭遊びでは自分から好きな場所や物を見つけて楽しんでいる。遊びをとおして、一人ひとりの言語面の発達が感じられるので、引き続き1対1の関わりで発語を促していきたい。
＊体操の曲がかかると喜ぶようになってきているので、体を動かして楽しめる遊びをいろいろ取り入れるようにする。

1歳児　7月　月案　りす組

ねらい
* 夏期の衛生に留意し、健康で快適に過ごせるようにする。
* 水や砂などに触れて夏ならではの遊びを保育者や友だちと一緒に楽しみ、満足感を味わう。

ここがポイント！
自分で食事をしようとする欲求が出てきます。まだ手づかみが多く、こぼす量も多いのですが、子どもの意欲を大切にします。この意欲がいろいろなことにつながっていきます。

バリエーション！
たらいに水を張りカラーボールやスポンジたわし、木の葉を浮かべると興味を示し、水から出したり入れたり、中に入り込んで遊んだりします。

	子どもの姿	内容
生活（食事・排泄・睡眠・清潔・着脱）	●手づかみやスプーンですくって自分で食べようとする。 ●食事の挨拶は言葉やしぐさでまねをする。 ●おむつをいやがらず交換してもらう。おまるや便座に座ってみてタイミングが合うと排尿する。 ●石けんをつけて手をこすり合わせて洗うが、水遊びになることもある。 ●パンツ式のおむつやズボンの着脱は、保育者の手伝いをいやがり自分で上げ下ろしをしようとする姿が見られる。	●手づかみやスプーンを使い、自分で食べたり介助されながら食べたりする。 ●保育者と一緒にしぐさや言葉で「いただきます」「ごちそうさま」の挨拶をする。 ●蛇口を自分でひねることができる。 ●言葉かけによって食事前や遊んだ後に、手を洗いタオルでふこうとする。 ●おむつがぬれていないときにおまるに座ってみて、排尿できることがある。 ●眠くなったら自分から布団に入って眠る。 ●衣服の着脱を自分でもやろうとする。
遊び（健康・人間関係・環境・言葉・表現）	●保育者と一緒に戸外に出て好きな遊びをする（すべり台・砂場・乗り物・フープなど）。 ●花壇の花や虫を見たり触ったりする。 ●小麦粉粘土やお絵かき、ちぎり絵などを楽しんでいる。 ●散歩に出かけて、手をつないで歩くことを喜び、探索したり、公園で体を使って遊ぶ。 ●絵本を読んでもらったりパネルシアターを見ることを喜ぶ。 ●指さしをしたり、「ブーブー、きた」など片言で話しかけたり身振りで示したりして、自分の気持ちを伝えようとする。	●ベランダで水遊びをする（ペットボトル・じょうろ・シャボン玉など）。 ●シャワーや沐浴で水に親しむ。 ●泥の感触に慣れて、遊びを楽しむ。 ●砂をシャベルですくったり、型抜きをしてから、くずしたりして遊ぶ。 ●手すりにつかまり階段の上り下りをする。 ●たたく、つまむなど手先、指先を使った遊びをする（ちぎり絵・シール貼り・小麦粉粘土など）。 ●リズム遊びや体操など、体を動かして遊ぶことを楽しむ。

保育所職員の連携
* 水遊びや泥遊びは、初めて経験する子も多いので、職員間の連携をとりながら、一人ひとりの様子に合わせて無理なく行う。
* 巧技台や階段で上り下りをしているときは、保育者同士で声をかけ合って、必ずそばにつき危険のないように見守る。

家庭・地域との連携
* 暑さによる疲れが出やすい時期なので、健康状態について連絡をとり合う。
* シャワーや水遊びが始まることを知らせる。
* 汗をかき、着替えの回数が増えるので、着替え用に衣類の補充をお願いする。
* 夏期に多い感染症（あせも、とびひなど）の情報や予防について掲示板で伝える。

● 1歳児の指導計画

健康・安全への配慮

*一人ひとりの健康状態を把握し、暑くなるので体調をくずさないよう気をつけて健康に過ごせるようにする。
*汚れたり汗をかいたりしたら、こまめに着替えたり、シャワー、清拭をして衛生に気をつける。
*夏期はあせもになりやすいので、皮膚の状態をよく観察し清潔に保つ。

行事

*七夕
*誕生会
*プール遊び
*避難訓練

環境構成	保育者の配慮
●室内の冷房（外気温との差や湿度）に気をつけ、快適に過ごせるようこまめに調節する。 ●眠るときの癖などを把握し、一人ひとりに合わせた十分な睡眠や休息がとれるようにする。 ●自分で着脱しようとする気持ちを大切にして、脱ぎ着しやすいように介助する。 ●沐浴やシャワーはスムーズにできるよう、事前にタオルや着替えなどの準備をしておく。 ●手の洗い方やふき方は、手を添えて知らせる。	●暑さで食欲が落ちることもあるので、個々の状態に合わせてゆったりと関わる。 ●水分補給は十分に行う。 ●食事の挨拶は保育者も一緒に行い、子どもの挨拶に応えるようにする。 ●おまるや便器に座るのをいやがるときは無理強いしない。 ●排泄の間隔やタイミングを見ながら個々に応じてトイレに誘いかける。トイレットペーパーや水を流して遊んでしまわないようそばにつく。
●雨の日でもたくさん体を動かせるよう、活動しやすい環境をつくる。興味や動きを大切にしながら、危険のないようによく注意する。 ●階段や巧技台での上り下りは、安全に経験できるよう、常にそばにいて見守る。 ●砂や水で遊べるよう、玩具や道具を十分な数用意しておく。 ●絵本や触れ合い遊びでは、1対1の関わりを大切にしながらくつろいだ雰囲気の中で行う。	●水や泥遊びでは経験や好き嫌いに個人差があるので、無理強いせず徐々に親しめるようにする。遊びの時間も個々に合わせる。 ●水や泥遊びでは、一人ひとりの姿を見ながら、水に触る・裸足になる・泥に触れるなど、段階を踏んで経験できるようにする。 ●はっきりと単語が出てきているので、保育者がはっきりとわかりやすく言葉で返して、話をつなげていくなどやり取りを楽しむ。 ●好きな歌や体操、手遊びはくり返し一緒になって楽しむことで言葉や遊びを広げる。

現場では！

暑くなると食事中、水分ばかり欲しがります。十分与えつつ何とか食欲が増すようにフルーツを先に食べさせたり、楽しく食べられる雰囲気をつくったりするなど、工夫しています。

注意！

泥が手や衣服につくといやがって泣く子もいます。無理にやらせようとするとその恐怖心がいつまでも続くことがあります。友だちの楽しそうな様子を見て"やってみよう"と思うまで待ちます。

1歳児 ●月案

食育

*食事が進まないときは、量を加減しながら少しでも食べられたらほめる。
*スープにご飯をまぜてしまったり、嫌いなものを口から出すなどの姿が見られたら、家庭での様子も聞き、個別に対応を考える。

反省・評価

*夏の暑さで機嫌が悪かったり、体調をくずすこともあるので一人ひとりとの関わりを大切にする。
*水遊びや泥遊びが始まったので、個々の様子に合わせて経験できるようにした。いやがらずに水の冷たさや泥の感触を楽しんでいるので、来月も計画に取り入れる。

105

1歳児　8月　月案　りす組

ねらい
* ゆったりとした生活をし、暑い夏を快適に過ごせるようにする。
* 保育者や友だちと一緒に水や砂などに触れ、夏ならではの遊びに興味を持ち、十分に楽しむ。

	子どもの姿	内容
生活 食事・排泄・睡眠・清潔・着脱	●スプーンを自分で持って食べようとする。 ●月齢の高い子は、食後にいすをしまったり使ったおしぼりを片づけようとする。 ●タイミングが合うと、おまるやトイレでの排尿に成功することもある。 ●鼻水が出たら自分から知らせたり、いやがらずにふいてもらう。 ●食事やおやつ前、排泄後の手洗いを保育者と一緒に行い、洗ったらタオルでふこうとする。 ●衣服の着脱時に自分から手や足を出して通そうとする。	●食事の挨拶がしぐさや言葉で表現できるようになる。 ●保育者にはげまされたりスプーンを使うときに手伝ってもらいながらも自分で食べようとする。 ●汗をかいたり汚れたりした後は、着替えさせてもらって、気持ちよく過ごす。 ●誘われておまるに座り、排尿できることがある。 ●自分で着替えようとして、手足を出したり、パンツやズボンの上げ下ろしをしてみる。
遊び 健康・人間関係・環境・言葉・表現	●ベランダで沐浴をしたり、シャボン玉で遊ぶことを喜ぶ。 ●戸外での探索を楽しみ、アリやダンゴムシを見たりして生きものに興味を持つ。 ●曲に合わせて保育者のまねをしながら体を動かす（「できるかな」「エビカニクス」など）。 ●保育者に絵本を読んでもらったり、歌や触れ合い遊びを喜ぶ（「だんごだんご」「かえるのうた」など）。 ●絵本やパネルシアターを見て喜ぶ。	●夏の遊びを楽しむ（水遊び・泥遊びなど）。 ●シャボン玉を見て楽しんだり、手を伸ばしたり追いかけたりする。 ●砂や水、泥の感触を味わったりシャベルやじょうろ、空き容器を使って遊ぶ。 ●手すりにつかまって階段の上り下りをする。 ●手先や指先を使った遊びを楽しむ。 ●「ママ、きた」と二語文が出たり、しぐさや表情で自分の思いを伝えようとする。 ●簡単なリズム遊びや体操、触れ合い遊びなど体を動かして楽しむ。

 **ここがポイント！**
自分でやりたい気持ちが衣服の着脱にも出てきます。半そでのTシャツや半ズボンのこの季節はチャンスです。首だけ入れる補助をし、着やすいように並べたりなど工夫して、自分でできた喜びを味わわせます。

保育所職員の連携
* 玩具の取り合いなどで友だちをかんだり、ひっかいたりすることがあるので、ミーティングで話し合い職員が同じ姿勢で対応できるようにする。
* 一人ひとりの居場所や動きに目を配り、保育者同士で声をかけ合って危険のないよう見守る。水遊びのときにすべってケガをしないよう、十分注意する。

家庭・地域との連携
* 暑さや、家族での外出で生活リズムが乱れて疲れが出やすくなる時期なので、健康状態は細かく伝え合う。水遊びやシャワーの可否についても知らせてもらう。体調によっては早めの受診をすすめるようにする。
* 汗をかいたり、砂・水遊びで着替えることが多くなるので、衣類の補充をお願いする。

1歳児の指導計画

健康・安全への配慮

*室内の温度・湿度に気をつけ、快適に過ごせるように空調をこまめに調節する。冷房は外気温との差を考慮した設定にして換気をしっかり行う。
*汗をかいたら、清拭やシャワーをしたり着替えたりして肌を清潔に保つよう気をつける。
*水分補給に気を配り、休息する時間を十分とるようにする。

行事

*プール遊び
*誕生会
*夏祭り（夕涼み会）

環境構成	保育者の配慮
●いすをしまうよう声をかけたり、おしぼりを入れる場所を知らせる。 ●個々の健康状態を把握して、沐浴がスムーズに行えるよう準備しておく。 ●手をタオルできれいにふけたか、1対1で丁寧に見る。 ●入眠時はそばについたり、背中をなでて声をかけるなど安心して眠れるようにする。 ●ズボンやパンツがはきやすいように、いすなどを用意しておく。	●自分で食べようとする気持ちを大切にしながら、ゆったりとした雰囲気で関わる。 ●おまるに座っているときはそばについて声をかけ、排尿ができたらほめて自信につなげる。 ●汗をかいたり汚れたときには気づかせて、着替えると気持ちよくなることを知らせる。 ●自分で脱ぎ着しやすいように声をかけたり必要に応じて介助する。 ●手をこすり合わせて洗う習慣がつくように、手洗いの歌を一緒に歌う。
●必ず帽子をかぶって戸外へ出る。 ●好きな遊びを一人でじっくりと遊べるようなコーナーをいくつかつくる。 ●活動しやすい環境をつくり、子どもの興味や動きを大切にしながら、危険のないよう見守る。 ●巧技台や階段の上り下りでは、安全に遊べるよう、そばにつく。 ●興味のある曲をかけたり、ピアノに合わせて簡単なリズム遊びに誘う。 ●子どもたちの好きな話を友だちと一緒に聞くことで、楽しさを共有できるようにする。	●シャボン玉を吹いてみせて、取ろうとしたり追いかけたりして楽しめるよう誘う。 ●砂や水の感触を安全に楽しめるよう、個々の様子を見て誘いかける。 ●個々の伝えたい気持ちを受け止めてゆっくりと聞いたり、応えたりして、思いが伝わる喜びを味わえるようにする。 ●個々の体調に留意して夏の遊びを楽しめるようにする。

食育

*夏の野菜や果物について話をしながら旬の食材への興味を広げる。
*テーブルの上や床にこぼれたものはすぐにふき取り、常にきれいな状態で食べられるように心がける。
*食べたい気持ちを大事にしてゆったりとした雰囲気をつくる。

反省・評価

*水遊びの支度が始まると喜ぶ姿が見られ、水がかかってもすっかり平気になって楽しんで遊べた。
*休み明けは不安定にならないよう、気をつけて関わった。
*室内の遊具を自分で取り出せるよう配置を変えたので、落ち着いて遊べている。次の活動に移るときの片づけ方を知らせたい。

！注意！

汗をそのままにしておくとあせもができ痛がります。午前中の活動後や午睡後にシャワーで清潔にすると、保護者がお迎えに来るまで快適に過ごせます。

バリエーション！

ストローだけではなくラップの芯や針金を輪にしたものなどを使って、大きなシャボン玉を作ってみせると大喜びします。

現場では！

言葉が出てくると保育者に一語文で指さしたり、まるで話しているように抑揚をつけてゴニョゴニョ言ったりします。そのときの状況に合わせて正しい言葉で返すと、とても満足げな様子を見せます。

1歳児 ●月案

107

1歳児　9月　月案　りす組

ねらい
* 夏の疲れに留意し、生活リズムを整えて快適に過ごせるようにする。
* 保育者や友だちと体を動かして遊ぶことを楽しむ。
* 戸外遊びや散歩で、身近な秋の自然に触れる。

ここがポイント！

8月は家族そろってのお出かけなどで生活のリズムが乱れがちになります。その影響で9月に入ると体調をくずす子も出てきます。一人ひとりに応じて無理なく生活リズムを整えます。

	子どもの姿	内容
生活（食事・排泄・睡眠・清潔・着脱）	●手づかみや自分でスプーンを使って食べようとする。 ●食事の挨拶を保育者と一緒に行う。 ●言葉かけにより、食事やおやつ前の手洗いをして、洗った後はタオルでふこうとする。 ●おむつがぬれたことや尿意を伝えたり、自分でおまるや便座に座ったりする。 ●眠くなったら自分から布団に入り眠る。 ●着替えのとき自分から足を通そうとする。 ●自分でパンツやズボンの上げ下ろしをしようとする。	●食後、保育者に手伝ってもらいながら、おしぼりで手や口のまわりをふく。 ●自分で蛇口をひねって手を洗おうとする。洗い終わったらタオルでふく。 ●尿意をしぐさや言葉で伝える。おまるや便座に座りタイミングが合うと排尿する。 ●衣類を自分で脱いだり、靴をはこうとする。 ●汗をかいたり、汚れたりしたら着替えをして気持ちよく過ごす。
遊び（健康・人間関係・環境・言葉・表現）	●水遊びを楽しみ、たらいの水をすくったり、カップからカップへ水を移し替えたりする。 ●シャボン玉を見て喜ぶ。 ●砂や泥の感触を味わいながら容器を使って遊んだりする。 ●戸外の遊具や乗り物で遊んだり、探索活動が広がっていろいろなものに興味を示す。 ●思いどおりにならないと「いや」「だめ」と言ったり、泣いたり怒ったりする。 ●片言やしぐさで思いを伝えようとする。	●保育者や友だちと手をつないで歩いたり、まわりの景色を見て、発見したことをやり取りして楽しむ。 ●ブランコに乗ってバランスをとろうとしたり、三輪車に興味を持ち、足でけりながら前に進もうとする。 ●巧技台で遊んだり（一本橋や階段など）かけっこを楽しむ。 ●手先や指先を使って遊ぶ（ひも通しなど）。 ●絵本や紙芝居を喜んで見る。 ●してほしいことを言葉やしぐさで伝える。 ●室内でままごとやブロックなどで遊ぶ。

保育所職員の連携

* 散歩や戸外遊びでは、活発に動くようになるので、保育者同士で声をかけ合い、危険のないようにする。
* 登る・降りる・飛び降りるなど、体全体を使って遊ぶときには必ずそばにつき、やり方を知らせながら危険のないようにする。

家庭・地域との連携

* 気温の変化が激しく、体調をくずしやすい時期なので、健康状態を細かく伝え合う。
* まだ汗をかくことが多いので、衣類の補充をしてもらう。また、シャワーや水遊びの可否も知らせてもらう。
* 防災訓練と親子触れ合いデーのお知らせをする。

1歳児の指導計画

健康・安全への配慮	行事
＊暑い日には、シャワーや沐浴をしたり着替えたりして、気持ちよく過ごせるようにする。 ＊夏の疲れが出て体調をくずしやすい時期なので健康状態をよく観察し、休息や睡眠を十分とるようにする。	＊防災訓練 ＊敬老の日 ＊誕生会 ＊親子触れ合いデー

環境構成	保育者の配慮
●食材を食べやすい大きさに切ったり、おしぼりで一緒に手を動かして口のふき方を知らせる。 ●使ったおしぼりを入れる場所を知らせる。 ●汗を流して気持ちよく過ごせるよう、沐浴や着替えの準備をしておく。 ●午睡時は室内の温度・湿度を確認し、心地よく眠れるようにする。 ●ズボンのすそに手を入れて広げ、足の出し入れがしやすいようにする。	●自分で食べようとする姿を認めて見守る。 ●蛇口を開閉できるよう、手を添えながらやり方を伝える。 ●排泄は個人差を考慮し、一人ひとりに合った働きかけをする。成功したときは「上手にできたね」とほめて自信につながるような言葉かけをする。 ●自分で着脱しようとする気持ちを大切にして必要なときは手を添えたり声をかけたりする。できたときは、たくさんほめて自分でできた喜びを味わえるようにする。
●気温に応じて衣服の調整をして戸外へ出る。 ●少人数の散歩で、一人ひとりが十分探索できるようにする。 ●遊具で遊ぶときは、ケガや事故が起きないよう必ずそばに付き添う。 ●室内では落ち着いて遊べるコーナーを設定し、じっくり遊べるようにする。 ●様子を見ながら玩具を入れ替え、発達に合った遊びを楽しめるようにする。 ●友だちへの興味が持てるように、保育者が仲立ちとなり一緒に遊べるような活動を工夫する。	●秋の自然に目が向くよう、話しかけたり、自然物を拾ったりして触れ合えるようにする。 ●ブランコは鎖をしっかり握るように知らせながら、そばにいて目を離さないようにする。 ●三輪車は乗り方を知らせる。 ●巧技台で登ったり飛び降りたりするので、やり方を知らせながら危険のないようにする。 ●トラブルのときは、お互いの気持ちをくみとって受け止める。 ●保育者とのやり取りを楽しみながら、模倣遊びを十分できるように関わる。

> **注意！**
> まだまだ暑いので木陰を選び、早めの散歩にします。水筒を持っていくなど水分補給に気を配ります。

> **現場では！**
> ままごとのコップや茶わんを持って飲むまねや食べるまねをします。そのとき保育者が「ちょうだい」「どうぞ」「ありがとう」などのやり取りをしながら「○○ちゃんにもどうぞして」「ありがとうね」などとお互いに交わす会話を言うと、そのしぐさをしながら一緒に遊んでいます。

食育	反省・評価
＊自分で食べる気持ちを大切にして、食事を楽しめるような言葉かけをする。 ＊食材についての会話をとおして、食への興味を広げる。	＊夏の疲れからか高熱を出す子が見られた。インフルエンザの疑いも考慮に入れ、事務室で対応してもらい保育をした。今後も体調に気をつけて対応していかなければ、と思う。 ＊戸外では以前より活発に遊び、転ぶことも増えている。職員同士声をかけ合い、そばについて遊ばせるようにした。 ＊言葉が増え、自分の気持ちを表情で伝えることが多くなった。一人ひとりの姿を大切に受け止めた。

1歳児　10月　月案　りす組

ねらい
* 気温や一人ひとりの体調に留意し、健康的に過ごせるようにする。
* 保育者や友だちと一緒に秋の自然に触れ、戸外遊びを十分楽しむ。
* 食を通じて秋の実りを味わい、食べることを楽しむ。

	子どもの姿	内容
生活 食事・排泄・睡眠・清潔・着脱	●こぼしながらも、スプーンやフォークを使って自分で食べる。 ●食後におしぼりで口をふいたりする。 ●食事やおやつ前、戸外から帰ってきたときに自分で蛇口を開けて手を洗おうとしたり、自分のタオルでふいたりする。 ●保育者の声かけや、他児のまねをしておまるや便座に座ろうとしたり、排尿に成功する子もいる。 ●鼻水が出たら保育者に知らせて、いやがらずにふいてもらう。 ●衣類の着脱を自分でしようとする。	●食事前後の挨拶をしぐさや言葉で表現する。 ●スプーンやフォークを使って最後まで自分で食べる。 ●手を洗ったりふいたりすることができる。入室の際に、自分から足を洗ってもらおうとする。 ●尿意やおむつがぬれたことを、言葉やしぐさで伝える。 ●おまるに座って排泄できることもある。 ●使ったおしぼりや脱いだ衣類を所定の場所に入れられる。
遊び 健康・人間関係・環境・言葉・表現	●三輪車のペダルに足をかけたり、けったりしながら前へ進もうとする。 ●太鼓橋やはしごを登ったり降りたりする。 ●ブランコに乗ってバランスをとろうとする。 ●話しかけられると動作で表現したり、単語で応えようとする。また、月齢の高い子は感じたことや問いかけを二語文で話そうとする。	●園庭で友だちと一緒にボールやフープを転がしたり追いかけたりして遊ぶ。 ●ブランコの鎖をしっかり握ってバランスをとる。 ●公園へ保育者と散歩に行き、秋の自然物に触れて探索を楽しむ。 ●体操や触れ合い遊び、簡単な手遊びを喜んで保育者や友だちと一緒に行う。 ●ままごとなどで生活の模倣や再現遊びをする。

保育所職員の連携
* 2歳児クラスとともに戸外で遊ぶときには、バランスをくずして転倒したりしないよう、常に気を配る。
* 2歳児クラスと一緒に散歩するときは、少人数に分けて子どもたちの歩調に合わせたコースを選ぶなど、担任同士で事前に相談する。

家庭・地域との連携
* 感染症についての情報を知らせて、体調の変化に気をつけて、健康状態をこまめに伝え合う。
* 朝晩と日中の気温差に合わせて調節しやすい衣類を用意してもらう。
* 活発に体を動かして遊びを楽しめるよう、薄着の大切さも伝える。

ここがポイント！
活動が広がり体を使った遊びが多くなると食欲も増してきます。それに自分で食べたい気持ちが加わり、スプーンやフォークの使い方が上手になります。

バリエーション！
追いかけっこが大好きです。「○○ちゃん、まってまって！」と言うと喜んで逃げます。つかまえたら他児の名前を呼んで「まってまって！」。何回もくり返しているうち、名前を呼んだ子をみんなで追いかけつかまえるようになります。なかには自分の名前を呼んで追いかけてくれと催促する子もいます。

● 1歳児の指導計画

健康・安全への配慮

＊朝晩と日中では温度差が大きくなるので、気温に合わせて衣服の調節をする。
＊インフルエンザなど感染症の予防に努め、一人ひとりの体調を把握し、異常が見られたら早めに対応する。

行事

＊誕生会
＊運動会

環境構成	保育者の配慮
●おしぼりや脱いだ衣類を入れるときにわかりやすいよう、いつも同じ場所に置く。 ●手が汚れたことに気がつけるよう声をかけたり、洗うことが楽しくなるような歌を歌う。 ●足を洗う道具を用意しておき、やり方を知らせる。 ●座って靴の脱ぎ履きができるよう、いすなどを置く。 ●一定時間の睡眠がとれるよう、そばについてやさしくさすったり、子守歌を歌って安心できるようにする。	●手洗いや手ふきを自分からやろうとする気持ちを受け止め、やり方を知らせながら、きれいになったか確認する。 ●排泄は個人差を考慮し、一人ひとりに合わせて声をかける。尿意を知らせてきたときは大いにほめ、おむつを取り替える。 ●排泄時はそばについて見守り、出たときは一緒に喜んでほめ、次の意欲につなげる。 ●衣服や靴の着脱の仕方は手を添えたりして丁寧に知らせる。
●全身を使って遊べるような遊具や、遊びを設定し、誘いかける。 ●ブランコの鎖はしっかり握ることを伝えてそばにつき、見守る。 ●公園のすべり台ですべったり登り降りを経験するが、危険のないよう必ずそばにつく。 ●散歩には拾ったものを入れられるビニール袋を用意する。 ●絵本や紙芝居は、興味に合った内容や季節感を取り入れたものを選ぶ。 ●玩具を一人で出し入れできるように環境を整えておく。	●自分の力以上のことに挑戦しようとするときは、意欲を大事にしつつも、危険のないようにする。 ●一緒に草花や落ち葉、ドングリを見たり拾ったりして自然物に興味を持たせる。 ●異年齢との触れ合いを大事にしながら一緒に楽しめる遊びを考える（ごっこ遊び・追いかけっこなど）。 ●子どもの言葉や表情をしっかり受け止め、ゆったり話を聞いたり、言葉で返してやり取りを広げる。

現場では！

散歩や戸外遊びの前に小さめのたらい（水を入れて）と足ふきをベランダにいくつか用意しておきます。入室するとき子どもたちには一人ずつ靴を脱いでその中に入り足を洗ってもらっています。たらいの水も温まって冷たくないようです。

1歳児
●月案

食育

＊それぞれの食べ具合に合わせて1回に口に運ぶ量を調節したり、スプーンですくいやすいよう小さくまとめたりする。
＊上手に食べられたら大いにほめて、さらに自分で食べることへの意欲を引き出す。

反省・評価

＊気温が下がったためか鼻水の出る子が目立ってきたので、引き続き体調の変化にはよく気をつける。
＊0歳児クラスから2名移行して集団が大きくなったので、活動や入室時の移動は少人数で行うようにした。
＊一人ひとりの自己主張が強くなったり、同じ遊びをとおして友だちとのやり取りが増えてきた。それぞれに合った対応を大切にして気持ちを受け止めたい。

111

1歳児　11月　月案　りす組

ねらい
＊散歩や戸外遊びをとおして秋の自然物に触れ、楽しむ。
＊保育者と一緒に遊びながら、友だちや年上の子にも興味を示し一緒に遊ぶ。
＊気温の変化に十分注意し、健康的にゆったり過ごせるようにする。

	子どもの姿	内容
生活（食事・排泄・睡眠・清潔・着脱）	●食事はスプーンやフォークを使って自分で食べようとする。 ●食後におしぼりで口をふこうとする。 ●食前や入室前の手洗い、手ふきを自分でしようとする。 ●口に入れすぎて、飲み込めないときもある。 ●鼻水が出たら知らせ、ふいてもらって気持ちよさを知る。 ●衣類の着脱を自分でしようとするが、うまくできずにかんしゃくを起こすこともある。	●こぼしながらもスプーンやフォークを使って最後まで自分で食べる。 ●手洗いをした後は自分のタオルでふく。 ●尿意を知らせ、おまるやトイレで排尿できることもある。 ●脱いだ靴や衣類を靴箱やかごに入れようとする。
遊び（健康・人間関係・環境・言葉・表現）	●足腰がしっかりしてきて、走ったりよじ登ったり、飛び降りたりする遊びを好む。 ●少しずつ友だちと関わるようになるが、玩具の取り合いなどトラブルも増える。 ●三輪車は足でけりながら進もうとする。 ●思いどおりにならないとき、引っくりかえって泣くなど、激しく感情を表現する。 ●コイン落としやパズルなど手先や指先を使う遊びを好む。 ●思いを動作や言葉で伝えようとする。	●少人数の散歩で探索や友だちと歩く楽しさを知る。 ●園庭で2歳児と一緒に追いかけっこをしたり乗り物で遊ぶなど、年上の子と触れ合って遊ぶ楽しさを知る。 ●保育者と一緒にすべり台や太鼓橋で登ったり降りたりを楽しむ。 ●ままごとなどで生活の模倣遊びや再現遊びをする。 ●曲に合わせて保育者のまねをして、体を動かしたり簡単なリズム遊びをする。

保育所職員の連携
＊職員間で連携を図り、誰がどこにいるかを把握する。子どもが行きたいところへ付き添ったり、行った場所で別の職員にきちんと受け止めてもらえるよう配慮する。

家庭・地域との連携
＊冬に流行しやすい感染症のお知らせをして、子どもの体調の変化など連絡を密にとり合う。
＊気温差に合わせた調節しやすい衣服を用意してもらう。
＊内科検診のお知らせをする。

注意！
玩具で友だちをたたいたり、かみつき、ひっかきが多くなります。トラブルが起きたときは目を離さず、何か起こりそうなときは子どもを引き離すなど未然に防ぐようにします。

ここがポイント！
自我が芽生えてきて自我意識とそれを抑制する力がアンバランスになり反抗という形で表れてきます。自分の意思で何でもやりたいため「いや」が多くなります。転んでも起こされるともう一度転び直して自分で起きたり、何でもやりたがるのでやらせるとうまくいかず大暴れする光景もよく見られます。暴れているときはそっとしておき、落ち着いたとき抱いたり、手を握るなどして子どもの話を聞いたりユーモアで気分転換させたりします。

112

● 1歳児の指導計画

健康・安全への配慮

＊朝夕と日中の気温の変化に応じて衣類の調節をする。
＊寒いときの外遊び後の手洗い、足洗いにはお湯を用意する。
＊感染症予防のため、手洗い・うがいを励行する。
＊体調の変化を見逃さないよう注意する。
＊戸外での探索では木の実などを誤飲しないよう、動きによく気をつける。

行事

＊誕生会
＊内科検診

環境構成	保育者の配慮
●気持ちよく食事ができるよう、こぼしたものはすぐに片づけるようにする。 ●遊び食べにならないよう、それぞれのペースに合わせて食事を終わらせて、次の活動や午睡に入れるようにする。 ●空気が乾燥してくるので室内に加湿器を置き、適切な湿度に調整する。 ●上着や防寒着掛けを用意しておく。 ●脱いだ衣類用のかごや靴箱は自分の場所がわかるようにシールやマークを貼っておく。	●自分から食べようとする姿を認め、ゆったりと見守る。 ●1回に口に運ぶ量の調節をして、よくかんでから飲み込めるようにする。 ●尿意を知らせてきたり、排泄ができたら言葉をかけて大いにほめ、一緒に喜ぶ。 ●着脱などができたときには、うれしい気持ちを受け止めながら次につなげ、できないところは言葉をかけながらやり方を知らせ、手伝いながらじっくり関わる。
●巧技台や階段などの上り下りや運動遊びでは、危険を予測して保育者の立つ位置を考える。 ●常に一人ひとりへの目配りを行い、安全に十分注意する。 ●コーナーや遊具は発達に合わせて見直しを行い、一人で遊べる玩具の数をそろえておく。 ●個人用の散歩バッグなどを用意して自然物を拾ってこられるようにする。 ●興味のある曲をかけたり遊具を持つなど工夫して、体を動かす楽しさを知らせる。 ●友だちと一緒に玩具や遊具を使ったり、保育者と一緒に待つことを経験する。	●次の遊びや活動に移るときは「○○しようか」「お片づけしよう」と誘い一緒に片づける。 ●落ち葉やドングリ、虫など秋の自然に触れて十分に遊べるよう、時間の余裕を持って散歩に行く。 ●取り合いなどトラブルが起きたら、気持ちを受け止めお互いの思いをわかりやすく代弁して、「かして」「どうぞ」など言葉を添えながらくり返し、関わり方を知らせるようにする。 ●絵本やパネルシアターなどは子どもたちの好きな話を取り入れ、楽しさを友だちと共有できるようにする。

現場では！

秋の散歩の楽しみは落ち葉を踏んで歩くことです。落ち葉の積もったところがあると走っていき、踏みしめてザクザクという音を楽しんでいます。黄葉したイチョウの葉を投げて舞い降りる様子を見るのも喜びます。

食育

＊食事を楽しめる言葉かけや会話をするよう、心がける。
＊正しい姿勢で食べられるよう、テーブルやいすの配置や高さ、足の向きに留意して無理なく食事できるようにする。

反省・評価

＊インフルエンザ対策のため、時間差で散歩に出ることが多かったが、外に出ることで子どもたちも満足できた。
＊散歩で地域の方に保育者が挨拶をするとまねることがある。保育者をよく見ているので、話し方や振る舞いには注意し、よい見本になるよう心がける。

1歳児　12月　月案　りす組

ねらい
* 一人ひとりの体調を考慮しながら、寒い時期でも戸外や室内で体を動かして遊べるようにする。
* 保育者や友だちと言葉でのやり取りをしながら、ごっこ遊びやつもり遊びを楽しむ。

ここがポイント！
寒い日はコートなどを着せて外に出ますが、子どもは動き回るとすぐ汗をかきます。子どもの動きや発汗の様子を見て衣服を調節します。

注意！
鼻水が多く出る季節です。保育者のポケットにはいつもティッシュを入れておきますが、使用したものと未使用のものを区別していますか？ビニール袋を1枚用意して使用したものを入れるようにし、同じティッシュで複数の子の鼻水をふいてしまわないようにします。

バリエーション！
友だちの行く方向にゾロゾロついていくのが好きです。保育者がライン引きで道路を描くとそれに沿って走り、動きが広がります。

	子どもの姿	内容
生活 食事・排泄・睡眠・清潔・着脱	●口に入れすぎたりすることはあるが、スプーンを使い自分で食べようとする。 ●おしぼりで口や手をふいたりする。 ●手を洗うとき、蛇口をひねり水を出せるようになるが閉めないことが多い。水が冷たくなると手洗いをいやがることもある。 ●衣類の着脱や靴を自分で脱ごうとする。靴を靴箱に入れたりする。 ●手伝われながら、衣類や靴が脱げるようになる。 ●誘われておまるや便座に座り、排泄できることが増える。	●スプーンやフォークを使い自分で食べる。 ●蛇口を自分でひねって手を洗ったり自分のタオルでふく。 ●鼻水が出たら知らせてかんでもらったり、自分でふこうとする。 ●尿意を知らせたり、おまるや便器での排尿に成功することが増える。 ●自分から布団に入り、そばについてもらいながら安心して一定時間眠る。
遊び 健康・人間関係・環境・言葉・表現	●乗り物を足でけって前に進もうとする。 ●走ったり、登ったりすることを好む。 ●三輪車に乗れるようになった子どもたちは、友だちと並んで走ることを喜ぶ。 ●すべり台、太鼓橋、巧技台などで体を動かして遊ぶことを好む。 ●保育者が話しかけると動作で表現したり単語で答えようとする（低月齢児）。簡単な問いかけや感じたことを二語文で伝えようとする（高月齢児）。 ●友だちと関わって遊ぶがけんかになることもある。	●少人数で手をつないで歩き、友だちと一緒に散歩を楽しむ。 ●簡単な歌や手遊びを一緒に行う（「まつぼっくり」「頭の上でパン」など）。 ●一人で好きな玩具でじっくりと遊ぶ。 ●保育者や友だちと一緒にままごと遊びや絵本を使ったごっこ遊びを楽しむ。 ●簡単な歌や手遊びを楽しむ（「あわてんぼうのサンタクロース」「ふしぎなポケット」など）。

保育所職員の連携
* これからも異年齢での散歩を経験できるよう、コース設定や人数などを職員間で話し合っていく。
* 子どもの興味や発達を考慮して、2歳児の遊びに入れてもらったり、自然な交流ができるようクラス担任同士で連絡をとり合うようにする。

家庭・地域との連携
* 年末年始の休日のお知らせをする。
* 風邪やインフルエンザなど感染症の流行しやすい時期なので、体調の変化に気をつけ、健康状態や生活リズムについてこまめに連絡をとり合う。
* 衣類のサイズ、記名の確認をお願いする。

● 1歳児の指導計画

健康・安全への配慮	行事
＊気温や体調に合わせて衣服を調節する。 ＊暖房は室温と外気温の差を考えて調節し、こまめに換気をする。乾燥しすぎないよう適切な湿度になるよう調整する。 ＊感染症予防のため、手洗い、うがいを励行する。 ＊一人ひとりの健康状態を把握し、体調の変化に気づけるようにする。	＊お遊戯会 ＊誕生会 ＊クリスマス会

環境構成	保育者の配慮
●鼻水が出たらこまめにふいて清潔を保つ。 ●おしぼりは温めておく。 ●床がはねた水でぬれたままにならないよう、マットやぞうきんの用意をしてすぐにふき取る。 ●ティッシュを携帯するほかに、子どもが取れる位置にティッシュ箱を置いておく。 ●自分の衣類や靴の置き場所がどこかを個別のシールなどで知らせる。 ●一人ひとりの排尿間隔を把握し、タイミングよく誘いかけられるようにする。 ●目覚めた子から順次着替えさせて、遊びに誘う。	●食事量は個々に合わせるとともに、よくかんで食べることを丁寧に知らせる。 ●蛇口を開けっぱなしにすると水が止まらないことを知らせ、手を添えて閉め方を伝える。 ●鼻をかむときは、片方の鼻を押さえてかむことを言葉でも伝えてかみ方を知らせる。 ●着脱を自分でしようとする気持ちを引き出せるように言葉をかけて見守る。やり方を丁寧に知らせながら、できたときはともに喜び、次への意欲へつなげる。
●暖かい日は戸外へ行き、冬の自然に触れて遊べるようにする。いろいろなコースを取り入れて発見の機会を広げる。 ●拾ったものを入れる散歩バッグを持っていく。 ●乗り物や高低差のある遊具で遊んでいるときは危険のないよう、そばにいて十分注意する。 ●どの子も満足して遊べるようスペースを確保する。ままごと遊びの道具などは、取り合いにならないよう数をそろえておく。 ●リズミカルな言葉やくり返しのある絵本を選んで用意しておき、話し方も工夫する。	●気温に応じて衣服の調節をし、園庭や散歩へ出る。落ち葉などを一緒に見つけて拾い、季節の変化を気づかせる。 ●体を使う遊具や遊びを設定し、誘いかけて保育者も一緒に遊ぶ。 ●子どもの好きな話を取り入れながら、イメージの世界を大切にして、つもり・ごっこ遊びを楽しめるようにする。 ●「かして」「どうぞ」「いれて」など保育者が言葉を添えて仲立ちとなり、友だちと一緒に遊ぶ楽しさを知らせる。

現場では!

『おおきなかぶ』などのくり返しの絵本が大好きなので、その簡単な劇遊び（つもり）をしています。それぞれ登場人物のお面をつけたりして、保育者のナレーションに合わせて遊びが展開していきます。「もう1回」と何回もくり返しています。

食育	反省・評価
＊食わず嫌いの様子が見られる子には、保育者がおいしそうに食べてみせたりして興味を引き出す。 ＊行事食を取り入れ、季節感を食事でも味わえるようにする。	＊流行性耳下腺炎の子が1名出たが、他児は鼻水程度で大きく体調をくずすことなく過ごせた。 ＊室内遊びでは、人形をおんぶや抱っこしたり、ままごと道具でごちそうを並べるなど、簡単なごっこ遊びにつながってきている。今後も言葉のやり取りをしながら遊びが広がるように工夫したい。

1歳児 ●月案

1歳児　1月　月案　りす組

ねらい
* 生活リズムを整え、寒い時期を元気に過ごせるようにする。
* 保育者や友だちと触れ合いながら、伝承遊びや冬の遊びを楽しむ。

	子どもの姿	内容
生活 （食事・排泄・睡眠・清潔・着脱）	●自分で食べようとするが、口に運ぶ量が多すぎて飲み込めなかったりすることもある。 ●飲み込めないと口の中にためることがある。 ●おしぼりで口をふいた後かごに入れる。 ●手を洗うとき、保育者の声かけや手伝ってもらったりして蛇口を閉める。 ●衣類の着脱を自分でしようとするが、うまくできずにかんしゃくを起こすこともある。 ●尿意を知らせたり、おまるや便器での排尿に成功する子が増える。	●苦手なものでも保育者に声をかけられると食べようとする。 ●手洗いのとき、自分でそでをまくろうとする。 ●排泄後の手洗いも保育者と一緒に行う。 ●鼻水が出たら知らせてふいてもらったり、自分でかもうとする。 ●おむつの子も座って自分ではこうとする。 ●脱いだものを自分のかごに入れる。 ●靴や靴下を自分ではこうとする。 ●タイミングが合うと、おまるや便器での排泄に成功する子が増えてくる。
遊び （健康・人間関係・環境・言葉・表現）	●2歳児との散歩を喜び、冬の自然に触れたり、自然物に触れて遊ぶ。 ●ブランコや三輪車に乗れることを喜ぶ。 ●ブランコに座ってから足でけって揺らそうとする子も見られる（高月齢児）。 ●人形やままごと道具を使った、ごっこ・つもり遊びを友だちと一緒になって楽しんでいる。 ●自分の思いどおりにならずに友だちに手が出ることがある。 ●くり返しやリズミカルな言葉がある絵本や紙芝居を喜んで読んでもらう。	●保育者や友だち、年上の子と手をつないで散歩し、季節の変化で気づいたことや感じたことを言葉でやり取りをすることを楽しむ。 ●走る・登る・飛び降りるなどの体を動かす遊びや遊具を楽しむ。 ●友だちと一緒に簡単な鬼ごっこを楽しんで遊ぶ（しっぽ取りなど）。 ●こま・たこなど正月の遊びを知り、楽しむ。 ●ままごとなどごっこ遊びを楽しみ、見立てたり、なりきったりする遊びに興味が広がる。

👑 ここがポイント！

ほとんどの子が2歳児になり、ブランコ、すべり台、ジャングルジム、太鼓橋など全身を使う遊び（運動）や保育者と楽しみながら傾斜や階段のあるところを歩き回ったり、追いかけっこすることを喜びます。子どもの動きを見ながら全身を使う遊びを工夫します。

保育所職員の連携

* 下痢や嘔吐の処置や対応の仕方を確認し合い、職員全体で感染症予防に努める。
* 一人ひとりの居場所や行動を把握し、保育者同士で声をかけ合い、子どもの動きに合わせて動く。

家庭・地域との連携

* 休み明けで不安定になっていることを伝えながら、生活リズムを元に戻せるよう話をする。
* 冬の感染症や流行について知らせ、体調に変化が見られたら早めに対応し連絡をとり合う。
* 子どもが自分で着脱のしやすい衣類にするよう、お願いする。
* 親子触れ合いデーへの参加を呼びかける。

健康・安全への配慮	行事
＊暖房は低めに設定し、換気を十分に行い、乾燥しすぎないようにする。 ＊遊具・玩具の安全点検や整備を行うとともに、消毒も行って衛生的な環境を保つよう心がける。 ＊休み明けで生活リズムがくずれがちなので、休息や睡眠時間を十分とり、健康的な生活ができるようにする。	＊おもちつき ＊誕生会 ＊親子触れ合いデー

環境構成	保育者の配慮
●トイレの場所をいやがる子にはそばに付き添い、楽しい歌を歌ったり話しかけたりして抵抗感を持たせないようにする。 ●蛇口の開閉の仕方や水の量、そでのまくり方を個々の様子を見て丁寧に知らせる。 ●水の冷たさで洗い方が雑になったりタオルでよくふけていないときは、そばについて手洗いの大切さを伝え、丁寧にできるよう見守る。	●苦手なものを一口でも食べられたときは一緒に喜び、ほめる。 ●立て膝をしたり横を向いて食べていたら、正しい姿勢で食べられるよう、声をかける。 ●おまるや便器に座るよう声をかけ、排泄に成功したときには「出たね、よかったね」など声をかけ一緒に喜ぶ。 ●着脱などに時間がかかっても待ち、できたらほめ、できないところはやり方を知らせながら手伝う。
●暖かい日は散歩に行き、冬の自然に触れて遊べるようにする。 ●発達に応じた正月遊びを考えて取り入れ、楽しめるようにする。 ●友だちと一緒に玩具を使いながら、落ち着いて遊べる空間や、少人数で遊べるような環境をつくる。 ●遊びのイメージがふくらむような遊具や道具を使って、保育者も一緒になって言葉や表現のやり取りが広がるようにする。 ●乗り物やブランコでは、ほかの子どもたちの居場所に注意し、危険のないようそばにつく。	●自然物を見つけたときなどの子どもの言葉や表情を見逃さず、やり取りをしながら、子どもの思いを受け止める。 ●次の活動に移るときに「お片づけしようね」と誘い、使った玩具を一緒に片づける。 ●友だちとの関わりの中で、思いがとおらず手が出たりかんだりしたときは、お互いの気持ちを受け止めながら代弁し、言葉を添えて関わり方を知らせる。 ●順番を守って友だちと一緒に遊ぶ楽しさを、保育者が仲立ちとなって知らせる。

 現場では！

嫌いなものを少しでも食べられたときは保育者が「すごーい！」と言って手をたたきます。子どもたちも友だちが食べられたときなど一緒に手をたたいています。食べられた子はちょっと照れていますがうれしそうです。

バリエーション！

ビニール袋にマーカーで絵を描き両端に糸をつけてもらったたこを持って走り回ります。ビニール袋に空気が入ってふくらみ、浮き上がります。自分のたこを見る余裕がなくひたすら走っていますがとても楽しそうです。

食育	反省・評価
＊食材についての会話をしながら食への興味を引き出し、苦手なものも食べてみるようすすめる。 ＊食事量を一人ひとりに合わせて調節し、最後まで食べきる満足感を味わえるようにする。	＊長期の休み明けなので朝の受け入れを大切にした。体調をくずす子も多かったので、保護者との連絡を密にとり、室内遊びを多く取り入れる工夫をした。 ＊友だちと遊ぶ楽しさがわかり会話して笑う様子もある。その半面、関わりが増えたことで取り合いなどトラブルも見られるので、一緒に待ったり順番を伝えながら遊べるようにする。

1歳児　2月　月案　りす組

ねらい
* 一人ひとりの体調に留意し、寒い時期を健康に過ごせるようにする。
* 保育者や友だちと一緒に簡単なごっこ遊びを楽しむ。

ここがポイント！

歩き回って興味を持ったいろいろなものに触れる探索から興味を持ったものでしばらく遊ぶなど、成長とともに落ち着いてきます。友だちと一緒に遊ぶことにも興味が出て、月齢の近い仲よしグループができます。あまりつながりはないものの、一緒にままごとで遊んだり、誰かが歩き出すとついていったり、同じ言葉を発して笑ったり、一緒に同じことをするのが楽しいようです。

		子どもの姿	内容
生活	食事・排泄・睡眠・清潔・着脱	●苦手なものでも保育者にすすめられて食べようとする。 ●飲み込めずに口の中にためることがある。 ●手洗いのとき、自分でそでをまくろうとしたり、蛇口の開閉を自分でやろうとする。 ●水が冷たくて雑に洗ったり、タオルで手をよくふかないこともある。 ●衣類の着脱がうまくできずに服を投げ出したり、かんしゃくを起こすことがある。 ●保育者に誘われておまるや便座に座る。タイミングが合うと排泄できる。	●保育者の声かけで片手を皿に添えて食べようとする。 ●苦手なものも少しずつ食べようとする。 ●自分で蛇口を開閉し、石けんをつけてこすりながら手を洗う。 ●鼻水が出たら知らせてふいてもらう。 ●手伝われながら、衣類や靴、靴下など自分で脱いだりはいたりする。 ●自分からおまるや便座に座り、排泄に成功する子が増える。 ●保育者に見守られて一定時間眠る。
遊び	健康・人間関係・環境・言葉・表現	●保育者や友だち、年上の子と手をつないで散歩することを楽しむ。冬の自然物を見たり触れたりして、新しいことの発見を喜ぶ。 ●友だちと一緒に簡単な鬼ごっこを楽しんで遊ぶ（しっぽ取り・かくれんぼなど）。 ●体操や触れ合い遊びを喜んで行う。 ●ままごとやブロックで遊び、物をつなげたり見立てたりして楽しんでいる。 ●思いどおりにならないと、物を投げたり手が出たり、かみついたりすることがある。	●少人数で保育者や友だちと手をつないで歩き、季節を感じたり言葉のやり取りを楽しむ。 ●追いかけっこやかけっこを楽しむ。 ●三輪車をけって走らせたり、ペダルに足をのせてこいだりする。 ●豆まきに参加する。 ●簡単なひな人形を保育者と一緒に作る。 ●自分の気持ちや欲求を言葉にして伝える。 ●人形の世話や買いものごっこなどで、身近な生活の場面を友だちと見立てて遊ぶ。

保育所職員の連携

* 2歳児との散歩では、「ゆっくり歩いてね」「やさしくね」と声をかけ、1歳児が安心して遊び自然な関わりが持てるよう、クラス担任間で連絡をとり合って進める。
* 年上の子と追いかけっこなどをするときは、声をかけ合って子どもの動きを把握し、人や物にぶつかってケガなどしないように十分注意する。

家庭・地域との連携

* 冬期の感染症について知らせ、健康状態に気をつけて変化が見られたらすぐ連絡をとり合えるようにしておく。
* 個人面談のお知らせをする。
* 「自分で」という場面が多くなる時期なので、大人が手を出さずに温かく見守ることの大切さを伝え、家庭と連携をとれるようにする。

1歳児の指導計画

健康・安全への配慮	行事
＊室内の温度・湿度の調節に留意し、換気をよくする。 ＊遊具・玩具・室内の安全点検や整備を行うとともに消毒も行い、衛生的な環境を保つ。便座の消毒もこまめに行う。 ＊こまめに爪のチェックをし、保護者とも連絡をとり合い、ケガにつながらないよう気をつける。	＊節分（豆まき） ＊避難訓練 ＊誕生会 ＊個人面談

環境構成	保育者の配慮
●口に運ぶ分量が適切になるよう、個々に応じて取り分けておく。 ●温かいおしぼりを用意する。 ●月齢の低い子でも自分で手を洗いたい気持ちがあるので、さりげなく手助けをする。 ●蛇口の開閉の仕方やそでのまくり方は、そばについて丁寧に知らせる。 ●鼻水が出ていたら声をかけて気づかせ、自分でふこうとするときは見守る。 ●保育者が付き添ってやさしくはげまし、排泄する経験ができるようにする。	●食べものが飲み込めないようだったら、よくかむように声をかける。 ●おしぼりで口のまわりをふくよう声をかけ「きれいになったね」とほめ、きれいになった気持ちよさが感じられるようにする。 ●洗った手は、よくふくように伝え、手伝いながら手が荒れないようにする。 ●自分で着脱をしようとする気持ちを大切にし、見守ったりそっと手伝ったりしながら、できた喜びや満足感を持てるようにする。 ●排尿できたら「出たね」とほめて一緒に喜ぶ。
●天気のいい日は散歩に行き、冬の自然に触れながら探索を楽しみ、十分遊べるようにする。 ●保育者が仲立ちとなり、異年齢の友だちとも一緒に巧技台や体操などで体を動かして楽しむ機会をつくる。 ●くり返しのある絵本を選び、子どもの手が届くところに置くなど、言葉のやり取りを楽しめる環境を設定する。 ●のりやお絵かきの道具の使い方は個々に合わせて知らせる。 ●翌月のひな祭りに向けた環境をつくる。	●「今日は暖かいね」「木の芽が出ているよ」と言葉をかけ、子どもの発見を一緒になって喜び楽しむようにする。 ●次の活動に移るときに「お片づけしようね」と誘い、使った玩具を一緒に片づける。 ●気の合う友だちと同じことをして楽しむ姿が増えてきたが、興奮して走り回ったり玩具の取り合いなどトラブルも増えるため、仲立ちとなって関わり方を知らせる。 ●伝えようとする内容をくみとり、言葉を添えて代弁したり、要求を受け止めるようにして、言葉で思いが伝わった喜びが持てるようにする。

注意！

冬になると手の甲がガサガサに荒れている子が多くなります。ひどくなるとひび割れして出血していることもあります。手洗い後、きちんとふいているか見守りますが、ひどいときは子ども用の刺激の少ないハンドクリームを塗ります。保護者にも連絡します。

バリエーション！

水たまりに氷が張っているのを保育者が踏んでバリバリと音を出すと、すぐにまねをしてやり出します。こなごなになった氷を誰かが触って「つめたい！」というように手を引っ込めると、他児もまた同じようにまねています。

食育	反省・評価
＊苦手なものが食べられたときは「○○ちゃん食べられたね」とほめたり、拍手したりして、同じテーブルの友だちと喜び合い、楽しく食べられるようにする。 ＊皿や茶わんなど食器に手を添えて食べることを知らせる。	＊鼻水の出る子が多かったが、体調をくずす子は少なく健康に過ごせた。 ＊天気の悪い日が続いたため、室内でのりを使った製作やお絵かきを取り入れ、いろいろな経験ができた。 ＊散歩では2歳児クラスと出かけて交流を持てたので、来月も一緒に遊びながら楽しんでいきたい。

1歳児　3月　月案　りす組

ねらい
* 一人ひとりの健康状態に留意し、季節の変わり目の時期を健康で快適に過ごせるようにする。
* 保育者の仲立ちにより、友だちや異年齢児と関わり、一緒に遊びを楽しむ。

ここがポイント！

2歳児と散歩に行ったり、部屋で遊んだり、食事をするなどの交流は保育者側から見ても異年齢児と遊ぶ喜びを感じさせます。その半面、不安などから情緒不安定になることがあります。今までできたこともやってもらいたがったり、膝に乗ってきたりして甘えることが多くなります。そんなときには気持ちを受け入れて欲求を満たしてあげます。長くは続きません。

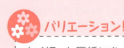

バリエーション！

丸く切った厚紙にきれいなシールを貼り、リボンをつけてもらってプレゼント用メダルを作ることもあります。お別れ会では年長さんに自分の作ったメダルを照れながらかけてあげています。

	子どもの姿	内容
生活 食事・排泄・睡眠・清潔・着脱	●スプーンを持ち、片手を食器に添えて食べようとする。苦手なものでもすすめられて少しずつ食べるようになる。 ●食後、おしぼりでふこうとする。使ったおしぼりやエプロンを片づけようとする。 ●手洗い時に、自分でそでをまくろうとしたり、蛇口を開閉する。月齢の低い子も「じぶんで」と手を洗おうとする。 ●鼻水が出たら知らせてふいてもらったり自分でふく。 ●保育者に誘われておまるや便座に座り、タイミングが合うと排泄に成功する。	●会話をしながら楽しく食事をする中で、簡単なマナーを覚える。 ●自分でそでをまくり、手を洗いタオルでふこうとする。声かけで蛇口を閉める。 ●鼻水が出たら知らせたり自分でふこうとしたり、かもうとしたりする。 ●衣類や靴、靴下など自分で着脱しようとする。 ●持ちもの（衣類・靴・帽子など）の自分の場所がわかり、出したりしまったりする。 ●おまるや便器で排尿できる子が増える。
遊び 健康・人間関係・環境・言葉・表現	●散歩に行った先で、春の訪れを感じタンポポなどを探して楽しむ。2歳児と一緒に手をつないでいろいろなコースを歩く。 ●「○○ちゃん、まてまて」と保育者に声をかけられながら追いかけっこを喜ぶ。 ●保育者や友だちの遊びをまねたり、生活の場面の見立て遊びを楽しむ。 ●簡単な手遊びを喜んで行う（「北風チャチャチャ」「まめまき」など）。 ●自分の気持ちや要求、楽しい経験を保育者や友だちに言葉で伝えようとする。 ●絵本や紙芝居を見て楽しむ。	●保育者や友だちと手をつないで散歩に行き、冬から春への変化を感じる。 ●気の合う友だちと同じ遊びをすることを楽しむ（三輪車・砂遊びなど）。 ●園庭で階段や高いところに登ったり、隅っこへ行って遊ぶなど行動範囲が広がる。 ●ひな祭りの話を聞き、歌を歌って楽しむ。 ●3歳以上児にプレゼント（王冠）を作る。 ●友だちと一緒に、人形の世話をしたりままごとなど、ごっこ・見立て遊びの楽しさを味わう。

保育所職員の連携

* 散歩や園庭での遊びなど異年齢と交流する機会を持てるよう、保育者間で連絡をとり合い、進める。
* 行動範囲が広がってくるので、声をかけ合って子どもの居場所を把握し、その都度人数確認もしっかり行う。

家庭・地域との連携

* クラスだよりを配布し、進級クラスについてお知らせをする。
* 進級に向けての不安や要望をよく聞き、丁寧に答えて安心して進級を迎えられるようにする。
* 自分でやりたい気持ちが芽生えていることを知らせ、衣類やかごの整理整頓と記名の確認をお願いする。

● 1歳児の指導計画

健康・安全への配慮

＊寒暖の差が大きいので、室内の温度・湿度の調節に留意し、換気をよくする。

＊衣服の調節をこまめに行い、厚着にならないようにする。

＊高いところに登りたがることがあるので、一人ひとりへの目配りをして、そばにつき安全に十分注意する。

行事

＊ひな祭り
＊避難訓練
＊誕生会

環境構成	保育者の配慮
●テーブルやいすの高さなどは個々に合うようにする。 ●ティッシュは常に携帯し、子どもの手が届くところにも置く。鼻水をやさしくふいたりかんだりしながら、やり方を知らせる。 ●排泄後にトイレットペーパーを出しすぎたり、水を何回も流そうとするので、必ずそばにつき、使い方ややり方をその都度知らせる。 ●自分の持ちものの場所がわかるよう、マークなどを見せ、言葉もかけながら覚えられるようにする。	●正しい姿勢で食べることの大切さや、横を向いたり、足をぶらぶらさせないなど、くり返し話しながら知らせる。 ●自分で食べようとする姿を認め、苦手なものを食べられたらたくさんほめ、次につなげる。 ●子どもと一緒に手を洗ってみせたり、上手にできたらほめながら、清潔にしようとする気持ちが持てるように関わる。 ●排泄の間隔を把握し子どもの意思を尊重して誘い、見守る。出たときはほめて一緒に喜ぶ。
●外気温を考えながら暖かい日は散歩に行き、季節を感じられるようなコースを設定する。 ●保育者と一緒に体を動かして遊んだり、巧技台や体操、追いかけっこなどで友だちと触れ合いながら楽しむ機会をつくる。 ●行動範囲が広がるので、一人ひとりの居場所や行動の確認ができるように動く。 ●室内では、床を触って、とげやささくれなどがないよう、安全点検する。 ●取り合いにならないよう、子どもたちの気に入っている玩具の数を十分そろえておく。	●子どもの発見に応え、春の訪れを感じられる言葉のやり取りをして散歩を楽しむ。 ●高いところに登ろうとするときは、手でしっかり握ることや足のかけ方を知らせて見守る。 ●友だちに玩具を貸してあげられたときは、たくさんほめ、やさしい気持ちを大切にする。 ●かみつきやひっかきなどが見られたときは、その子の立場になって気持ちを受け止め、相手の思いを代弁しながら、仲立ちとなって関わり方を知らせる。 ●次の活動に移る前に「片づけようね」と声をかけ、一緒に片づける。

現場では！

物の取り合いをして泣いている子にほかの玩具を持ってきて渡したり、頭をなでて声をかけている姿も見られます。また他児の持っているものが欲しいときはほかの物を持ってきて渡すなど、手に入れる手段を考えたり、譲ったりする姿も見られるようになります。

食育

＊「おいしいね」などやり取りをしながら、食事を楽しむことをとおして、簡単なマナーを伝える。

＊ひな祭りの話をしながらおやつ（ひなあられなど）を食べて食と行事の関係を知らせ、興味・関心を持つようにする。

反省・評価

＊後半になって下痢や発熱、鼻水などの症状が出る子が増えたので、様子を見ながら室内で過ごすようにした。

＊散歩は少人数で楽しめるようにした。

＊友だちと遊ぶ中で手を出したり玩具の取り合いなどもあったので、その都度話をしながら関わった。

＊保育者の言葉かけで簡単な見立て遊びやごっこ遊びにつながるようにして、楽しんだ。

1歳児　●月案

1歳児
週案・日案 作りのポイント

1歳児は、日々の成長がめざましいので、週案・日案とも
子どもの姿をよく見て、そのときの状態に合った生活や遊びを設定しましょう。
「自分で」という意欲が芽生えるような援助も大切です。

週案

週の計画を考えるときには、年間指導計画、月案、保育日誌の内容などを検討しながら進めるようにします。一週間の活動には連続性があることを考慮し、細切れにならないよう、また、そのときどきの子どもの姿をよく見て個別に異なる援助を心がけ、柔軟に対応できるように作成しましょう。ここでは、主な項目ごとに押さえておきたいポイントを確認していきましょう。

●子どもの姿

1歳児は、発育・発達がめざましく、日々成長していきます。日誌をもとにそのときどきの子どもの生活リズムや、**遊びや活動の様子、健康状態**や保育者の関わり方や環境構成を書きます。

●ねらい

月案のねらいをより具体的に記述します。前週との連続性を考えることも大事です。1歳児では、食事や排泄など**生活面での自発性**が出てくるので、その発達状態や、遊びや運動を十分に行い、**言葉**が出るような保育者の関わりが中心になります。

●内容

「子どもの姿」を踏まえ、生活と遊びの両面から子どもに体験させたい内容を書きましょう。1歳児では、食事の様子や排泄機能の発達状態、どのような遊びに興味や関心があるか、体を動かす活動や、絵本を読んでもらうことを喜んでいるかなど、**一人ひとりの発育・発達状態を把握**しながら活動内容を考え、具体的に書いていきます。

●環境構成

1歳児では、歩けるようになり行動範囲が広がるので、**安全性の確保**が不可欠で危険のないよう遊べる環境づくりが必要です。まだ免疫がなく、抵抗力も弱いので、**健康状態への配慮**も必要です。室温や湿度に気をつけます。戸外へ出るときの衣類の調整や水分補給などは季節も関係するため、その週によって配慮する事項は異なります。

興味や関心、好奇心を引き出す**玩具や遊具**の用意なども、一人ひとりの育ちの様子をとらえて書きましょう。

●保育者の配慮

1歳児は特定の**保育者との安定した関わり**が基盤になって、生活面での自発性や遊びや活動への意欲が育ちます。一人ひとりの姿をよく見て、さまざまなものへの**興味や探求心**を高めたり、**自分でしようとする意欲**を大切にする援助が基本となります。食事や排泄への配慮、遊びや活動の内容など、日誌や前週の姿をもとにしてどのような設定と援助をすればよいかを考えましょう。

●反省・評価

その日の保育を振り返り、**子どもの姿で気づいたこと**や、**環境構成や援助が適切だったかどうか**を見直します。反省があれば、これからの対処法も考えて記録しておきます。また翌週への見通しを持って、今後継続したほうがよい点などを書きましょう。

日案

1歳児では主として、食事、排泄、睡眠、休息などの生理的欲求や、活動・遊びの内容を中心に、時間に沿って生活の流れを記入して日案を作成します。活動に応じた環境構成と、それに対する保育者の配慮も考えて記入します。

1歳児では、一人ひとりの発育・発達状態や月齢による個人差を考慮してそれぞれの生活リズムに合わせて作ります。

●活動

一日の生活の流れに沿った子どもの活動です。食事、排泄、睡眠、着脱などの**生活習慣**と、散歩や遊びなど**活動の様子**を予想して具体的に個別の記述をします。

●環境構成

その時間帯に行う**保育者の活動を予想して、必要な環境構成を書きます**。遊びや散歩などのときの子どもの活動に必要なものの準備、保育室の整理整頓・安全点検や、食事やおやつの用意、入眠準備や排泄の誘いかけ、着脱の援助などについてくわしく書いていきます。

●保育者の配慮

子どもの活動に必要な手助けの仕方や食事や排泄などへの援助の仕方、健康や安全に留意する点などを活動内容に沿って書きます。

基本的な生活習慣は毎日の生活の流れに沿って、くり返していくことで身につくので、**月齢や個人差**をよく把握して一人ひとりに合った働きかけをすることが大切です。

1歳児　4月　週案　りす組

子どもの姿
* 継続児は新しい環境にだんだんと慣れ、保育者のそばで安心して遊んでいるが、ときおり不安で落ち着かない場面も見られる。
* 新入所児は不安で泣いている場面も多いが、遊ぶ姿も見られるようになった。

新聞紙は便利な素材で、ボールだけでなく、くるくる丸めればバットも剣も作れます。簡単なごっこ遊びの小道具として使うのもおすすめです。1枚でかぶとも折れるのでかぶって遊びましょう。

	4月10日（月）	4月11日（火）	4月12日（水）
内容	●自由遊びをして、友だちと一緒に楽しむ。 ●新聞ボールを作って、運動遊びを楽しむ。 ●公園へ散歩に行く。	●園庭で探索活動を楽しむ。	●段ボール箱を使った、おうちごっこをして楽しむ。
環境構成	●新聞ボールの材料として、新聞紙、ガムテープ、油性ペンを用意しておく。 ●散歩用リュックの備品を確認しておく。	●園庭に出る際には、帽子、靴下、靴などを並べて子どもたちが見つけやすいようにしておく。	●段ボール箱とカッター、色紙、ガムテープ、サインペンなどの用具を用意しておく。 ●ごっこ遊びが広がるよう、ままごとセットなど、おうちの中で遊べる遊具の準備をしておく。
保育者の配慮	●新聞ボールで遊ぶ際には、一人ひとりの発達に合わせた遊び方を知らせる。 ●散歩のときには、春の自然に触れる機会を多く取り入れる。	●自分で衣服や靴の着脱をしたがる気持ちを大切にする。 ●まだ、新しい環境に戸惑っている子も多いので、保育者がしっかりと寄り添い安心感を与える。	●段ボールのおうちで遊ぶ際には、一度に中に入ることができる人数が限られているので、それぞれが順番に十分楽しむことができるよう配慮する。
反省・評価	●新聞ボール遊びでは、それぞれが自分に合ったやり方で体を動かして楽しんでいた。遊びの輪になかなか加われない子もいたので、気持ちを受け入れてあげられるよう配慮していきたい。	●自由遊びのときに、遊具の取り合いでトラブルになる場面があった。それぞれの思いを認めてあげながら、仲立ちをすることができたと思う。	●おうちごっこでは、子どもたちが自発的に、いろいろな遊びを楽しむ姿が見られた。機会があれば今後も続けていきたい。

● 1歳児の指導計画

ねらい		**行事**

*新しい環境になじめるよう、一人ひとりに安心感を与えるように接して、情緒の安定を図る。
*保育者と一緒に、好きな遊びをして楽しむ。
*環境の変化による疲れが出やすいので、十分な睡眠・休憩を心がける。

*春の健康診断（13日）

4月13日（木）	4月14日（金）	4月15日（土）
●公園まで散歩をする。 ●楽器を使ったリズム遊びを楽しむ。 ●健康診断を受診する。	●昨日拾ってきた、桜の花びらを使ったお絵かき遊びをする。 ●手遊びをする。	●土曜日保育
●散歩の際には、落ちた桜の花びらを子どもたちに拾ってもらうための紙コップを用意する。 ●リズム遊びのための手作り楽器、ラジカセ、CDの準備をする。	●桜の花びら、画用紙、のり、クレヨンを用意する。 ●できた作品は壁面に掲示する。	●土曜担当の保育者に、健康状態など必要な情報を連絡する。
●公園では、春の自然に興味を持たせながら、無理のない歩行を楽しませる。 ●リズム遊びのときには、一人ひとりの様子を見守り、みんなで楽しめる雰囲気をつくる。	●お絵かきのときには、「桜きれいだったね」「花びらがひらひら飛んでいたね」など、昨日の散歩の楽しさを思い出させる言葉かけをする。	●異年齢の大きい子どもたちと楽しく関われるよう、話題を提供したりなど、仲立ちを行う。
●散歩の途中、道端に咲く花や、てんとう虫などの昆虫を見つけてはしゃぐ姿が見られた。好奇心の成長を手助けできる関わり方を考えていきたい。	●新入所児では、遊びの途中に不安から泣いてしまう姿も見られたが、感情を受け止めて抱きしめたり、手をつないでお話することで、少しずつだが安心感が芽生えてきたと感じる。	●土曜日保育は部屋や保育者が違うため、泣いてしまう子もいた。慣れて仲よく遊ぶことができるよう、配慮していきたい。

注意！

安全な散歩を楽しめるように、子どもたちの列の最初と最後に必ず保育者がついて危険のないよう、目を配ります。よく行く公園でも、隅のほうにガラスの破片やプルタブなどが落ちていることがあるので、注意は欠かせません。

現場では！

材料や道具は、種類別に分けて子どもの動線を考えながら机を配置しています。余分なのりが手についたままだと思うように製作できないので、おしぼりやふきんを用意し、様子を見ながらふくようにします。

ここがポイント！

この時期はまだ新しい環境に慣れず、不安定になる子どもがいます。日々の姿を口頭で話したり連絡帳で伝えたりして、少しずつ慣れてきている様子を保護者に知らせて安心してもらいましょう。

1歳児　●週案

1歳児　11月20日　日案　りす組

子どもの姿
＊朝晩の気温差のせいか、咳、鼻水などが出ている子が増えてきた。
＊久しぶりに雨が降る様子を見て、喜んだり、興味を示す姿が見られた。
＊玩具を取り合って、けんかをして泣いてしまう場面もあった。

時間	活動	環境構成	保育者の配慮
8:00	●順次登園する。 ●登園順に自由遊びをする。	●換気をして、室内の気温、湿度を調節しておく。 ●遊具、玩具をきれいにふいて、用意をしておく。	●明るく笑顔で挨拶をして、温かく迎え入れる。 ●保護者から子どもの様子を聞き、健康状態などを把握する。
9:30	●片づける。 ●排泄をする。 ●おやつを食べる。	●片づけ用のかごを用意する。 ●おむつ・おむつ交換用マットを用意する。 ●テーブル・いすを設置してきれいにふく。 ●おやつを配膳し、牛乳・コップを用意する	●片づけに参加する意欲を持つように声かけをする。 ●おむつのぬれていない子はトイレに誘うが、無理強いはしないようにする。 ●おやつの後はやさしく口をふいてあげる。自分でふきたい子は見守る。
10:00	●お絵かきをして遊ぶ。 ●絵本を読み聞かせる。	●テーブルの上に人数分の画用紙とクレヨンを用意する。 ●『くだもの』『しろくまちゃんのほっとけーき』などの絵本を用意する。	●思いのままに描く楽しさを共有する。 ●クレヨンを口に入れないように目を配る。 ●絵本を読み聞かせるときには、声の高低、強弱に気を配り、子どもたちが集中できるようにする。
10:40	●片づける。 ●排泄をする。 ●給食の準備をする。 ●手を洗う。	●おむつ・おむつ交換用マットを用意する。 ●手洗いがある程度自分でできる子は、洗面所に連れていく。できない子は手をふいてあげる。 ●テーブルといすを設置する。	●子どもと一緒に手を洗い、洗い方を知らせたり、洗うのを援助したりする。 ●自分からそれぞれの席につけるよう、声かけをする。

注意！
鼻水が出る子の場合、風邪のせいだけでなく、家庭での室温設定を高めにしているため、子どもの体温調節機能がうまく働かず、鼻粘膜が刺激されて鼻水を出しているという場合があります。家庭での暖房についてさりげなく聞いてみましょう。

現場では！
お絵かきをするときには、下に新聞紙やレジャーシートなどを敷いて描画がはみ出してもいいようにしています。絵を描く紙も1歳児では大きめの模造紙を使い、思う存分お絵かきを楽しめるようにします。

1歳児の指導計画

ねらい	反省・評価
*一人ひとりの体調に気を配りながら、健康に過ごせるようにする。 *ホールでマット運動遊びをして、体を動かす楽しさをみんなで味わう。	*給食のときに、咀嚼はするものの飲み込まずに口から出してしまう子が何人か見られた。一人ひとりの普段の食べ方の様子を把握し、飲み込むことができるように援助していきたい。

	活動	環境構成	保育者の配慮
11:00	●給食を食べる。 ●片づける。	●食事を運び、配膳する。 ●エプロンを着ける。 ●全員食べ終わったら、午睡の準備を始める。 ●換気をして、気温・湿度を適切に調節する。	●楽しい雰囲気の中で食事ができるよう雰囲気をつくる。 ●よくかんで食べるように促し、自分から進んで食べようとする気持ちを援助する。 ●好き嫌いのある子には、気持ちを受け止めながら接する。
12:00	●午睡をする。	●布団の用意をして、カーテンを閉める。 ●換気をして、気温、湿度を調節する。	●スムーズに眠りにつけるよう、そばについてやさしく体をさすったり、頭をなでたり子守歌を歌ったりする。 ●室内を明るくし、自然に目覚められるようにする。
15:00	●おやつを食べる。 ●片づける。	●おやつを配膳し、牛乳・コップを用意する。	●「おいしいね」などの言葉をかけながら、楽しく食べられる雰囲気をつくる。
15:30	●ホールでマット運動遊びをする。	●ホールの床にマットを敷く。 ●ホールの気温を快適な温度に調節しておく。	●「いもむしゴロゴロ」「おうまさんパカパカ」など、動物の動きをまねて遊ぶ。 ●個々の発達の様子に合わせて関わり方を工夫する。
16:30	●随時降園する。	●時間外保育への引き継ぎを行う。	●保護者に明るく挨拶して、子どもの一日の様子を伝える。

バリエーション！

丸めたマットの上にもう一枚のマットをのせて、山を作ると登ったり降りたりして遊べます。片づけるときには、「大きなのり巻きをつくりま～す」と声をかけてぐるぐる丸めていくと子どもたちも喜んで手伝いをしてくれますよ。

ここがポイント！

引き継ぎをするときに昼間の様子や子どもの体調を伝えることはもちろんですが、この日案のように午後、体を動かす活動をした場合には、延長保育ではゆったりと落ち着いて過ごせるように工夫して、一日の疲れを癒やしてあげましょう。

1歳児
個人案作りのポイント

1歳児の個人案は、一人ひとりの発育・発達状態を丁寧に見ながら個別の課題をとらえて作成しましょう。特に、食事・排泄・歩行面は個人差が大きいので、日々の変化を記録することも大事です。

1歳児では、まだ発達・発育に月齢差や個人差が大きいので、クラス全体の月案内容を頭に入れながら、個別に生活の様子や発達過程を考慮して個人案を作成します。主な項目ごとに押さえておきたいポイントを確認していきましょう。

●子どもの姿

子ども一人ひとりのそのときどきの姿を書きます。それぞれの個別の課題をとらえて記述します。

1歳児は、**離乳食**の進み具合や食べものの**好き嫌い**など食事の様子や、誘いかけられてトイレに行って排泄ができるようになる、など**生活習慣**の状態や、**歩行や探索の様子**、**活動や遊びへの関わり方**などを中心に具体的に書きます。

●内容

子どもの姿を踏まえ、**その月にその子に体験してもらいたい内容**を書きます。生活の様子や、活動や遊びの様子、興味、関心や好奇心の表れなど一人ひとりの状態に合わせて具体的に書きましょう。食事、睡眠、排泄に対する保育者の援助も0歳児と違って、**自発的にしようとする意欲**を大切に考えながら、必要な内容を書いていきます。

●保育者の配慮

1歳児では保育者との安定した関係のもとで生活を送りながら、**甘えや欲求を十分に満たされる**ことで自発性や意欲が育まれます。生活面での援助は、**一人ひとりの成長や発達の段階を把握**して、適切な援助をしながら見守ることが大切です。話しかけてもらうことを喜び、喃語や片言で応えたり、簡単な言葉を話すようになる時期なので、**ゆっくり丁寧に関わる**ことで、言葉や表現が育っていくことにも配慮しましょう。

安全な環境をつくることも欠かせません。歩行の状態も月齢や個人差によって異なるため、行動範囲を考慮しながら、ケガや事故の起きないよう危険なものを取り除き、動きには十分注意し子どもから目を離さないことも大切です。

●反省・評価

その月の内容や保育者の配慮がその子にふさわしかったか、環境構成が適切だったかを振り返ります。問題点に気づいたら、**改善するべきところ**を検討して翌月の保育につなげていきましょう。

個人案

1歳児の指導計画

1歳児　5月　個人案　りす組

	D児（1歳3か月）	E児（1歳7か月）	F児（1歳11か月）
子どもの姿	●食に対して意欲が薄いが、一口食べてみて好みの味だと自分から食べようとすることもある。 ●元気によく遊んでいる。歩行もだいぶ安定してきた。 ●犬の写真を見て「ワンワン」と言ったりする。	●進級に伴う環境の変化から、保護者と離れるときに不安そうな表情を見せる。 ●手づかみやスプーンで、こぼしながらも自分でよく食べる。 ●「はっぱ」「おはな」「アリさん」など、見たものを言葉で保育者に伝えてくる。	●おむつを替えるときに「やだ」と言っていやがることがある。 ●「さんぽいく」「おんぶする」など、自分がやりたいことを伝えてくる。 ●生活の中で友だちのことをたたいたり、押したりすることが多くなっている。
内容	●楽しく落ち着いた雰囲気の中で、食べることを楽しみながら、食べられるものを増やす。 ●春の自然の中で、戸外で自由に歩くことのできる喜びを感じる。 ●保育者との応答的な関係を深める。	●落ち着いた雰囲気の中で、安心して楽しく一日を過ごす。 ●スプーンを上手に使って食べる。 ●保育者との言葉のやり取りを楽しみ、ものの名前に関心を持つ。	●排泄や食事の時間には、自分の気持ちを表現しながら、少しずつ落ち着いて過ごすことができるようになる。 ●友だちとの関わり方を少しずつ知っていく。
保育者の配慮	●少しずついろいろな食材に親しめるよう、声をかけながら関わる。 ●保育者や友だちと手をつなぎながら歩く機会を多くつくる。 ●身振りや言葉を使ったやり取りをする機会を増やしていく。	●主に前年度からの担任が一緒に過ごし、徐々に新しい環境に慣れさせていく。 ●手づかみ食べをするときには、スプーンを使うように誘いかける。 ●発語に応答して、言葉とものや動作を結びつけながら、言葉の獲得を援助する。	●おむつ替えをいやがるときには、気持ちを受け止めたうえで、「何がいやなのかな？」などと話をしながら、落ち着きを促すよう関わる。 ●友だちをたたいたりしたときには、いけないことを知らせ、友だちの気持ちを伝える。
反省・評価	●一度食べたことのある食材は、次に出てきたときに一定量食べられるようになった。引き続き援助を続けていく。 ●保育者とのやり取りの中で、思いが伝わらず泣き出すこともあった。これからも気持ちを受け止めていく。	●前年度からの担任に甘えながら楽しく過ごすうちに、少しずつ新しい環境に慣れてきている。 ●保育者との言葉のやり取りの中で、獲得した言葉の数も増えてきた。引き続き発語を促す援助をしていく。	●おむつ替えは、まだいやがるときがあるものの、少しずつ落ち着いてできるようになってきた。 ●玩具の取り合いになったときなど、友だちをたたくことがあった。引き続き、友だちの気持ちを伝え、仲立ちを続けていく。

ここがポイント！

二語文が出始めたら、言葉のやり取りをたくさん経験できるような関わりをします。「○○ちゃんは、お散歩するのが大好きね／おんぶしてもらいたいのね」などと、名前を呼びながらその子の言いたいことをくり返したり、補ったりしてあげましょう。

バリエーション！

天気がいい日には、木陰にシートを敷いて外で食事をしてみましょう。さわやかな空気を感じながら食べると、普段より食が進みます。アリを見つけたり、スズメが飛んできたりするハプニングも楽しめるランチタイムになります。

129

コラム ＊ 指導計画「実践のヒント」②

・・・[8月の3歳児の例]・・・

突然の スイカ割り大会！

　毎年、近くの農家にお願いしてさせてもらうスイカ収穫体験が、園の夏の恒例行事です。その年も指導計画にスイカの収穫体験を盛り込みました。

　その夏、子どもたちが3回目のスイカの収穫に行って園に帰ってきたときです。1回目、2回目との間隔が短かったせいか、3回目のその日は、ただ食べるだけではつまらない、という様子が子どもたちから漂ってくるのを、一緒にスイカの収穫に行った保育者Aさんは鋭敏に感じとりました。ふつうにデザートで食べるのに飽きてしまったようなのです。

　Aさんは、ちょっと困ってしまいました。カットするだけでなく、フルーツポンチにできるか給食室と相談してみようか、いや、今日の今日ではほかのフルーツの用意がないみたいだ、などと献立表を眺めて思案しきりです。

　そこへ保育者Bさんが現れたので、Aさんは相談してみました。するとBさんは、「なあんだ、スイカ割り大会にすればいいじゃない」と難なく名案を出したのです。

　もちろん、後で食べる予定ですから、清潔な場所をつくって行いましたが、園の子どものほとんどはスイカ割りを経験したことがありません。大はしゃぎして「あと少し右！」「そこじゃない！」などと棒を持った友だちに大声援です。

　ぎざぎざで変な割れ方をしているスイカも、声援を送ったり、棒を振り回して汗をかいた後の子どもたちには何よりのおやつとなりました。

　指導計画を実践するうえで、臨機応変な対応も大切なことなのだと改めて実感した一日でした。

2歳児の指導計画

2歳児　指導計画作りに大切なこと …… 132
年間指導計画作りのポイント …… 134
月案作りのポイント …… 138
週案・日案作りのポイント …… 164
個人案作りのポイント …… 170
コラム＊指導計画「実践のヒント」③ …… 172

2歳児
指導計画作りに大切なこと

2歳児は「待つ保育」が大切

　2歳児は身体運動、指先の動き、言葉の理解などの能力の高まりによって「自分でできる」という自信を持つようになります。

　「自分で」と言い出し、意欲的に何でも一人でやろうとします。「自分で」といってもまだすべてを一人でできるわけではありません。保育者の援助を必要とすることも多いのです。食事や衣類の着脱、靴の脱ぎ履きなどに時間がかかるのを待てずに保育者がやってしまうと、子どもの意欲が削がれ自発的にやろうとしなくなってしまいます。また、自分でやらせてもらえないと怒ることもあります。この時期は、じっくり一人ひとりに関わって、待つ保育が大事です。時間の余裕を持って活動を考えましょう。

　一方で赤ちゃん返りをするなど退行が見られたり、好きな保育者が自分のそばから離れると、泣いて後を追いかけることもあります。また、抱っこをしてほしがることもよくあります。甘えたいときに保育者に温かく受け入れられ、十分に欲求が満たされると気持ちが安定し、自立への基礎が育っていくのです。このように自主性の育ちと甘えの両面が表れるのも2歳児の特徴の一つです。

自我が出て、友だちとぶつかる場面も

　自他の区別もはっきりとしてきて、「○○ちゃん」と友だちの名前がわかり、自分の物と人の物があることもわかります。一人ひとりのマークや名前シールなどをロッカーや靴箱に貼ったり、玩具や絵本を片づける場所がわかるようにして、自分でできるようにしましょう。できたことで満足感や達成感を味わい、もっとほかのことも自分からやろうとする意欲が育ちます。

言語面の発達も著しく、語彙が急速に増える時期です。保育者や友だちと話をすることが楽しくなり、おしゃべりをして笑い合う姿もよく見られます。

　また、自分の考えや意思、要求を言葉で表そうとするなど、自我もはっきり出てきます。好き嫌いも増え、自己主張が強くなり、友だちとのけんかも多くなります。この時期の保育者は、子ども同士の仲立ちとなって関わることが求められます。けんかが起きたときは、お互いの気持ちを伝えられるように話をして、友だちとの関わり方を丁寧に知らせていくことが大切です。

まねっこをしてぐんぐん成長

　まねっこは2歳児が大好きな遊びです。保育者の行動を見てまねて楽しみます。基本的な生活習慣も保育者の行動から学んでいくのです。

　単純な見立て遊びは1歳ごろからしていますが、この時期にはイメージをよりふくらませることができ、おうちごっこのように、友だちと一緒に簡単なごっこ遊びをすることを楽しむようになります。複雑なごっこではなく、みんながお母さん役をするようなごっこ遊びですが、友だちと関わることに楽しさを感じているのです。

　2歳児は保育者との「1対1」の関係から卒業し、「みんなで」できるようになるので、指遊びや手遊び、体操など友だちと一緒にすることが大好きな時期でもあります。

　運動面では、歩く、走る、とぶなどの機能がぐんと伸びます。リズム体操や音楽に合わせて体を動かすことを喜んで遊びます。指先の機能も発達するので、紙をちぎったり、粘土を丸めたり伸ばしたり、シールを貼ったり、のりを使ったりすることを楽しみます。

　また、活発に行動し、ブランコや三輪車など興味を持ったいろいろな遊具に挑戦するようになるので、安全面には十分な注意が必要です。異年齢クラスとの交流を図り、人間関係を広げる基礎となる活動も取り入れていきましょう。

　指導計画を作成するときは、自分でやろうとする気持ちや意欲を伸ばせる環境構成と援助を考えます。一人ひとりの発達に合わせた個別の配慮と、友だちとの関わりを多く持てるよう全体で活動する時間をつくるなど、両面を意識して、計画を立てましょう。

2歳児
年間指導計画 作りのポイント

2歳児では、簡単な身の回りのことを自分でやりたがるようになるので、
個別の発達を考えながら、少しずつ一人でできるような援助をしましょう。
友だちとの関わりをとおして、進級への見通しを持った内容を設定することも大事です。

ここでは、2歳児の年間計画について、主な項目ごとに押さえておきたいポイントを確認していきましょう。

●年間目標

2歳児では、一人ひとりの子どもが**生理的欲求を満たされ**ながら安定感を持って過ごし、自分の気持ちを安心して表現すること（養護）、**食事、排泄、着脱などを自分でしようとする**こと・身の回りの動物や植物などさまざまな事物に触れて**外界への興味や関心**を持ち、探求心や好奇心が高まること・生活に必要な言葉がわかり、**自分の気持ちを言葉で伝える**こと・共同のものを使って遊びながら**友だちと関わる楽しさ**を味わうこと（教育）などを柱に考えます。

●期ごとの計画

＊1期
・ねらい…温かい雰囲気の中で安心して生活して、**新しい環境に慣れる**ことが大切です。簡単な身の回りのことを自分でやろうとする気持ちを育てることもねらいとなります。
・内容…生活の面では、自分で布団に入ったり、スプーンを使って食べたり、手を洗えるようにしていきましょう。遊びの面では、保育者や友だちと一緒に好きな遊びを楽しみ、散歩や戸外の遊具で**体を動かして遊べるような内容**を考えてみましょう。
・保育者等の関わりおよび環境構成…進級（入園）で生活環境が変わるので、健康状態や家庭での様子を考えて、**食事や睡眠、排泄は一人ひとりに合わせて無理なく進めていきましょう。**

＊2期
・ねらい…**水分や休息を十分にとるよう気をつけ、**梅雨や夏の暑い時期を健康に過ごせるようにします。砂や土の感触を味わいながら、**水遊び**などを経験することを楽しむことも大切です。
・内容…生活面では、**身の回りのことを自分でやろうとしたり、自分の物と人の物の区別がつく**ようになるので、それを援助できるような内容を考えます。**友だちの遊びに興味を持ち、関わりを楽しむ**ようになることもポイントです。
・保育者等の関わりおよび環境構成…友だちとトラブルが起きたときには、**それぞれの気持ちを受け止めながら仲立ちとなり、**お互いの思いを言葉

で伝えることで関わり方を知らせていきます。梅雨や夏の時期の天候に合わせ、静と動のバランスを考えて活動を組み立てましょう。行動範囲が広がり、水遊びの機会も増えるので**安全面には十分な注意**が必要です。

* 3期

・ねらい…夏の暑さもおさまってくるころなので、戸外で走る・とぶ・くぐるなど**体を動かす遊び**を楽しむことがねらいの一つとなります。**ごっこ遊び**などで、言葉のやり取りを楽しみながら保育者や友だちと関わるようになることも大切です。

・内容…食事では、**いろいろな食材**の味やにおいに慣れていき、最後まで食べようとします。排泄では、**尿意を知らせて**トイレに行き、パンツで過ごせるようになる子が増えます。これらの様子を踏まえて活動内容を考えていきましょう。遊びの面では、体を使ったいろいろな運動遊びを楽しみ友だちと一緒に歌を歌ったり、踊ったりして表現することも楽しみます。「**みんなで一緒に**」できることを念頭に置いて、遊びや活動の内容を検討するとよいでしょう。

・保育者等の関わりおよび環境構成…季節の変わり目で気温の変化が激しい時期なので、**衣服の調整**をするなど体調をくずさないよう気をつけます。身の回りのことを**自分でやろうとする気持ち**を大事にして、一人ひとりの様子を見ながら手助けし、一人でできたときには、大いにほめて**満足感**を味わえるようにします。全身を使う活発な遊びが多くなるので、遊具で遊ぶときには室内外とも安全に注意を払いましょう。

* 4期

・ねらい…冬の遊びを楽しみながら、体を十分動かして健康に過ごせるようにします。**基本的な生**

活習慣が身につくこと、思ったことや感じたことを、保育者や友だちに身振りで表現したり言葉で伝えられることも大切です。

・内容…**自分からトイレに行き排泄する**ようになり、清潔にする大切さがわかって、自分から手を洗ったり口をふいたりしようとする時期なので、それを考慮して内容を考えましょう。遊びでは、そろそろ**簡単なルールのある遊び**ができるようになってくるので、いろいろな遊びを提案できるように考えてみましょう。また、冬から春にかけての自然に触れて季節の変化に関心を持ち、気づいたことや感じたことを友だちに話したりする機会を設けるのもよいでしょう。

・保育者等の関わりおよび環境構成…身の回りのことなど基本的な生活習慣がどの程度、身についているのか、遊びの広がり方や友だちとの関わり方も含めて、**一人ひとりの育ち**を見直して、発達を確認しましょう。成長には個人差があるので、甘えてきたときには、**一人ひとりの気持ちをしっかり受け止めます**。進級に備え3歳以上児の担任と連携し、一緒に散歩をしたり遊んだりする交流の機会を持ち、子どもたちが進級を楽しみにできるようにしていきましょう。

2歳児年間指導計画

期	1期［4月・5月］	2期［6月～8月］
ねらい	●一人ひとりの欲求を十分満たし、保育者との触れ合いの中で、安心して過ごせるようにする。 ●保育者や友だちと一緒に好きな遊びをする。	●梅雨期・夏期の健康に留意して、十分に休息できる環境をつくり、元気に過ごせるようにする。 ●保育者や友だちと一緒に、水、砂、泥に触れながら夏の遊びを楽しむ。
内容	●こぼしながらもスプーンやフォークを持って自分で食べる。 ●誘われてトイレに行ったり、排泄後に知らせたりする。 ●保育者の言葉かけにより、石けんを使って手を洗ったり、タオルでふいたりする。 ●三輪車・すべり台・ブランコ・砂遊びなど、戸外での遊びを楽しむ。 ●絵本や紙芝居の読み聞かせを喜ぶ。 ●保育者や友だちがしていることに興味を持ち、同じことをしようとする。	●保育者に言葉かけをされながら、自分で食べる。 ●尿意を動作や言葉で知らせ、保育者と一緒にトイレに行き排泄する。 ●簡単に着替えられる衣服の着脱は、自分でやる。 ●保育者と一緒に身の回りのもの（服・靴・玩具など）を出したり片づけたりする。 ●してほしいことや、やりたいことを言葉で伝えようとする。 ●友だちのしていることに興味を持ち、模倣遊びをしながら、短時間関わって遊ぶ。
保育者等の関わりおよび環境構成	●一人ひとりの子どもの発達段階・性格・生活リズムなどを把握し、その子に合った対応をする。 ●一人ひとりをやさしく受け入れ、一緒に遊びながら信頼関係を築く。 ●安全な環境の中で戸外遊びが十分できるようにし、必要に応じた援助や言葉かけをする。 ●子どもの発達や興味に合った遊びの環境を設定する。	●暑い時期なので、健康には十分留意し、気持ちよく過ごせるようにする。特に、戸外で遊ぶ時間、室温の調節、水分補給については細心の注意を払う。 ●自分でやろうとする気持ちを大切にし、できたときにはほめ、できないときにはさりげなく援助する。 ●子ども同士の関わりが増えるとともに、ぶつかり合いも出てくるので、個々の気持ちをくみとり、関わり合い方を知らせる。
家庭との連携	●園での様子と家庭での様子をともに伝え合い、保護者との信頼関係を築く。	●暑い時期の健康管理について、家庭との連絡を密にしながら、細心の注意を払う。 ●戸外遊びでよく汗をかき、汚れも多くなるので着替えを多めに用意してもらう。

ここがポイント！

2歳児は友だち関係を育む時期です。友だちと一緒に同じ遊びをしていても、関わりが少ない平行遊びから、遊びの広がりや保育者の働きかけにより友だちに興味を持って一緒に遊ぶようになります。

現場では！

お手伝いが大好きで「これ○○せんせいにわたしてきて」と一人に頼むと「○○ちゃんも」「○○ちゃんも」とみんながやりたがります。そんなときは紙に「お手伝いしてくれています。ほめてください」と書いて一人ひとりに渡します。「お手伝い上手ね」とほめられて喜んで帰ってきます。

● 2歳児の指導計画

年間目標	＊自己主張を十分に受け止めながら、自我の育ちを助けるとともに生活領域を広げる。 ＊簡単な身の回りのことを自分でしようとする。 ＊保育者と一緒に全身を使う運動や、指先を使う遊びを十分楽しむ。 ＊興味のあることを模倣したり、経験したりしたことを言葉や動作で表現しようとする。 ＊遊びや活動を通じて、興味・関心および友だちとの関わりを広げていく。

3期［9月～12月］	4期［1月～3月］
●信頼関係をより深め、子どもたちが自分の気持ちを安心して表現できるようにする。 ●身近な自然の中で十分に体を動かして遊ぶ。	●基本的な生活習慣が身につくよう、丁寧に確認する。 ●ごっこ遊びや簡単なルールのある遊びをとおして、友だちと一緒に遊ぶ楽しさを味わう。
●苦手なものでも保育者にはげまされて、援助してもらいながら、食べようとする。 ●尿意・便意を言葉で知らせ、自分からトイレに行き排泄する。 ●手洗い・うがいなどが丁寧にできるようになる。 ●戸外で思いきり体を動かして遊ぶ。 ●のりやはさみなど、道具を使って遊ぶ楽しさを味わう。 ●楽器を使って表現遊びを楽しむ。	●楽しく食事をする中で、正しくスプーンやフォークを使って食べる。 ●自分からトイレに行き排泄する。 ●簡単な衣服の着脱を一人でしたり片づけたりする。 ●手を洗う・顔をふく・鼻をふくなど、保育者の手を借りながら自分でする。 ●保育者と一緒に簡単なルールの遊びをする。 ●貼ったり、切ったり、描いたりしていろいろな素材に触れて遊ぶ。 ●経験したことや身近な出来事を、言葉で伝えようとする。
●子どもの活動・体調・気温に応じて衣服の調節を行い、健康に過ごせるようにする。 ●行動範囲が広がり、活発になってくるので、危険がないように行動を予測し、そばについて見守る。 ●体を動かして遊ぶことが楽しくなるように、遊びを工夫する。 ●保育者との信頼関係のもとで、安心して自分の気持ちを表現できるようにする。	●スプーンが正しく使えるようになったら、箸に移行する。 ●身の回りのことが徐々にできるようになるので、自信が持てるように認めたり、ほめたりする。 ●甘えて何もやりたがらないときもあることを理解し、一人ひとりの子どもの気持ちを受け止める。 ●年上のクラスの生活や遊びに参加できるような環境をつくり、遊びが広がるようにする。
●園の行事について伝え、参加を呼びかける。運動会では子どもの成長の様子をともに喜ぶ。	●進級に向けて、子どもの成長・発達をともに喜び合い、子どもの自信につなげる。

注意！
次第に生活に必要な行動が一人でできるようになります。それには保育者の促し、見守り、はげまし、手助けなど適切な援助が必要になりますが、ともすると生活習慣の自立を急ぎすぎる傾向にあります。2歳児はまだ個人差が大きいのであせらずに3歳児クラスにバトンタッチします。

バリエーション！
手先の器用さが増してきます。ブロック、粘土、積み木、ひも通し、ボタンはめなどの遊びを好んでやります。

2歳児
月案作りのポイント

2歳児は、行動範囲が広がり、いろいろなものへ興味・関心を示します。
自発的な動きを大事にしながら遊びが広がる設定を考えましょう。
また、未熟なところも多いので安全には十分気をつけることも重要です。

ここでは、2歳児の月案の作成について、主な項目ごとに押さえておきたいポイントを確認していきましょう。

●ねらい

各月の目標を具体的に記述します。前月の子どもの姿の中から、子どもに育ちつつあるものや、育てたいことをねらいとして書きます。発達過程の見通しを持って、その月の生活や遊び、季節を考慮して書きましょう。2歳児は、食事や排泄、着脱など簡単な**身の回りのことを自分でしようとする意欲**が出てくる時期なので、身につけたいことを中心に書き出します。**清潔や安全に関する習慣づけ**も成長の様子を見て取り入れましょう。

●健康・安全への配慮

2歳児は行動範囲が広がり、衝動的な動作が多くなるため、**子どもから目を離さない**ようにします。一人ひとりの健康状態を把握し、生活環境を常に**衛生的に保つ**ことも大事です。梅雨期や冬期など**感染症**が流行する時期は、予防や早期発見への対策などを具体的に書きます。各月の季節による気温や湿度の変化にも留意します。

●子どもの姿

子どもの生活は連続しています。その月の内容を想定するためにはそのときどきの子どもの姿が

もとになるので、具体的な様子を書きます。

2歳児は、**食事や着脱を自分でしようとしたりトイレに行って排泄する**子も増えるのでその様子を書きます。できるようになったことと、まだ保育者の援助が必要なことをよく見ておきましょう。

また、2歳児では、さまざまな事象への興味や関心が高まり、好奇心や探求心を持って見たり触れたりすることを楽しんでいます。保育者と一緒に指遊びや全身を使う遊びを喜び、生活の中で言葉でのやり取りを楽しむ姿も見られます。**何に興味を持っていたか、どんなことを楽しんでいたか**を具体的に書き出します。

● 2歳児の指導計画

●内容
　子どもの姿を踏まえ、連続性を考慮しながら予想する、今月子どもに体験させたい活動の内容です。2歳児の発達過程を考慮して、**目の前の子どもの姿**と照らし合わせながら考えます。月齢や個人差による成長の違いがあるので、クラス全体としての発達と、一人ひとりの発達の両方を視野に入れることが大切です。

●環境構成
　温度や湿度、衣類の調整など**健康に生活できるような環境**を整えます。季節の変化に合わせて適切な配慮を考えましょう。
　2歳児は、活発に動き回り、**行動範囲が大きく広がる時期**です。屋内、戸外ともに安全に遊べるよう、遊具の点検や空間の確保をしたり、人数分の玩具や材料の準備をすることなども必要になります。

●保育者の配慮
　2歳児では、ますます活発になる子どもの活動や遊びの姿を踏まえ、育てたいことを伸ばしていくための保育者の援助を書きます。子どもが自発的に意欲を持って関わり、**主体的な活動**ができるように配慮します。その月の「ねらい」と関連づけて**一人ひとりの発達過程**を見通し、必要な手助けをしたり、見守ったりする関わり方も考えましょう。

●保育所職員の連携
　運動能力が活発になる2歳児では、戸外での活動のときなど安全のために、担任同士で声をか

け合って子どもから目を離さないようにするなどの連携もとても重要です。

●家庭・地域との連携
　2歳児では、着替えなど**身の回りのことを自分でやりたがる段階**にいることを保護者に知らせること、着脱しやすい衣類や、夏期では水遊びの用意をしてもらうことなど、その月の活動に合わせて家庭に協力をお願いすることが多くなります。子どもの成長を伝え、どんな発達過程にいるのか理解してもらえるよう、連絡の仕方を検討しましょう。

●食育
　楽しい雰囲気で食事をしながら、**食材**について話をしたり、**食器の持ち方**や**よい姿勢**で食べることの大事さ、体と食べものの関係などを伝えます。

●反省・評価
　2歳児は友だちとの関わりが増えるぶん、**トラブルも起こりがち**です。子どもたちの育ちを見て適切な援助をしたかなど、振り返ります。反省点は、翌月の保育に生かすためにはどうしたらよいのかの見直しとともに記録しましょう。

2歳児　4月　月案　うさぎ組

ねらい
* 保育者に受け入れてもらいながら新しい環境に慣れ、安心してのびのびと過ごす。
* 好きな遊びを見つけ、保育者や友だちと楽しむ。

	子どもの姿	内容
生活 食事・排泄・睡眠・清潔・着脱	●新しい環境の中で不安になって泣いたり、保育者に甘えたりする。 ●こぼしながらも、スプーンを使って自分で食べようとする。 ●衣類の着脱や靴の脱ぎ履きなど、身の回りのことを自分でしようとする。 ●保育者に誘われながらトイレで排泄しようとする。 ●持ちもの（衣類・靴・帽子など）を自分の場所に入れたり出したりする。 ●保育者に見守られて安心して眠る。	●こぼしながらも自分で食べる。 ●食後、一人で口や手をふいたり、ふいてもらったりする。 ●手伝ってもらいながら、自分で着脱をしたり汚れものをかごに入れたりする。 ●外から帰った後や排泄後に手洗いをする。 ●保育者に声をかけられてトイレに行き、排泄をしようとする。 ●保育者と一緒に鼻水をふいたり、鼻をかんだりする。
遊び 健康・人間関係・環境・言葉・表現	●友だちと一緒に遊ぶ楽しさがわかり、自分から関わろうとすることが増える。 ●三輪車や追いかけっこを楽しむ。 ●遊びの仲間に入りたいが自分から声をかけられなかった子がいる。 ●公園などへ散歩に行き、春の自然に触れて探索を喜ぶ。 ●絵本を見たりお話を聞くことを喜ぶ。	●戸外で好きな遊びを見つけ、保育者や友だちと一緒に遊ぶ（ブランコやすべり台、ジャングルジムなど）。 ●散歩に出かけて探索を楽しみ、草花や虫を見たり触ったりして春の自然に親しむ。 ●こいのぼりの製作をする。 ●好きな絵本やパネルシアターを見ることを楽しむ。 ●自分の気持ちをしぐさや言葉で表す。 ●保育者や友だちと一緒に体操や触れ合い遊び、季節の歌（「春が来たんだ」「たんぽぽ」）などを歌うことを楽しむ。

保育所職員の連携
* 一人ひとりの好きな遊びを把握して、子どもの居場所や動きに気を配り、保育者同士で声をかけ合って、安全に楽しく遊べるよう配慮する。
* 食物アレルギー、アトピーのある子どもには家庭の依頼に応じて個別対応を行い、その子の状態は職員全体で把握する（年間を通じて）。

家庭・地域との連携
* 新しい環境への不安や期待を受け入れ、送迎時や連絡帳で、子どもの様子を伝え合い、保護者との信頼関係を築く。
* 一日の中で気温差があるので、調節しやすい衣類の用意と記名の確認をお願いする。

ここがポイント！
食事、排泄、衣類の着脱など、子どもが自発的にやろうとする気持ちを大切にし、手をかけながらもできたことを認めるなど、自分でやろうとする意欲を失わせないようにすることが大切です。

注意！
散歩に行くと歩くというより走り回ります。その半面、興味あるものに出会うとその場から離れなくなります。安全な場所で余裕を持って経験させてあげましょう。

2歳児の指導計画

健康・安全への配慮	行事
＊新入所児で食物アレルギーやアトピーのある子には、個別に対応する。 ＊固定遊具では必ずそばにつき、危険のないよう見守り、手を差し伸べられる位置で安全に配慮する。 ＊新しい環境やクラスに戸惑い、家庭を思い出して泣いたりする子どもの姿が予想されるので、一人ひとりと十分に関わる。	＊進級式 ＊誕生会 ＊身体測定

環境構成	保育者の配慮
●不安な気持ちを温かく受け止められるよう、落ち着いてゆったりした雰囲気をつくる。 ●眠るときの癖などを知り、保育者がそばについて安心して眠れるようにする。 ●一人ひとりの排泄間隔を把握してトイレに誘う。いやがる子には無理強いしない。 ●衣服や靴、帽子などは子どもが着脱をやりやすいように並べておく。 ●ティッシュの箱は手が届くところに置く。	●甘えてきたらやさしく受け入れ、保育者が一緒にいることで安心できるようにする。 ●トイレでは言葉をかけながら気持ちよく排泄できるようにする。成功したら「出たね」とほめて一緒に喜び、やる気につなげる。 ●着脱を自分でやろうとする気持ちを受け止め、できたときの満足感を味わえるようにする。 ●手洗いができたときは十分に認め、ふき残しがあったらさりげなく仕上げをする。 ●鼻水を手や服でふこうとしたら、言葉で知らせ一緒に行う。
●戸外や園庭の虫や花を見たり、触れたりしながら楽しめるようにする。 ●公園や森の中で斜面を登ったり降りたりする経験ができるようにする。 ●こいのぼりの製作では、のりの使い方など発達に合わせて個別にやり方を知らせる。 ●室内の玩具はいつでも好きな遊びができるように、取り出しやすいところに置いておく。 ●子どもたちの発達や興味に合わせた内容の絵本や紙芝居を選ぶようにする。 ●好きな絵本をくり返し読みながら、ゆったりした雰囲気で楽しめるようにする。	●子どもの発見や驚きの言葉に耳を傾け、保育者自身もそれに応えてやり取りをすることで、興味や関心を広げる。 ●触れ合い遊びをしながら、抱きしめたり体に触れてたくさんコミュニケーションをとる。 ●季節感のある製作を取り入れ、子どもが興味をふくらませてやってみたいと思えるようにする。 ●子どもが話そうとするときは思いをくみとり、丁寧に応答する。 ●さまざまな遊びをとおして、やり取りを楽しみ、言葉を豊かにする。

 現場では！

保育者の描いた大きなこいのぼりに、子どもたちは手のひらに絵の具をつけてもらいペタペタと手形のうろこをつけます。楽しみながら作ったこいのぼりを飾ってもらい歓声を上げています。

食育	反省・評価
＊一人ひとりの食事量やペース、好き嫌いや咀嚼力を把握して、無理なく食事ができるようにする。 ＊一緒に挨拶をすることで食事の始まりと終わりを知らせる。	＊保育者が連携して保育にあたるよう意識してきたこともあり、中旬ごろから子どもたちも落ち着いて過ごせるようになった。新入所児もありのままの姿を受け入れ、無理のないよう関わってきたので、後半は好きな遊びを見つけ安心して自分を出しながら過ごしている。新入所児が落ち着いたことで、継続児もゆったり過ごせる環境を、引き続きつくる。

2歳児　5月　月案　うさぎ組

ねらい
* 生活リズムを整えながら、保育者のもとで安心して過ごせるようにする。
* 園庭や公園へ散歩に行き、体を動かして遊んだり、砂や水、土や虫などに触れて季節の自然を楽しむ。

注意！
新しい環境での緊張感から疲れが出てきたり、連休明けの疲れで体調をくずすことがあります。朝、機嫌が悪いときは検温するなどして健康状態をチェックします。

ここがポイント！
自我が育ち「自分でする！」など自己主張したり反抗したりするようになります。保育者は干渉や制限をせず発達の過程として受け止めます。

	子どもの姿	内容
生活（食事・排泄・睡眠・清潔・着脱）	●新しい環境で不安になり保育者に甘えたりしたが、徐々に慣れてきて落ち着いてきた。 ●連休明けの朝など、泣いて保護者と離れたがらない子も見られる。 ●思いどおりにならないと、泣いたり駄々をこねたりすることがある。 ●スプーンやフォークを使って自分で食べる。 ●自分でパンツやズボン、靴の脱ぎ履きをしようとする。 ●保育者に誘われながらトイレで排泄をしようとする。	●新しい環境に慣れ、保育者のもとで安心して好きな遊びをするようになる。 ●食事の挨拶を保育者とともに行い、スプーンや食器を使い自分で食べる。 ●誘われてトイレで排泄したり、女児はトイレットペーパーでふこうとする。 ●衣服の着脱や自分の物の出し入れをしようとする。
遊び（健康・人間関係・環境・言葉・表現）	●新しい環境に慣れ、好きな遊びを楽しんでいる。 ●友だちと関わることを楽しみ、戸外で一緒に好きな遊びをする。 ●保育者が一緒に遊びを楽しむことで、新しいことへの関わりに自信が持てるようになる。 ●公園や森へ散歩に出かけて自由な探索を楽しみ、虫や草花に触れたりして春の自然で遊ぶ。	●友だちに関心が出てきて名前を呼んで、一緒に遊んだり手をつないだりする。 ●周辺の散歩に出かけ、森の中を歩いたり、虫や草花を探したりして楽しむ。 ●園庭では三輪車や固定遊具（ブランコ・すべり台）、砂遊びなど好きなもので遊ぶ。 ●保育者と言葉のやり取りをしながら、好きな遊びや触れ合い遊びを楽しむ。 ●保育者や友だちと一緒に手遊び（「納豆」「こぶた」など）や歌を歌うことを楽しむ。 ●こいのぼり製作を楽しんで行う。

保育所職員の連携
* 子どもたちに視線が行き渡るよう、保育者同士で互いの位置を確認し合い、危険のないよう見守る。
* 園庭や公園の固定遊具で遊ぶときは、手を差し伸べられる場所に保育者が必ずつき、事故のないように十分注意する。

家庭・地域との連携
* 戸外での遊びが活発になり、気温の差も大きい時期なので、半そでや長そでの衣類を多めに用意してもらう。持ちものには一つひとつ記名してもらう。
* 個人面談とクラス懇談会のお知らせをして参加を呼びかける。

2歳児の指導計画

健康・安全への配慮
＊朝夕と日中の気温に合わせて衣服の調節をする。
＊連休明けや週の始まりに不安になる姿も予想されるので、一人ひとりと十分に関わり、安心して過ごせるようにする。
＊公園などで探索活動をするときは、子どもたちの様子をよく把握し、保育者同士で連携をとりながら安全面に注意する。

行事
＊個人面談
＊クラス懇談会
＊健康診断
＊避難訓練
＊誕生会

環境構成
●不安な気持ちを受け止めて、保育者と一緒に遊ぶことで安心できるように関わる。
●一人ひとりの排泄間隔を把握し、活動の合間を見てタイミングよくトイレに誘う。
●トイレットペーパーの使い方をその都度、丁寧に知らせる。
●石けんの使い方や手の洗い方、ふき方は個別に様子を見て、できていないところはさりげなく手伝いながら丁寧に伝える。
●自分でできた満足感が味わえるように、衣類や靴などを、扱いやすいように並べておく。

保育者の配慮
●駄々をこねているときは、子どもが落ち着けるように抱きしめながら、気持ちを受け止め、どうしたいのかゆっくり聞く。
●一人ひとりの食事量、ペースに配慮し、食べる意欲を受け止める。
●トイレで排泄できたら大いにほめ、自信ややる気につなげる。
●着脱などに時間がかかっても自分でしようとする気持ちを大切に見守り、手助けが必要なときは声をかけながら一緒に行う。

●三輪車はこぎ方を知らせながら、こげないときは押したりして遊べるようにする。
●季節の草花や虫を見つけられるよう、散歩はゆっくり周囲を見ながら歩けるようにする。
●季節感のある製作や歌を取り入れる。
●いつでも遊び出せるように、好きな玩具は子どもの手が届く場所に置いておく。取り合いにならないよう、数を十分用意しておく。
●手遊びや触れ合い遊びをするときは、ゆったりとした環境で楽しめるようにする。膝に乗せるなど、できるだけ1対1で関わるようにする。

●友だちとの関わりが増え、玩具などの取り合いが見られるので、保育者がそばについて声をかけながら一緒に遊べるようにする。
●戸外遊びや散歩では、自然に対する子どもの気づきを大切にして、保育者も気持ちを込めて応えながら楽しむ。
●手遊び（「げんこつ山のたぬきさん」）などでまねや、言葉のやり取りを楽しめるようにする。
●好きなものでじっくりと遊んでいるときは、必要なとき以外は手を出さず、そばで見守る。

バリエーション！
シロツメクサで首飾りやかんむりを作ってあげましょう。得意気に散歩から帰ってきます。

現場では！
遊びの手を止めて保育者がそばにいるか確認したり、呼びかけたりすることがあります。「見ていますよ」というサインを送ると、また安心して遊び出します。

食育
＊一人ひとりの月齢や生活リズムを把握し、やさしい言葉かけやゆったりした雰囲気の中で楽しく食べられるようにする。
＊一緒に挨拶をすることで食事の始まりと終わりを知らせ、一定時間座って食事ができるようにする。

反省・評価
＊連休明けで不安になる姿も見られたが、クラス内で連携をとり、全体を見る保育者と個別に対応する保育者に分かれたことで、落ち着いて過ごすことができた。
＊それぞれが好きな遊びを見つけじっくりと遊んでいるので、必要なときは保育者も一緒になり、十分に遊び込めるようにしていった。
＊生活リズムも整ったので、計画的に活動したい。

2歳児　6月　月案　うさぎ組

ねらい
* 梅雨期の衛生面や保健に留意し、快適に生活できるようにする。
* 保育者に見守られながら好きな遊びをしたり、仲立ちをしてもらいながら気の合う友だちと遊ぶ。

		子どもの姿	内容
生活	食事・排泄・睡眠・清潔・着脱	●戸外から帰ってきた後や、排泄後、食事前後に手を洗う習慣がついてくる。 ●喜んで手洗いをするが、水や石けんの感触を楽しみ遊んでしまう子もいる。 ●スプーンを使い、こぼすこともあるが、自分で食べる。 ●尿意、便意を感じて自分からトイレに行ったり、タイミングが合うと排泄に成功することが増える。日中パンツで過ごす子もいる。 ●時間がかかっても、衣類や靴の着脱を自分でやろうとして、できると喜ぶ。	●自分の気持ちを十分に表し、安心して生活する。 ●スプーンを使い食器に手を添えて、最後まで自分で食べる。 ●尿意や便意を伝えられたり、保育者に誘われてトイレで排泄できることが増える。 ●簡単な衣服の着脱や靴の脱ぎ履きを自分でしようとする。
遊び	健康・人間関係・環境・言葉・表現	●友だちと関わることが増え、追いかけっこなど一緒に遊ぶことを楽しむ。 ●散歩に出かけ、森や公園で虫や草花を見つけて季節の変化に気づく。 ●園庭では三輪車やブランコ・ジャングルジム・砂場など、好きな遊びをする。 ●保育者と言葉のやり取りをしながら、好きな遊びや触れ合い遊びを楽しんでいる。 ●保育者や友だちと一緒に体操や手遊びをして体を動かすことを喜ぶ。	●戸外で自分の好きな遊び（すべり台・砂場）を見つけ、保育者や友だちと楽しむ。 ●少人数で散歩に行き、探索を楽しむ。 ●手先や指先を使った遊びや製作をする（のりづけ製作・小麦粉粘土・紙をちぎるなど）。 ●保育者とおしゃべりしながら触れ合い遊びやわらべ歌を楽しむ（「あぶくたった」「かごめかごめ」など）。 ●季節の歌を歌ったり体操をしたりする。 ●アジサイやカタツムリののりづけ製作を楽しんで行う。

保育所職員の連携
* 子どもの居場所や行動を把握できるよう、保育者間で声をかけ合い、危険のないよう見守る。
* 固定遊具では必ず手を差し伸べられる位置について、安全に配慮する。

家庭・地域との連携
* 子どもの健康状態について十分に伝え合う。
* 雨の日が多くなり、気温差も大きいので半そでや長そでなど調節ができ、子どもが自分で着脱しやすい衣服を用意してもらう。
* 保育参観のお知らせをして参加を呼びかける。

● 2歳児の指導計画

健康・安全への配慮

＊一日のうちで気温差が大きい日もあるので、温度・湿度に気をつけ、一人ひとりの健康状態に気を配る。
＊玩具を消毒するなど、梅雨期の衛生的な環境を保つよう十分留意する。
＊蒸し暑い日も予想されるので、戸外へ行くときには十分な水分補給の準備をする。

行事

＊保育参観
＊誕生会
＊クラス懇談会
＊個人面談

👑 ここがポイント！

何でも自分でやろうとし、手助けをいやがる半面、自分でできることも「やって」と言ってくることがあります。「自分でできるでしょ」と突き放すのではなく、子どもと一緒にやり、甘えたい欲求を満たしてあげます。

環境構成	保育者の配慮
●トイレで排泄する習慣がつくよう、一人ひとりの排泄間隔を把握して誘いかける。 ●女児はトイレットペーパーでふけるように、適切な長さに切ったり、自分で切れるようにやり方を知らせる。 ●パンツの子は全部脱がず、足元まで下ろして排尿するやり方を伝える。 ●衣類や靴を扱いやすいように置いたり並べたりしておき、自分でできた満足感が味わえるようにする。	●自分でやろうとする気持ちや甘えたい気持ちを十分受け止め、そのときどきの状況を見極めながら一人ひとりの様子に応じた対応をする。 ●自分からトイレに行こうとする子は見守りながら、トイレでできた気持ちよさを感じさせ、次につなげる。 ●保育者も一緒に手を洗いながら、水遊びにならないように一人ひとりに手の洗い方を知らせる。 ●着脱に時間がかかってもゆっくりと見守る。
●雨の日の活動を考え、子どもたちが楽しめるもの、体力を発散できるもの、落ち着いて遊べるものなどを用意する。 ●暑い日には、十分な水分補給ができるよう麦茶のポットなどを準備しておく。 ●指先を使った遊びのコーナーを充実させ、玩具の入れ替えをしたり、材料の用意をする。 ●夏野菜の出てくる絵本やパネルシアターを取り入れて、栽培している夏野菜に親しめるようにする。 ●触れ合い遊びやわらべ歌をたくさん取り入れ、子どもとゆったり関わって遊ぶ。	●子どもが見つけた遊びを大切にして十分楽しめるようそばについて見守ったり、一緒に遊びを楽しんだりする。 ●保育者や友だちとの関わりを喜んでいるので、追いかけっこなどでたくさん体を動かして遊べるようにする。 ●友だちと楽しく関わっていけるよう、保育者が仲立ちとなる。 ●好きな絵本をくり返し読みながら、落ち着いた雰囲気で楽しめるようにする。 ●リズム遊びなどで一緒に体を動かして遊び、体力を発散できるようにする。

🪑 現場では！

梅雨の晴れ間、園庭は水たまりがたくさんでき、青空や白い雲が映っているのを興味深く見ている子どもの姿があります。そのうち、水をパチャパチャして映像がゆがむのを楽しんだり、中に入って泥んこ遊びをしています。

🌸 バリエーション！

野菜を収穫したときは子どもと一緒に給食室に持っていき、みそ汁やおかずの中に入れてくれるよう頼みます。自分たちのとった野菜が給食に入っていると喜び、食が進みます。

食育

＊食事の量や好みなど一人ひとりに合った援助をし、ほめたり、はげましたりして食べる意欲につなげる。
＊スプーンの持ち方や食器に手を添えることを、個々の様子に応じて知らせる。

反省・評価

＊手洗いの習慣がついてきたので、そばについて引き続き丁寧に見ていきたい。
＊尿意や便意を伝えてきたり、トイレで排泄できる回数が増えてきた。個別にパンツへの移行を進めていきたい。
＊暑い日もあるので、散歩時には水分補給ができる用意をして出かける。

2歳児 ●月案

2歳児　7月　月案　うさぎ組

2歳児 月案 7月

CD-ROM
P131-172_2歳児 ─ P146-147_月案7月

ねらい
＊夏期を健康的で衛生的に生活できるようにする。
＊水や泥の感触を楽しみながら、夏ならではの遊びを十分楽しむ。

ここがポイント！
暑さで水分ばかり欲しがり食欲がなくなったり、暑さで体力を消耗したりして体調をくずすことがあります。朝からごろごろしていたり、いつものような動きが見られなかったり、遊ばずにメソメソしていたりするときには発熱の前兆であることが多いようです。この時期は休息を十分とらせ、一人ひとりの健康状態をよく観察します。

現場では！
先生が水やりをしているとすぐにぼくも、わたしもとじょうろを持ってきて手伝います。「みんながお水あげるからうれしいって」「お水おいしいって」などと声をかけると喜んでやってくれます。

	子どもの姿	内容
生活 食事・排泄・睡眠・清潔・着脱	●スプーンを使い食器に手を添えたりして、最後まで自分で食べる。 ●保育者に誘われてトイレに行って成功することが増え、尿意、便意を感じて自分からトイレに行くこともある。日中パンツで過ごす子もいる。 ●手洗いのとき水遊びになってしまう子もいる。 ●簡単な衣服の着脱や靴の脱ぎ履きを自分でしようとする。	●保育者に見守られ、自分の気持ちを十分に表し、安心して生活する。 ●一緒に食べる子が決まってきて楽しい雰囲気の中で食べる。 ●スプーンの持ち方を気にしながら最後まで自分で食べようとする。箸を使おうとする子も見られる。 ●排尿後の後始末を自分でやろうとする。 ●パンツで過ごす子が増えてきて、膝まで下げて排尿する子もいる。 ●自分で着脱をしようとするが、裏返しになってしまうこともある。
遊び 健康・人間関係・環境・言葉・表現	●保育者や友だちと追いかけっこなどで体を動かす遊びを喜ぶ。 ●3歳以上児と少人数で公園や森に散歩に行き、関わって遊ぶことを楽しむ。 ●のりづけ製作や紙をちぎるなど、手先や指先を使った遊びや製作を楽しんで行う。 ●保育者と好きな遊びや触れ合い遊びを楽しむ（「ぞうきんがけ」など）。 ●手遊び（「かえるの歌」）をしたりリズム遊びをして喜ぶ。 ●なす・ラディッシュの栽培に興味・関心を持って関わる。	●好きな遊びをしたり、保育者や好きな友だちとの関わりを楽しむ。 ●泥んこ遊びや水遊びなど夏の遊びをたくさん行い、泥や水の感触とともに楽しさを味わう。 ●好きな歌や季節の歌（「たなばたさま」「シャボン玉」）を歌って楽しむ。 ●絵の具遊びや魚つりなど製作を楽しむ。 ●夏野菜の栽培や虫（スズムシ）の飼育をとおして変化や成長の不思議さに気づく。 ●好きな絵本や紙芝居を喜んで見たり、一緒にせりふを言って言葉遊びを楽しむ。

保育所職員の連携
＊職員の役割分担をそれぞれが理解し、危険な場所には必ず保育者がつくことを確認する。

家庭・地域との連携
＊汗をかいたり、水・泥遊びが増えるので衣類を多めに用意し、必ず記名してもらう。汚れてもいい服で登園してもらうよう、お願いする。
＊排尿間隔が長くなった子や尿意を知らせてくる子には、布パンツを用意してもらう。
＊子どもの生活が安定した様子を口頭や連絡帳で伝えて安心してもらう。

健康・安全への配慮	行事
＊汗をかいたときには、こまめに着替えたり、シャワーで清潔を保つ。 ＊水遊びは体力を消耗するので十分な休息をとり、水分補給もこまめに行う。 ＊暑さから食欲が落ちたり、よく眠れなかったりすることがあるので一人ひとりの体調に目を配る。	＊七夕 ＊誕生会 ＊プール遊び ＊避難訓練

環境構成	保育者の配慮
●箸を使った遊びを取り入れ、箸の使い方を知らせる。 ●布パンツに慣れてきた子は、膝まで下ろして排尿できるようにやり方を伝える。 ●トイレットペーパーは子どもが取りやすい場所に置いておく。 ●帽子やプールバッグを掛ける場所をつくり、自分のものがどこにあるかわかるようにする。 ●水遊び後は室内の温度に気をつけ、体をきちんとふいて、風邪をひかないようにする。泥遊び後はシャワーできれいに洗い流す。	●一人ひとりの排泄間隔を把握して、活動の合間を見てトイレに誘い、トイレで排泄する習慣がつくようにする。 ●子どもの様子を見ながら、家庭とも連絡をとり合い、パンツへの移行を無理なく進める。 ●汗をかいたらこまめに着替えるよう声をかけ、清潔にする気持ちよさを知らせる。 ●手洗いが十分でない子には保育者がモデルになってやり方を伝える。 ●プール遊びで着脱・片づけが多くなるので、じっくり丁寧に見る。
●水遊びができない子が室内で静かに遊べるよう、お絵かきやひも通し、魚つりゲームなどを用意しておく。 ●日差しが強い日は早めに部屋に入り、ホールなどで、リズム遊びや巧技台で遊べるように準備しておく。 ●個々の発達に沿って、手足を使って登ったりジャンプしたり、バランスをとるなど、体を動かす遊びが十分できるように設定する。 ●好きな絵本や歌をゆったりした雰囲気の中で楽しめるようにする。	●水遊びを工夫し、保育者の楽しく遊ぶ姿を見せて誘い、楽しませる。 ●プール前の準備体操は毎回必ず行う。 ●戸外での遊びは、涼しい場所や蚊が少ない場所を選ぶ。 ●天気や暑さを考慮し、子どもたちが心身ともに満足できる活動を考える。 ●友だちや保育者との関わりの中で、自分の気持ちや考えを言葉で表せるよう、じっくり話を聞いたり、思いを表せる言葉を添えたりする。

注意！
遊びに夢中になり、おもらしをしてしまうこともあります。保育者が神経質になりトイレで排泄させようと、遊んでいるときに何回も声をかけるといやがって、かえって失敗が多くなってしまうことがあります。

バリエーション！
園庭のオシロイバナの花やあさがおのしぼんだ花やミントの葉などを取ってきて、保育者がそれぞれを使った色水を作っていると、とても興味を示し、やりたがります。取っていい花や葉を決めておくと自分で取ってきては色水遊びを楽しんでいます。

食育	反省・評価
＊夏野菜の栽培をとおしてどんな料理になるかを話して、食卓にのぼることを楽しみにする。 ＊スプーンを鉛筆持ちで持てるよう、持ち方を知らせる。箸に興味がある子には使いたいときに使えるよう準備しておく。	＊天気のいい日は泥・水遊びやシャワーを十分に楽しめた。雨の日は、絵の具遊びやうちわ製作、魚つりなど夏を意識したものを取り入れてきた。8月も続けていきたい。 ＊後半は夏の疲れが出たのか、体調をくずす子も見られたので、健康管理に気をつけ、十分に休息がとれるようにする。

2歳児　8月　月案　うさぎ組

ねらい
＊夏を健康で衛生的に過ごせるようにする。
＊水や泥にたくさん触れ、夏ならではの遊びを保育者や友だちと楽しむ。

現場では！

水遊びに満足し、さっぱりした衣服に着替えての食事はご機嫌で、仲よしグループで友だちの発した言葉をまねて笑ったりして楽しみながら食べています。一人が食べ終わるとそれにつられて他児も急いで食べています。

ここがポイント！

この時期は、子ども同士の関わりは少ないものの、好きな友だちと一緒に遊ぶようになります。誰かが走り出すとまねをして走ったり、三輪車に一人が乗ると他児も乗って速度も合わせて並んで走ったりと、友だちの様子を見ながら自分を合わせて遊んでいますが、他児が玩具で遊び出したとき、同じものがないと取り合いが始まります。「かして」「じゅんばん」など保育者が仲立ちとなり、関わり方を教えるチャンスです。

		子どもの姿	内容
生活	食事・排泄・睡眠・清潔・着脱	●一緒に食べる子が決まってきて楽しい雰囲気の中で食べる。 ●箸を使って食べようとする子も見られる。 ●排尿後の後始末を自分でやろうとする。パンツで過ごす子が増えてきて、膝まで下げて排尿する子もいる。 ●自分で着脱をしようとして裏返しになることもあり、手伝ってもらって直そうとする。 ●衣類や靴の片づけをしようとする。 ●手洗いで水遊びになることもあるが、保育者に声をかけられるときちんと洗って手をふく。	●一緒に食べる子とおしゃべりをしたり、スプーンの持ち方や座る姿勢に気をつけながら食事をする。 ●自分から尿意や便意を知らせ、トイレで排泄できる子が増えてくる。パンツを膝まで下げて排尿したり、後始末を自分でやろうとする。 ●自分で着脱をするが、汗で脱ぎづらいときには保育者に手伝ってもらう。 ●プール遊びの準備を保育者と一緒に行う。
遊び	健康・人間関係・環境・言葉・表現	●保育者や好きな友だちと関わって一緒に遊ぶことを喜ぶ。 ●泥んこ遊びや水遊びなど、夏の遊びの楽しさを味わう。 ●絵の具遊びや魚つりなど、室内での製作遊びを喜ぶ。 ●絵本や紙芝居を喜び、気に入った絵本はくり返し楽しむ。	●好きな遊びをしたり、気の合う友だちや保育者との関わりを楽しむ。 ●散歩に出かけ、気分転換をしたり、保育者や友だちと会話を楽しんだりする。 ●泥んこ遊びや水遊び（色水・絵の具遊び・洗濯ごっこ）など、季節の遊びを十分に楽しむ。 ●にじみ絵やはさみを使った製作をする。 ●好きな絵本や紙芝居の中のせりふをくり返したりして、言葉遊びを楽しむ。 ●保育者と一緒に夏野菜の収穫を楽しみにする。

保育所職員の連携

＊職員の役割分担をそれぞれが理解し、危険な場所には必ず保育者がつくことを確認する。
＊他クラスの職員と連携をとりながら、夏期の保育をスムーズに進められるようにする。

家庭・地域との連携

＊毎朝健康チェックをしてもらい、水遊びの可否を知らせてもらう。
＊水遊びをしたときは衣服や水着を持ち帰ってもらい、次回の準備をお願いする。
＊体調に変化が見られるときは早めの受診と治療をお願いする。

● 2歳児の指導計画

健康・安全への配慮

＊夏期に流行しやすい感染症（とびひ・結膜炎・手足口病など）について家庭に知らせるとともに、体調をよく観察する。
＊戸外に出るときは帽子をかぶり、水遊び後は水分補給をこまめに行う。
＊暑さから食欲が落ちたり、よく眠れなかったりすることがあるので一人ひとりの体調に目を配る。

行事

＊プール遊び
＊誕生会
＊夏祭り（夕涼み会）

環境構成	保育者の配慮
●男児には立って排尿する方法を無理なく知らせる。 ●パンツの子は全部脱がずに膝まで下ろして排尿できるよう知らせる。 ●パンツやズボンを立って履けるように着替える場所を確保する。 ●プール遊びの準備をしながら必要なものを知らせる（ズボン・パンツ・Tシャツ）。 ●汗をかいたらシャワーできれいに洗い流し、気持ちよく過ごせるようにする。 ●冷房を使うときは外気温との差に気をつける。	●暑さや日差し、子どもの体調に合わせ十分に休息がとれるよう、活動や遊びの内容・時間を考慮する。 ●一人ひとりの排泄間隔を把握して、タイミングよく誘い、トイレで排泄する習慣がつくようにする。 ●子どもの様子を見ながら、家庭とも連絡をとり合う。 ●食事中に眠くなる子もいるので、その日の起床時間を考慮し早めに布団で休めるようにする。 ●夏の疲れで甘えてくるときは気持ちを受け止めて、その子の様子に合った接し方をする。
●室内・室外ともに季節感のある遊びを用意し、十分楽しめるようにする。 ●水遊び用に空き容器を利用した玩具を作るなど工夫する。 ●水遊びができない子も室内で静かに遊べるよう、パズルや的当て、魚つりゲームなどを用意しておく。 ●日差しが強い日は早めに入室し、コーナー遊びなどをして室内でゆっくり過ごすようにする。 ●好きな絵本や歌をゆったりした雰囲気の中で楽しめるようにする。	●室内外で遊べるいろいろな遊びを工夫し、保育者自身が楽しそうに遊んで声をかけたりして、無理なく誘うようにする。 ●子どもの見つけた遊びや発見を見逃さず応え、自信を持って行動できるよう関わる。 ●戸外での遊びは、日陰で風通しのよい場所や蚊が少ないところを選ぶ。 ●遊びがそれていき興奮したり、危険な遊びになりそうになったら、保育者が加わり言葉かけをして関わるようにする。 ●自分の気持ちや考えを言葉で表せるように、子どもの話を聞いて言葉を添えたりする。

バリエーション！

2ℓのペットボトルを底から10cmくらいのところで切り、切り口にビニールテープを貼ってひもで取っ手をつけたものをいくつも用意しておきます。水を入れて砂場に運んだり、色水遊びに使ったりしています。

注意！

虫さされはかゆがってかわいそうですし、虫さされをひっかいてしまい、とびひになることがあります。とびひが全身に広がってしまったり、他児にうつすこともあります。蚊が出やすいところには虫よけをつり下げたり、保護者と相談しながら刺激の少ない虫よけスプレーをしてあげます。

食育

＊夏野菜の話をして、野菜の色や働き（栄養）をわかりやすく伝えて、体と食物の関係を知らせる。
＊箸に興味がある子には使いたいときに使えるようにしておく。
＊こぼしたらすぐにふいて、きれいな環境で食べる大切さに気づかせる。

反省・評価

＊おむつからトレーニングパンツ、パンツへと移行した子も増えた。引き続きタイミングを見ながら個々に合わせ、家庭とも連携をとりながらトイレトレーニングを行っていく。
＊家事都合で休む子が多く、家庭でゆっくりと過ごせたようだった。なかには休み明けに熱を出したり体調をくずす子もいたので、家庭との連絡を密にして、子どもたちの体調管理には十分気を配る。

2歳児　9月　月案　うさぎ組

ねらい
* 生活のリズムを整え、夏の疲れにより体調をくずさないように健康的に過ごせるようにする。
* 保育者や友だちと一緒に全身を使った遊びを楽しむ。

ここがポイント！
8月の家族でのお出かけなどで生活のリズムが乱れがちです。その影響で9月に疲れが出たり発熱するなど、体調をくずすことがあります。ゆったりとした生活の中で生活リズムを整えていきます。

注意！
体力もつき運動機能も発達し、行動が活発になります。自分の力の限界がわからないのでジャングルジムの上まで登って降りられなくなったり、高いところから飛び降りたり、ヒヤッとすることが度々あります。抑制や禁止をするのではなく、手を貸して冒険させたり、安全な環境を整備して自由な動きをさせ、安全に行動する力を育てます。

	子どもの姿	内容
生活（食事・排泄・睡眠・清潔・着脱）	●食事のとき、箸を使って食べようとする子が多くなる。 ●自分から尿意や便意を知らせ、トイレに行く子やタイミングが合うと排泄できる子が増えてくる。パンツの子は膝まで下げて排尿したり後始末を自分でやろうとする子もいる。 ●自分で着脱をしようとするが、汗で脱ぎづらいときには保育者に手伝ってもらう。 ●暑さで早く目覚めたりする子もいる。 ●石けんをつけずに手を洗うこともある。	●一緒に食べる子とおしゃべりをしたり、スプーンや箸の持ち方や座る姿勢に気をつけながら食事をする。 ●自分から尿意や便意を知らせトイレで排泄できる子が増えてくる。パンツを膝まで下げて排尿したり、後始末を自分でやろうとする子もいる。 ●衣服の着脱、片づけを自分でしようとする。
遊び（健康・人間関係・環境・言葉・表現）	●気の合う友だちや保育者との関わりを楽しみながら、好きな遊びを楽しむ。 ●散歩に出かけ、気分転換をしたり、友だちとの会話を楽しんだりする。 ●泥んこ遊びや水遊びなどを楽しんでいる。 ●虫の飼育を通じて体が変化したり成長することを知り、命の不思議さや大切さに気づく。 ●絵本や紙芝居を喜び、気に入った絵本はくり返し読んでもらう。	●保育者と一緒に乗り物ごっこを楽しむ。 ●散歩バッグを持って出かけ、ドングリや落ち葉を拾う。虫を見たり触れたり、草花の種や木の実で遊ぶ。 ●渡る・ジャンプする・転がる・くぐるなど、全身を使う運動遊びをする。 ●音楽に合わせていろいろな楽器で遊ぶ。 ●新しい体操で楽しく体を動かして遊ぶ。 ●のりを使って製作遊びをする。 ●触れ合い遊び（「おせんべやけたかな」）を楽しんだり、気に入った絵本を読んでもらう。

保育所職員の連携
* 園庭でかけっこなどをする際、安全に走れるよう年上のクラスと使用する時間帯を分けたり、場所を確保するなど、保育者間で決めておく。
* 年上のクラスが運動会の練習をして遊具の位置が変わることもあるので、職員間で情報共有をして、園庭の安全点検と整備を十分行う。

家庭・地域との連携
* 気温の変化に合わせて調節しやすい衣類を用意してもらう。
* 夏の疲れで体調をくずしやすいので、食欲や睡眠時間など健康状態はこまめに連絡をとり合う。
* 一人ひとりの運動遊びの様子を知らせ、発達段階と成長したところを話して、ともに喜び合う。

● 2歳児の指導計画

健康・安全への配慮

* 暑い日もあるので、室温・湿度の調節をし、風通しをよくして快適に過ごせるようにする。戸外では帽子をかぶる。
* 夏の疲れで食欲が落ちたり、体調をくずす子どももいるので家庭での様子を聞きながら、十分な休息をとれるようにする。水分補給もこまめに行う。

行事

* 防災訓練
* 敬老の日
* 誕生会

環境構成	保育者の配慮
●箸を使いたい子には、使えるように用意しておく。 ●男児には立って排尿する方法を無理なく知らせる。女児にはトイレットペーパーの使い方をそばについて伝える。 ●パンツを膝まで下ろして排尿できるよう、手伝いながら知らせる。 ●室温・湿度に気をつけ、風通しをよくして、気持ちよく眠れるようにする。	●夏の疲れが出やすい時期なので、個々の体調を把握し十分に休息がとれるように配慮する。 ●食事中、注意ばかりになると食べる意欲がそがれるので、遊びの中に取り入れながらマナーなどに気づくようにする。 ●一人ひとりの排泄間隔を把握して、トイレに誘う。 ●子どもの様子を見ながら、家庭とも連絡をとり合い、パンツで過ごさせる。 ●くり返し、丁寧な手の洗い方を知らせ、ふくところまで見届ける。
●ごっこ遊びを楽しめるよう、材料や用具などを用意しておく（新聞紙のハンドル・段ボールの乗り物など）。 ●渡る・ジャンプする・転がる・くぐるなど、運動遊びを取り入れる。 ●全員が使用できるように、いろいろな打楽器の準備をする。 ●触れ合い遊びやわらべ歌（「花いちもんめ」）をたくさん取り入れ、保育者や友だちとゆったり関わって遊べるようにする。	●「○○ごっこをしよう」と興味を引くような言葉かけをして、子どもがやってみようとする気持ちを受け止め、楽しめるようにする。 ●かけっこなどは保育者も一緒になって体を動かし、楽しむ。 ●秋の自然と触れ合う中で、子どもが発見や驚きを表す言葉をつぶやいたらよく聞き、その気持ちに応える。 ●集中して遊べるよう、少人数での活動も取り入れる。 ●好きな絵本（『はらぺこあおむし』）などは落ち着いた雰囲気の中で楽しめるようにする。

食育

* 秋のおいしい食べものの話をするなど、楽しい雰囲気をつくって食事ができるようにする。
* 膝を立てたり、横を向いて食べたりする子には、食事中のマナーと、よい姿勢で食べることの大切さを知らせる。

反省・評価

* パンツで過ごす子が増えてきた。失敗することもあるが、一人ひとりのタイミングを見計らってトイレに誘いかけるように気を配る。
* 手洗いの際、石けんをつけずに洗う子がいるので、そばについて声をかけながら丁寧にやり方を知らせる。
* 新しい体操では、動きについていけない子も見られたので、発達に応じたものを取り入れるよう考慮する。

現場では！

気に入った絵本を一人でめくって見ることができるようになります。子どもがいつでも取り出せるように本棚に並べておきます。4、5歳向きとされる絵本も少しまぜておくとそれに興味を示すことがあります。

2歳児 ● 月案

2歳児　10月　月案　うさぎ組

ねらい
* 気温の変化や体調に留意し、健康的に過ごせるようにする。
* 3歳以上児クラスの運動遊びの様子を見たり、参加させてもらいながら、体を動かして遊ぶ。
* 秋の自然（虫や草花、木の実）に触れながら散歩を楽しむ。

	子どもの姿	内容
生活 食事・排泄・睡眠・清潔・着脱	●箸を使って食べようとする子もいる。横を向いたり膝を立ててしまう子もいる。 ●自分からトイレに行く子やタイミングが合うと排泄できる子が増えてくる。パンツの子も増える。膝まで下げて排尿したり後始末を自分でやろうとする子もいる。 ●衣服や靴の着脱や片づけを自分でしようとする。 ●石けんをつけずに手を洗うこともある。	●箸を使って食べてみたり、声をかけられて茶わんを持って食べたりする。 ●自分でトイレに行く子や排泄ができる子が増え、日中はパンツで過ごせるようになる。 ●簡単な衣服の着脱を自分でやろうとする。裏返しになった服を表に直すやり方を保育者と一緒にしてみたりする。たたもうとする子もいる。 ●そでをまくってから手洗いをする。 ●保育者と一緒にガラガラうがいをしようとする。
遊び 健康・人間関係・環境・言葉・表現	●乗り物ごっこに興味を持ち楽しんで遊ぶ。 ●散歩に出かけ、ドングリや落ち葉など秋の自然に触れたり、虫や草花を見たりして楽しんでいる。 ●渡る・ジャンプする・転がる・くぐるなど運動遊びを経験し、体を動かすことを喜ぶ。 ●音楽に合わせて太鼓をたたくことに興味を持ってやりたがる。 ●新しい体操で体を使う活動を楽しむ。 ●好きな歌（「犬のおまわりさん」「大型バス」）や触れ合い遊びを楽しむ。	●戸外の遊びを楽しむ（かけっこ・固定遊具・竹登りなど）。 ●散歩に行き、秋の自然に触れて落ち葉や木の実、草花の種を拾ったりして楽しむ。 ●階段や坂道を上ったり下りたりする場所を歩き、足裏をよく使えるようにする。 ●のりやはさみを使って製作遊びをする。 ●好きなコーナーで積み木やままごとをして遊ぶ。 ●保育者や友だちとわらべ歌を一緒に歌って体も動かしながら楽しむ（「あぶくたった」「かごめかごめ」など）。

保育所職員の連携
* 3歳以上児クラスと一緒に遊ぶときは、保育者同士でよく相談して無理なく参加できるようにする。
* 子どもの動きをよく見て、保育者同士で声をかけ合い、危険のないよう留意する。

家庭・地域との連携
* できるだけ薄着を心がけることを話し、動きやすく調節しやすい衣類を用意してもらう。
* 活動が増え、体調をくずしやすくなるので、食欲や睡眠時間など健康状態はこまめに連絡をとり合うようにする。
* 箸に関心を持つ時期なので、正しい持ち方を掲示し家庭でも取り組んでもらえるようにする。

ここがポイント！
戸外での運動遊びが盛んになります。3歳以上児の巧技台遊びの中に2歳児用のものを設定してもらったりして、年上の子と一緒に遊ぶ楽しさを味わわせます。同時に刺激を受けて、ちょっと難しいことに挑戦する姿も見られます。体操やリズム遊びなど喜んで参加するようになります。

現場では！
公園や道端の草花や虫、木の葉、木の実、小鳥などに興味を持ち、触れたり集めたりします。保育者からビニール袋をもらって集めたものを入れ、大事そうに持ち帰ってきて保育者に見せたり、友だちと見せ合ったりしています。

● 2歳児の指導計画

健康・安全への配慮

＊急に気温が下がる日もあるので変化に応じて衣服を調節し、個々の体調を見ながら、薄着に慣れるようにする。
＊活動量が増えるので、睡眠や休息を十分とる。
＊風邪や冬期の感染症が流行し始めるので予防を心がけ、こまめに換気を行い、保育者が率先して手洗い、うがいを十分に行う。

行事

＊体育の日
＊避難訓練
＊誕生会

環境構成	保育者の配慮
●遊びをとおして箸の使い方に親しめるようにする。 ●男児には立って排尿する方法を言葉かけをしたり、後ろからお尻に手を添えたりして知らせる。女児にはトイレットペーパーの使い方をそばについて知らせる。 ●パンツを膝まで下ろすやり方を知らせる。 ●自分でやろうとする気持ちを認め、着脱しやすいように衣類を並べたりしておく。 ●午睡の時間にゆとりを持たせ、十分眠って気持ちよく起きられるようにする。	●夏の疲れが出やすい時期なので個々の体調を把握し、十分に休息がとれるように配慮する。 ●箸の使い方や茶わんの持ち方は一人ひとりに知らせる。 ●一人ひとりの排泄間隔を把握して、トイレに誘う。成功したときは一緒に喜び、次へとつなげる。 ●手洗いのとき、保育者が水を口に含むガラガラうがいのやり方を見せる。 ●風邪に関する絵本を用意して、手洗い、うがいの大切さを知らせる。
●かけっこを思いきり楽しめるよう、安全に遊べる場所を確保しておく。 ●散歩は足の親指やかかとを使えるよういろいろなコースを体験できるようにする。 ●木の実や落ち葉は製作に使えるよう、十分な量を分類して保存しておく。 ●はさみの安全な使い方を知らせながら、集中して遊べるよう少人数で行う。 ●好きな絵本などは落ち着いた雰囲気の中で読んで言葉（せりふ）のやり取りをしたり、イメージがふくらむように関わる。	●「おもしろい」「やりたい」という気持ちを受け止めながら、順番を守ることや交代することも知らせる。 ●秋の自然と触れ合う中で、子どもの発見や驚きに応え、会話をふくらませるようなやり取りをする。 ●わらべ歌などは、一つひとつの動き方を丁寧に知らせ、楽しくいろいろな動きができるようにする。 ●ごっこ遊び（『三匹のやぎのがらがらどん』など）では、保育者も一緒に遊びながら楽しませる。

注意！
木の実をいじっていて鼻や耳の中に入れてしまい取れなくなってしまうことがまれにあります。子どもが泣き出したりするのでわかります。奥に入ってしまったときはすぐにお医者さんに連れていきましょう。

2歳児
●月案

食育

＊茶わんの持ち方を一人ひとりに知らせる。様子を見ながら、箸で食べられる子が増えるように正しい持ち方を知らせる。
＊注意ばかりにならず、楽しい雰囲気で食事ができるようにする。

反省・評価

＊活動量が増えて疲れも見られたので、十分な休息をとるようにした。今後も動と静のバランスを考えながら活動を組み立てる。
＊友だちと遊ぶ中で、保育者も一緒になりながら、順番を守ることや交代することも知らせる。

CD-ROM ── P131-172_2歳児 ── P154-155_月案11月

2歳児　11月　月案　うさぎ組

ねらい
＊気温の変化や体調に留意し、健康的に過ごせるようにする。
＊保育者や友だちと言葉のやり取りやごっこ遊びを楽しむ。
＊秋の自然（虫や落ち葉・木の実）に触れながら散歩を楽しむ。

ここがポイント！

好きな絵本をもとに簡単な劇遊びで好きな役になり、言葉のやり取りを楽しむようになります。保育者が描いたお面に自分で色を塗って頭につけると喜んで役になりきります。役を交換したりして何回もくり返し遊びます。子どもの様子を見てレパートリーを増やしていきましょう。ごっこ遊びでも劇遊びのやり取りを楽しんでいます。

現場では！

落ち葉にのりをつけて紙に貼って物や動物に見立てて楽しんだり、ドングリのコマや首飾りを作ってもらったりして楽しんでいます。

		子どもの姿	内容
生活	食事・排泄・睡眠・清潔・着脱	●箸を使ったり、声をかけられて茶わんや皿を持って食べたりする。 ●自分からトイレに行って排泄できる子が増え、日中はパンツで過ごせる子が増える。 ●男児では立って排尿しようとする子もいる。女児はトイレットペーパーを使ってふこうとする。 ●衣服の着脱を自分でしようとする。裏返しになった服を保育者と直そうとしたり、脱いだ衣服をたたもうとする子もいる。 ●手洗い時、自分でそでをまくろうとする。 ●保育者と一緒にガラガラうがいをする。	●箸を使って食べる子もいる。 ●トイレで排泄できる子が多くなり、パンツで過ごせるようになる。 ●簡単な衣服の着脱、片づけを自分でしようとする。 ●そでをまくってから手洗いをする。 ●保育者のやり方を見ながら、手で水をすくったり、水道の近くに口を持っていき、ガラガラうがいをする。
遊び	健康・人間関係・環境・言葉・表現	●戸外で好きな遊びを友だちと楽しむ（かけっこ・固定遊具・竹登りなど）。 ●散歩に行き、秋の自然に触れて落ち葉やドングリを拾ったり、虫を見たりして楽しむ。 ●階段や坂道などいろいろな場所に行き、上り下りを喜んで歩く。 ●散歩バッグを持って出かけ、秋の自然に触れ、落ち葉やドングリを拾ってくる。 ●体操や触れ合い遊び（しっぽ取りゲーム）をして体を使って遊ぶ。	●戸外での遊びを友だちと一緒に楽しむ。 ●拾った木の実や落ち葉を使って製作遊びをする。 ●保育者や友だちとイモ掘りに行き、イモを土から掘り出す経験をする。 ●のりと新聞紙を使ってイモを作る製作遊びをする。 ●保育者とおしゃべりしながら好きな歌や触れ合い遊びを楽しむ（「やきいもグーチーパー」「まっかな秋」）。 ●保育者や友だちとごっこ遊びを楽しむ（『三匹のやぎのがらがらどん』など）。

保育所職員の連携

＊かけっこなどで十分体を動かせるよう、3歳以上児クラスと協力して、園庭を未満児クラスだけで使う時間をつくるようにする。

家庭・地域との連携

＊できるだけ薄着を心がけ、動きやすく調節しやすい衣服を用意してもらう。
＊冬期の感染症について情報や予防法を知らせ、家庭でも手洗い、うがいをするように伝える。

● 2歳児の指導計画

健康・安全への配慮

＊気温の変化が激しく、体調をくずしやすいので一人ひとりの健康状態に
　注意する。
＊薄着を心がけながら、気温に合わせて衣服の調節をする。
＊風邪や冬期の感染症（インフルエンザ・嘔吐下痢症など）予防に努め、
　湿度をチェックして部屋が乾燥しないようにする。

行事

＊収穫祭
＊誕生会
＊交通安全教室

注意！

風邪、インフルエンザ、感染性胃腸炎の流行期になります。情報収集し、予防について保育者同士で話し合って実践すると同時に保護者へも情報を提供し、協力をお願いします。

環境構成	保育者の配慮
●食後、口のまわりや洋服が汚れていないか気づくような声かけをして、汚れていたらきれいに口を洗ったり着替えたりできるようにする。 ●布パンツの子は全部脱がないで膝まで下ろして排尿できるよう知らせる。 ●衣服の着脱やたたんだりすることを落ち着いてできるよう、時間に余裕を持って活動を組み立てる。 ●夕方は気温が下がるので、午睡後はシャツを着て過ごすようにする。 ●手の届くところに泡石けんやペーパータオルを置いておく。	●箸で食べる子には正しい持ち方を知らせる。 ●一人ひとりの排泄間隔を把握しトイレに誘い、できたらほめて次につなげる。長時間トイレに行っていない子には、個別に声をかける。 ●衣類のたたみ方などは1対1で見ていき、丁寧に関わってやり方を知らせる。 ●そでのまくり方は保育者がやってみせながら伝える。 ●両手の中に水をすくい、口に含むうがいの仕方を保育者が一緒に行い、くり返し知らせる。 ●手洗いやうがいが風邪の予防になることを絵本やパネルシアターなどで伝える。
●散歩で、親指やかかとを十分使えるよう、階段や坂道などいろいろなところを歩けるコースを選ぶ。 ●ドングリや落ち葉などは製作に使いやすいよう、分類しておく。 ●はさみやボンド、のりの使い方を丁寧に知らせながら集中してじっくりと遊べるよう、少人数で行う。 ●新しい動きを取り入れたリズム遊びを楽しめるようにする。	●秋の自然と触れ合いながら、気づきや不思議に思う気持ちに応え、自然事象への興味・関心が広がるように関わる。 ●リズム遊びは一つひとつの動きを丁寧に知らせ、楽しくいろいろな動きができるようにする。苦手な子も、保育者の動きを見たり、得意なものから楽しめるようにする。 ●ごっこ遊び（「三匹のこぶた」）やわらべ歌で遊ぶ中で、言葉のおもしろさを楽しみながらやり取りをして遊べるようにする。 ●好きな絵本をくり返し読み、子どものイメージがふくらむように関わる。

食育

＊食べこぼしが多い子には保育者が
　そばについて、持ち方や姿勢など
　を丁寧に知らせる。
＊食べものが出てくる絵本や寒いと
　温かい食べものがおいしいことを
　話したりして、楽しく食事ができる
　ような雰囲気をつくる。

反省・評価

＊箸の正しい持ち方は家庭とも連携をとりながら、一人ひとり
　と関わって丁寧に知らせる。
＊うがいは、飲み込んでしまうことが多いので、口に含むガラ
　ガラうがいのやり方を見せながら一緒に行っていきたい。
＊寒くなったので、鼻水が出る子が見られた。体調の変化に
　気をつけて、風邪などひかないように注意する。

2歳児

●月案

2歳児　12月　月案　うさぎ組

ねらい
* 一人ひとりの体調に留意し、寒い時期を元気に過ごせるようにする。
* ごっこ遊びや見立て遊び、つもり遊びをとおして、言葉のやり取りをしたり、保育者や友だちとの関わりを楽しむ。

ここがポイント！

年上の子の様子を見て刺激され、行事への参加を楽しみにするようになります。大勢の前で演じたり、年上の子の演じるのを驚きを持って見ている様子は、大きい子の仲間入りができるようになった喜びとも感じられます。成長した様子を認めて活動を広げていきます。

バリエーション！

紙テープをズボンにはさみ、しっぽにして「しっぽ取りゲーム」を好んでやります。友だちを追いかけてしっぽを取るゲームですが、取った、取られたことよりも一緒に遊ぶことを楽しんでいます。走り回って体も温かくなります。

	子どもの姿	内容
生活（食事・排泄・睡眠・清潔・着脱）	●一緒に食べる友だちが決まってきて、楽しい雰囲気の中でスプーンや箸を使って自分で食べる。 ●箸を使って食べようとする子もいる。 ●食べこぼしはするが、口のまわりが汚れたら食後に洗っている。 ●男児は立って排尿しようとする。 ●トイレで排泄できる子が多くなり、ほとんどの子がパンツで過ごせるようになる。 ●保育者のやり方を見ながら、ガラガラうがいをする。 ●着脱や片づけを自分でする。	●保育者に声をかけられたり、友だちの姿を見てスプーンや食器の正しい持ち方に気づき、意識して食べようとする。 ●尿意や便意を感じ、自発的にトイレに行って排泄する子が増える。 ●自分で身支度を整え、静かに布団に入って休息する。 ●保育者と一緒にうがいをする。 ●鼻水が出ていることに気づき、知らせる。
遊び（健康・人間関係・環境・言葉・表現）	●戸外での遊びを友だちと一緒に楽しむ（かけっこ・わらべ歌遊び・砂場でのお店屋さんごっこなど）。 ●散歩の行き先を子どもに話すと、期待を持って出かけることを楽しみにする。 ●散歩バッグを持って出かけ、冬の自然に触れ、落ち葉やドングリを拾ってくる。 ●好きなコーナーで洗濯ごっこやままごと、箸遊びなど生活を再現した見立て遊びをする。 ●のりやボンド、はさみを使った遊びに親しみ、自由な表現を楽しむ。	●戸外でのごっこ遊び（電車ごっこ）やかけっこをすることを楽しむ。 ●拾ってきたドングリや落ち葉など自然物を使って、リースの製作をする。 ●空き容器に木の実などを入れて楽器を作り、音を鳴らして楽しむ。 ●保育者とおしゃべりしながら季節の歌（「お正月」「赤鼻のトナカイ」）や触れ合い遊びを楽しむ。 ●クリスマスやお正月の絵本を楽しむ。

保育所職員の連携

* 3歳以上児クラスと連携を図り、未満児だけで園庭が使える時間をつくって、体を十分動かして遊べるようにする。
* クリスマス会での職員配置については特に入念に確認する。

家庭・地域との連携

* 必要以上に厚着にならないよう、動きやすく調節しやすい衣服と上着を用意してもらう。上着にはフックに掛けられるループをつけてもらう。
* 風邪や感染症の兆候がないか十分目を配り、健康状態について密に連絡をとり合う。

● 2 歳 児 の 指 導 計 画

健康・安全への配慮

＊手洗い、うがいを励行して風邪や感染症の予防をする。
＊気温・湿度・換気に気をつけ、消毒を行い衛生的な環境を保つ。
＊一人ひとりの体調に目を配り、変化があったら家庭に連絡をして、早めに対応する。

行事

＊お遊戯会
＊誕生会
＊クリスマス会

注意！

厚着になると着脱が大変になり、排泄を我慢しておもらしをした状態で遊んでいることがあります。ズボンがぬれていないか注意し、ぬれていたらすぐに替えるよう声をかけ手助けをしてあげます。

環境構成	保育者の配慮
●一斉に声をかけず、それぞれの排泄間隔に合わせてトイレに行けるようにする。 ●布パンツの子は脱がないで膝まで下ろして排泄できるやり方を手を添えて知らせる。 ●衣類を着脱しやすいように並べておく。 ●入室の際に余裕を持ち、慌てずに身支度ができるようにする。 ●友だちの布団を踏まないことや、布団の上で暴れないことを知らせる。	●寒さで排泄間隔が短くなる子には、時間を見て個別に声をかける。 ●着脱などはさりげなく援助しながら自分でできた満足感が味わえるようにする。 ●すぐに手伝うのではなく、どのようにしたらうまくできるのか、方法を知らせながら1対1で、ゆっくりと関わる。 ●水が冷たくなり手洗いが雑になりがちなので、付き添いながら再度やり方を確認する。 ●絵本や紙芝居などで清潔にすることの大切さや、ガラガラうがいのやり方も知らせる。
●ごっこ遊びやわらべ歌で遊ぶ中で、言葉のやり取りを楽しみながら遊べるようにする。 ●ラックの中の絵本や玩具が多すぎたり、乱雑になっていないよう整理する。 ●散歩で持って帰ったものは分類しておく。 ●はさみやボンド、のりの使い方を丁寧に知らせながら少人数で行う。特にはさみの扱いは注意して見守る。 ●箸遊びをとおして、持ち方を丁寧に伝え、興味を示さない子にも工夫して誘いかける。 ●クリスマスやお正月、冬の自然に関する絵本をそろえておく。	●散歩の行き先を子どもと相談し、期待感を高めたり、一緒に話をしたり発見する喜びを受け止め、散歩を楽しめるようにする。 ●ごっこ遊びのもとになるお話や歌などをたくさん取り入れたり、お面を作ったりして子どもたちがなりきって楽しめるようにする。 ●触れ合い遊びやわらべ歌を保育者や友だちとゆったりと関わって遊べるようにする。 ●自分から読んでほしい絵本を持ってきたときは、膝の上でゆっくりと見られるようにし、絵本の世界をじっくり楽しめるようにする。子どもの自由な想像力を大切にしながら関わる。

食育

＊保育者が三角食べをしてみせて「ご飯だけ残ると食べにくいよ」など声をかけて食べ方を知らせる。
＊姿勢や行儀の悪い子には、その都度声をかけながら、よい姿勢で食べることの大切さを伝えるようにする。

反省・評価

＊寒さで鼻水や咳が出たり、体調をくずす子も見られたので、一人ひとりの健康状態をよく観察する。鼻はまだ自分でかむことが難しいが、出たら知らせてくるのでふきながらやり方を知らせる。
＊気の合う友だちと一緒にいるのを喜ぶ半面、気に入らないことがあるとトラブルが起きたりした。それぞれの気持ちが理解できるよう、適切に働きかけたい。

2歳児

●月案

157

CD-ROM

P131-172_2歳児 — P158-159_月案1月

2歳児　1月　月案　うさぎ組

ねらい
＊生活リズムを整えながら、身の回りの簡単なことが身につくようにする。
＊友だちや保育者と一緒に正月遊びを楽しむ。

	子どもの姿	内容
生活 食事・排泄・睡眠・清潔・着脱	●友だちの食べる姿を見て箸の持ち方を意識して食べようとする。 ●みずから尿意や便意を感じ、トイレに行き排泄できる子もいる。男児は立って排尿したり、女児は排泄後の始末をしようとする。 ●自分で身支度を整え、静かに布団に入って休息する。自分で布団をかけて横になる。 ●簡単な衣服の着脱をして、ファスナーやスナップも自分ではめたりしようとする。 ●保育者と一緒に手洗い、うがいをする。 ●鼻水が出ていると自分でふいたりする。	●保育者に声をかけられ「ご飯とおかずを交互に」を意識して食べてみる。 ●3歳以上児クラスで一緒におやつを食べる。 ●尿意や便意を感じ、自発的にトイレに行って排泄する子が増える。男児は立って排尿する。 ●簡単な衣服の着脱や片づけを自分でする。 ●保育者と一緒に手洗いをしたり、コップを使ってガラガラうがいをする。
遊び 健康・人間関係・環境・言葉・表現	●戸外で体を使った遊びやかけっこをすることを楽しむ。 ●散歩の行き先を聞き、期待を持って出かけることを楽しみにしている。 ●保育者や友だちと年末年始に経験したことについて、会話をして楽しむ。 ●自然物を使ったリースの製作や、空き容器で楽器を作り音を鳴らすことを楽しんでいる。 ●指先を使った遊びを楽しんでいる。 ●保育者と「あわてんぼうのサンタクロース」を歌ってクリスマスの会話を楽しむ。	●2グループに分かれ少人数で散歩に行き、氷や霜柱など冬の自然に触れて遊んだりして楽しむ。 ●鬼ごっこやかけっこなどで積極的に体を動かして遊ぶ。 ●正月遊びを楽しむ(こま回し・たこあげ・福笑いなど)。 ●鬼の面作りなど、保育者と一緒に切ったり貼ったりする製作を楽しんで行う。 ●音楽を聴きながら楽器を鳴らしたり、体を揺らしたりして楽しむ。

保育所職員の連携

＊寒くなり体が動かしにくくなることで、転倒したり思わぬケガをすることがあるので、子どもの動きをよく見るよう、保育者同士で声をかけ合う。

家庭・地域との連携

＊動きやすく調節しやすい衣服を用意してもらう。
＊風邪やインフルエンザがはやる時期なので、健康状態について密に連絡をとり合い、予防のため家庭でも手洗い、うがいをするようにお願いする。
＊うがい用コップとコップ袋を用意してもらい、洗って翌日また持たせるようお願いする。

現場では!

冬の散歩の楽しみは霜でふくれた土を踏んでめり込む感触を味わったり、水たまりに張った氷の上をバリバリという音を聞きながら歩くことです。歩いたあとこなごなになった霜柱や氷を触ったり、保育者に見せたりしてしばらく遊んでいます。

ここがポイント!

お正月明けはいろいろな経験をしたからか、成長した様子が見られます。語彙も急激に増えおしゃべりになります。一人が保育者に経験したことを話し始めると、他児も「○○ちゃんねえ」と話しかけてきます。一人ひとりの思いを受け止めて共感できる保育者の姿勢が大切です。

健康・安全への配慮	行事
＊引き続き感染症の予防に努め、衛生面には十分注意する。 ＊年末年始の休み明けで、生活リズムが乱れがちなので体調をよく観察する。 ＊暖かい日にはなるべく戸外へ出て、体を動かして遊ぶ。 ＊厚着にならないよう、衣服を調節する。	＊おもちつき ＊誕生会

環境構成	保育者の配慮
●保育者が各テーブルにつき楽しく食べられるようにしながら、一人ひとりの食べ方や食べる量などを見てその子に合った言葉をかけるようにする。 ●箸とスプーンの両方を用意し、好きなほうを使えるようにしておく。 ●一人ひとりの排便後の始末と仕方をその都度確認し、できないところは手伝う。 ●入室の際に時間に余裕を持ち、衣服の着脱やたたむことを落ち着いてできるようにする。 ●朝、自分のうがい用コップをコップ袋に入れ、夕方持ち帰るように伝える。	●膝を立てたり横を向いて食べる子には、そばにつき前を向いて食べるよう知らせる。 ●自分でしようとするときは見守り、排尿間隔の短い子には早めに誘いかける。 ●保育者がそばについてガラガラうがいの仕方を一人ひとりに知らせる。 ●外から帰ったときや食後にうがいをするよう、その都度声をかける。 ●鼻水が出ていたらふいたり、片方ずつ押さえてかむようにし、鼻のかみ方を丁寧に知らせる。
●活動の前に体操して体を十分ほぐしたり、内容も体が温まるようなものを考える。 ●ごっこ遊びやわらべ歌を楽しめる小道具を用意し、子どもが作れるよう材料の準備をする。 ●散歩の行き先を子どもと相談し、期待感を高めたり、一緒に話をしたり発見する喜びに応えて散歩を楽しめるようにする。 ●少人数でゆったりと製作遊びができるようにし、はさみやボンド、のりの使い方を丁寧に知らせながら集中してじっくりと遊べるようにする。 ●簡単なたこ作りや鬼の面作りが楽しめるよう、材料を用意しておく。	●友だちと一緒にリズム遊びをすることを楽しんでいるので、一緒に手をつないで遊ぶ動きなどを取り入れる。 ●表現遊びのもとになるお話や歌などを見たり歌ったり、興味が持てるように小道具を使ったりして遊びが広がるようにする。 ●触れ合い遊びやわらべ歌をたくさん取り入れ、保育者や友だちとゆったりと関わって遊べるようにする（「あぶくたった」「花いちもんめ」「おしくらまんじゅう」）。 ●ストーリー性のある絵本をそろえておく（『てぶくろ』『三匹のこぶた』『あかたろう』）。

バリエーション！
保育者のピアノに合わせてリズム遊びを楽しみます。走ったりピョンピョンはねたり、急に止まったり、変化に富んだリズムが大好きです。

食育	反省・評価
＊3歳以上児クラスでおやつを食べる経験をする。そのときは慣れない環境に戸惑わないよう、少人数で行き、保育者が一緒に付き添いながら食べる。	＊年末年始の休み明けは、一人ひとりの様子を見ながらそれぞれの状態に合わせて関わった。朝、泣く子や不安になる子には安心できるよう、ゆったり話しかけたり、抱っこをしたりした。 ＊保護者に連絡帳や、お迎えのとき口頭で話すなど日中の元気な様子を伝えて、安心してもらうよう心がけた。

2歳児　2月　月案　うさぎ組

ねらい
＊身近な自然に触れながら寒い時期を健康に過ごせるようにする。
＊友だちや保育者と一緒に言葉のやり取りをしながらごっこ遊びを楽しむ。

ここがポイント！
寒いときも上着を着せるなどしてできるだけ外に出して全身を使って遊ばせます。寒い冬を乗りきると同時に雪、氷などの自然現象もタイミングを逃さずに触れられるようにして、自然への好奇心を刺激しましょう。

注意！
自分でトイレに行くようになっても排便の始末はまだできません。必ずついて行き見届けます。

		子どもの姿	内容
生活	食事・排泄・睡眠・清潔・着脱	●友だちの食べる姿を見て持ち方や姿勢を意識しながらこぼさずに食べようとしている。 ●3歳以上児クラスで一緒におやつを食べ、会話を楽しんだりする。 ●みずから尿意や便意を感じ、トイレに行こうとする。トイレで排泄できる子もいる。男児は立って排尿したり、女児は排尿後の始末をしようとする。 ●簡単な衣服の着脱を自分でする。 ●保育者と一緒に手洗いをしたり、コップを使ってガラガラうがいをしようとする。	●スプーンを正しく持ち、こぼさないように食べようとする。箸の使い方を覚える。 ●「ごちそうさま」「いただきます」を言って席を立つときは、いすを戻そうとする。 ●自分からトイレに行き排泄するようになる。男児は立って排尿したり、女児は排尿後の始末をする。 ●服の表裏を意識し、保育者と一緒に直そうとする。脱いだ服は汚れものの袋の中に自分で入れる。 ●靴の左右に関心を持ち正しく履こうとする。
遊び	健康・人間関係・環境・言葉・表現	●少人数でゆったりと散歩に行き、冬の自然に触れて遊んだり、友だちと一緒に探索を楽しんでいる。 ●鬼ごっこやかけっこ、花いちもんめなどで戸外で積極的に体を動かして遊ぶ。 ●簡単なたこやお面作りなど、保育者と一緒にはさみやのりを使った製作を楽しんでいる。 ●リズム遊びや楽器を鳴らして遊び、音やリズムでの表現を楽しむ。 ●簡単なストーリー性のある絵本を読んでもらうことを喜ぶ。	●3歳以上児と一緒にグループに分かれて散歩に行き、異年齢で遊ぶ楽しさを味わう。 ●友だちとごっこ遊びのイメージを共有してやり取りをしながら、遊びが広がる。 ●簡単なルールのある遊びをする。 ●鬼の面やひな人形を保育者と一緒に作る。 ●友だちと一緒にリズム遊びをして楽しむ。 ●好きな歌を歌ったり音楽を流して楽器遊びをする。 ●絵や文字に興味を持ちカルタで遊ぶ。

保育所職員の連携
＊3歳以上児との交流をするときは、未満児が安心して活動を楽しめるように、以上児クラスの保育者と連携して活動内容を考える。

家庭・地域との連携
＊自分で身の回りのことをしようとする姿を伝え、時間がかかっても見守ってもらうようにする。
＊健康状態について密に連絡をとり合い、家庭でも手洗い、うがいができるようにしてもらう。
＊進級への取り組みを伝え、安心して準備をしてもらえるようにする。
＊新年度で必要になるもの（箸など）を知らせる。

健康・安全への配慮	行事
＊気温の変化に合わせて衣服の調節をする。なるべく動きやすい服装を心がける。 ＊戸外活動の前には体操をして体をほぐし温めて、転倒やケガをしないようにする。 ＊一人ひとりの健康状態を把握し、冬の生活を健康に送れるようにする。	＊節分（豆まき） ＊避難訓練 ＊誕生会

環境構成	保育者の配慮
●保育者が各テーブルで一緒に食べ、手本となって箸の持ち方やマナーを知らせる。 ●箸とスプーンの両方を用意し、好きなほうを使えるようにする。 ●着替えのときは時間に余裕を持ち、ゆっくりと身支度ができるようにする。 ●靴の左右がわかるように並べておき、正しく履けるようにする。 ●衣服の前後がわかるよう、そばについて見分け方を知らせる。 ●コップを使ってガラガラうがいのやり方を見せながら個別に知らせる。	●一人ひとりの食べ方や食べる量などを見て、その子に合った言葉をかける。 ●排便後の始末の仕方を知らせながら、できないところは手伝う。自分でしようとするときは見守る。排尿間隔の短い子には早めに誘いかける。 ●衣類の着脱では、どうしたらうまくできるのか、個々の様子を見て、その子に合わせてやり方を知らせる。 ●手洗いや手ふきは見ていないと雑になる子もいるので、見守りながらくり返しやり方を知らせる。
●ごっこ遊びのイメージが広がるような小道具を用意しておく。 ●保育者も加わりながら簡単なルールのある遊びができるように、遊びに必要な道具を用意しておく。 ●3歳以上児クラスと連絡をとり合い、一緒に散歩に行く機会をつくる。 ●活動内容は体をほぐして温めるようなものを考え、寒くても戸外で遊ぶ時間を持つようにする。 ●ストーリー性のある絵本を用意し、自由に見ることができるようにする。	●一人ひとりの発見やつぶやきに応えられるよう、少人数で散歩に出かけるようにする。 ●じっくりと室内で過ごせるような指先を使った遊びを、計画的に取り入れる。 ●リズム遊びの動き方を丁寧に知らせ、一つひとつの動きをじっくり楽しめるようにする。 ●表現遊びのもとになる絵本や短い紙芝居などをたくさん取り入れたり、小道具（動物のお面やしっぽなど）を作ったりして子どもたちがなりきって楽しめるようにする。 ●子どもたちから好きな歌を聞いて、みんなで歌って好きな歌を楽しめるようにする。

 現場では！

子どもの頭の中には散歩地図ができ上がっていて、消防署、交番、駅や電車の見えるところなどの行き方がわかってきます。まわりの観察も細かくなり、保育者のほうが教えられることもあります。

食育	反省・評価
＊節分で豆まきをする話をして、豆を食べると丈夫な体になることを知らせる。	＊3歳以上児との交流が増えたことで喜んで活動する子も見られるが、新しい環境に戸惑ったり、進級への不安が出てくる子もいる。安心して活動できるよう、保育者がそばについて言葉かけをしたり、少しずつ慣れていけるよう、一人ひとりに合わせた対応を心がける。

2歳児　3月　月案　うさぎ組

ねらい
＊気温の変化に十分留意し、健康に過ごせるようにする。
＊異年齢での交流をとおして進級に対する期待を持たせたり、遊ぶ楽しさを味わう。
＊春の気配を感じながら戸外へ出て、体を動かす遊びを楽しむ。

		子どもの姿	内容
生活	食事・排泄・睡眠・清潔・着脱	●箸やスプーンを正しく使うようにしながら、こぼさないように食べる。 ●食後の挨拶をして席を立つときは、いすを戻そうとする。 ●自分からトイレに行き排泄する。男児は立って排尿したり、女児は排尿後の始末をする。 ●着脱を自分でして、脱いだ服はたたんでしまう。 ●靴の左右に気づき正しく履こうとする。 ●外から帰ったら、手洗い、うがいをする。	●箸やスプーンを使ったり食器に手を添えて、友だちと話をしながら楽しく食べる。 ●少人数で3歳以上児クラスに行き、一緒に食事をして交流する。 ●尿意や便意を感じると、誘われなくてもトイレに行く。 ●男児は立って排尿し、女児は排尿後の始末をしようとする。排泄後は手を洗う。 ●靴の左右を正しく履こうとする。 ●食後や入室時に手を洗い、コップを使ってガラガラうがいをする。
遊び	健康・人間関係・環境・言葉・表現	●3歳以上児と一緒に散歩に行き、異年齢で遊ぶ楽しさを味わっている。 ●日差しの暖かさや草木の変化など春の訪れに気づき、発見を楽しむ。 ●友だちとごっこ遊びのイメージを共有しながら、遊びが広がる。 ●簡単なルールのある遊びを喜ぶ。 ●ひな人形やひな飾りを保育者と作る。 ●リズム遊びを楽しみながら、自分がしたい動きをリクエストすることがある。 ●季節の歌（「うれしいひな祭り」）を歌ったり楽器遊びを楽しんでいる。	●3歳以上児クラスと連絡をとり合い、一緒に散歩に行き、異年齢と交流する中で進級に期待を持つ。 ●春の日差しの暖かさや、草木や小動物などを見て変化を発見したりする。 ●簡単なルールのある遊びや集団遊びを楽しむ（しっぽ取り・かくれんぼ）。 ●はさみで直線や円を切る。 ●友だちと一緒にリズム遊びをして楽しむ。 ●簡単なストーリーのある絵本を好んでくり返し読んでもらって楽しむ。

保育所職員の連携
＊3歳以上児クラスに行って食事をするとき、不安になったりしないよう、少人数で行き、楽しく交流できるようにクラス担任間で連携をとり合う。

家庭・地域との連携
＊進級へのクラスの取り組みや必要なものなどを伝え、安心して準備をしてもらえるようにする。
＊持ちものへの記名を再度お願いする。
＊友だちと遊ぶ姿や、生活の中でできるようになったことなどを伝え、子どもの成長を喜び合うようにする。

ここがポイント！
同年齢での生活を大事にしながら異年齢との交流も多くし、大きくなった喜びを味わえるようにします。意図的にあまり無理をすると、子どもは疲れてしまいますから、年上の子の生活や遊びに自由に参加させ、徐々に慣れるようにします。

バリエーション！
「おおきなかぶ」などの劇遊びに使ったお面をかぶってのいす取りゲーム（フルーツバスケット）が大好きです。自分が演じた役なので動きもスムーズです。お面の交換を提案してみるとよいでしょう。

健康・安全への配慮

＊寒暖の差が激しいので、室温や衣服の調節をこまめに行う。
＊午睡時には薄手のものを着て、寝心地よく快適に眠れるようにする。
＊体を動かしたあとに汗をかいたときは、着替えて風邪をひかないよう気をつける。

行事

＊ひな祭り
＊避難訓練
＊誕生会
＊お別れ遠足

環境構成	保育者の配慮
●箸とスプーンの両方を用意し、好きなほうを使えるようにしておく。各テーブルに保育者がつき、楽しく食べられるようにする。 ●自分から尿意や便意を知らせる子は、無理に誘わず、出ると言ったときに必ず一緒について行き見守るようにする。 ●排尿間隔の短い子には早めに誘いかける。 ●トイレットペーパーの扱い方（長さ・切り方・たたみ方）はくり返し知らせる。 ●保育者が率先して手洗いやガラガラうがいをしてみせる。	●一人ひとりの食べ方や食べる量などは、その子に合わせて声をかける。 ●自分から「これでいい?」と聞いてきたら、丁寧に知らせ、自分でできたときはほめて自信につなげる。 ●靴の左右に気づかせ、正しく履けるようにコツを知らせる。 ●手洗いやうがいの際に服がぬれてしまう子がいたら、そばにつき、そでのまくり方やうがいの仕方を丁寧に伝える。
●ごっこ遊びのイメージができるような小道具を用意し、使いやすいように整理する。 ●2グループに分かれる遊びでは両方に保育者がつき、スムーズに遊べるようにする。 ●直線や曲線（円）を切ろうとする子もいるので、保育者が線や絵を描いておき楽しくいろいろな形を切れるようにする。 ●円を切るときのはさみの使い方は、刃先が自分や人に向かないよう話をしながら、手を添えて知らせる。	●ごっこ遊びでは保育者も一緒に遊ぶ中で、子どもの自由なつぶやき、言葉を大切にし、子どもの発想をつなげて遊びを展開できるようにする。 ●日差しの暖かさや草木・動物などの変化を子どもと一緒に発見し、気づきや驚きに応えながら会話を楽しめるようにする。 ●経験する内容に偏りが出ないよう、いつも同じ遊びをしている子にも、新しい遊びに誘いかける。 ●ストーリーのある絵本や少し長い絵本や紙芝居も取り入れる。

食育

＊ひな祭りの由来を話しながら、ひしもちやひなあられを食べてお祝いをすることを伝える。
＊3歳以上児クラスでの食事に戸惑わないよう、少人数で保育者と行くようにして、年上の子との交流を楽しめるようにする。

反省・評価

＊ごっこ遊びでは自由なイメージがふくらんで遊びが広がった。
＊自分から「これでいい?」と聞いてくる姿が増え、成長を感じる。
＊進級への不安を持たないよう、3歳以上児クラスと交流する機会を持ち、楽しめるようにした。

現場では!
3月末の子どもの姿（生活・遊び）をきちんと把握し、3歳児の担任に申し送りができるよう文章化しておきます。それを次年度の指導計画の立案の参考にしています。

2歳児

週案・日案作りのポイント

2歳児の週案・日案作りでは、身の回りのことの自立の様子や
友だちとの関わり方などの細かい点を具体的に記録しておくことが大切です。
次の週や翌日との連続性を意識して子どもの育ちがわかるように書きましょう。

週案

週案の作成は、年間指導計画、月案、保育日誌などの内容を検討しながら進めるようにします。保育所での活動には毎日の連続性があるので細切れにならないよう、また、そのときどきの一人ひとりの子どもの姿をよく見て発達状態や個性に応じた援助を心がけ、柔軟に対応できるように作成しましょう。ここでは、主な項目ごとに押さえておきたいポイントを確認していきましょう。

●子どもの姿

2歳児は、何でも自分でやりたがる段階で、**自主性の芽生え**が見られます。日誌をもとにして、生活に必要な身の回りのことができているか、健康や清潔に気をつけて過ごせたか、友だちや保育者とどう関わったかなどに着目して書きます。

●ねらい

月案の「ねらい」をより具体的に記述します。**前週との連続性**を考えることが大事です。**体を使う遊びや活動**を十分行えるようにすること、保育者を仲立ちとして**友だちと一緒に遊びを楽しむ**ことなどを念頭に置いて考えます。

●内容

子どもの姿を踏まえ、生活と遊びの両面から今週体験させたい内容を書きましょう。2歳児は、自発的に身の回りのことをしようとする姿が見られたり、興味のある遊びや体を動かす活動を楽しんで行うなど、**行動に積極性**が出てきます。一人ひとりの発育・発達状態を把握して、具体的に書きましょう。

●環境構成

2歳児では、行動範囲が広がり、友だちとの関わりが増えるので**危険のないように遊べる安全な環境**を整えることが重要です。戸外へ出るときの衣類の調整や水分補給などの配慮も大切です。ま

た、取り合いにならないよう**玩具の数**を十分に用意することも大切です。

●保育者の配慮

2歳児は、生活面での自発性が「自分で」という言葉や態度になって表れてきます。また、遊びや活動にも意欲的に関わって楽しみます。**自主性の芽生えと甘えが交錯している時期**なので、自分でしようとする意欲を大切にしながら、甘えたいときは存分に欲求を満たすような援助が求められます。日誌や前週の姿をもとにして、一人ひとりの発達とクラス全体の発達を考慮して、活動内容を考えます。

●反省・評価

その週の保育を振り返ります。反省があれば、どのようにすればよかったかを考えて、合わせて記録しておきます。また**翌週への見通し**を持って継続したほうがよい点なども記入しておきましょう。

日案

2歳児では主として、食事、排泄、睡眠、休息などの生理的欲求、その日に行う活動や遊びの内容を中心に、時間に沿って生活の流れを記入して日案を作成します。その日の活動に応じた環境構成と、それに対する保育者の配慮も考えて記入します。

一人ひとりの発育・発達状態や月齢による個人差を考慮してそれぞれの生活リズムに合わせて作ります。

●活動

一日の生活の流れに沿った子どもの活動です。食事、排泄、睡眠、着脱などの生活習慣と、散歩や遊びなど活動の様子について、具体的に記入していきます。2歳児は自分の気持ちを言葉や動作で表すようになっているので、**いやがったり泣いたりする姿を予想して書くこと**もあります。

●環境構成

その時間帯の**保育者の活動**を予想して書きます。保育室の整理整頓や必要なものの準備、安全点検や、食事やおやつの用意、入眠準備や、排泄の誘いかけなどの生活習慣と、遊びや散歩など子どもの活動について必要なことを具体的に書きます。

●保育者の配慮

子どもの生活や活動に必要な**手助けの仕方**や、**健康と安全に留意する点**を時間帯に沿ってくわしく書きます。子どもの気持ちや行動に対して、どのように手助けすればその子の育ちに合う援助になるか、**月齢**や**個人差**をよく把握して一人ひとりに合った働きかけを意識することが大切です。

2歳児　8月　週案　うさぎ組

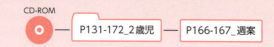

子どもの姿
* 暑さのため、食欲が落ちたり、体調をくずしたりする子も見られた。
* 水に慣れ、友だちと一緒にプール遊びや水遊びを楽しんでいた。
* 手伝ってもらいながらも、身の回りのことを自分でしようとしていた。

ここがポイント！
夏野菜の収穫を初めて体験する子どもたちです。育てている期間にどんな実がなるのか話をしたり図鑑を見せたりしておきます。実際にできたものをよく見ると、一つずつ形が違っていたり、本物の色が鮮やかなことに気づくでしょう。

注意！
避難訓練では、普段と雰囲気が違うので子どもによっては怖がったり怯えたりすることがあります。消防車が出てくる絵本などを読んだりして、不安を抱かないようにしてあげましょう。

	8月5日（月）	8月6日（火）	8月7日（水）
内容	●室内、戸外で友だちと一緒に自由遊びを楽しむ。 ●プールやベランダで水遊びをする。 ●パネルシアターを楽しむ。	●避難訓練に参加する。 ●公園へ散歩に行く。	●園庭の夏野菜を収穫する（トマト、ナス、キュウリ）。
環境構成	●パネルシアター、「おおきなかぶ」の人形と仕掛けの準備をしておく。	●避難訓練では、スムーズな連携ができるよう、職員同士で打ち合わせを徹底しておく。 ●公園に行くときには、草花や虫の観察ができるよう、虫めがねや図鑑を準備する。	●人数分のかごを準備する。 ●収穫した野菜はみんなで洗って、調理室のスタッフに届け、給食に使ってもらう。
保育者の配慮	●保育者も楽しみながら演じる。なかなか集中できない子には、お話に誘いかけるような呼びかけを行う。	●子どもたちに不安を与えないよう、避難訓練の内容を事前に伝えておく。 ●散歩中は、夏の自然への興味・関心を引き出してあげられるよう、話しかけを行う。	●昼食のときには、今日収穫した野菜がメニューに使われていることを説明して、食材への関心を促し、旬の食べもののおいしさを実感できるようにする。
反省・評価	●はじめはなかなかパネルシアターに集中できない子もいたが、キャラクターが子どもたちに話しかけるアドリブを加えたことで、みんなで集中して楽しむことができた。	●公園では、てんとう虫、キリギリス、トンボなど夏の虫を見つけて目を輝かせる場面が見られた。虫めがねや図鑑も効果的に活用することができた。	●春から水やりをして、自分たちで育ててきた野菜の収穫を、子どもたちも楽しみにしていた。食べものへの関心、感謝の気持ちをこれからも育んでいきたい。

2歳児の指導計画

ねらい
* 気温、湿度に配慮して、一人ひとりの体調に気を配り、健康に過ごせるようにする。
* 夏の自然に親しみ、この時期ならではの遊びを楽しむ。
* 簡単な身の回りのことを自分でできるようになる。

行事
* プール
* 避難訓練（6日）

8月8日（木）	8月9日（金）	8月10日（土）
●お店屋さんごっこを楽しむ。	●プールで金魚すくい遊びをする。	●土曜日保育
●お店屋さんごっこに使う、商品（野菜、魚、お菓子）、お金、バッグなどを紙や布で人数分作っておく。製作の一部は3歳以上児クラスの子どもたちにお願いしておく。	●給食室の食品トレーを用意して、魚の形に切っておく。 ●ビニールテープなどを使って、子どもたちに魚の模様をつけてもらう。 ●網を人数分用意する。	●土曜担当の保育者に、健康状態など必要な情報を連絡する。 ●活発に動く3歳以上児と安全に過ごすため、広いスペースを確保する。
●お店屋さんごっこでは、全員がそれぞれ店員さん役、お客さん役を体験できるようにして、コミュニケーションの楽しさを共有する。	●金魚すくい遊びは子どもたちを2組に分けて行い、一人ひとりの安全に目が届くように行う。 ●水を怖がる子にも楽しめるよう、手助けを行う。	●異年齢の子どもたちと触れ合いの機会が持てるよう、話題を提供したりなど、仲立ちを行う。
●楽しい雰囲気の中でお店屋さんごっこをすることができた。これまであまり話すことのなかった子同士が会話をする様子も見られ、クラスの一体感を感じることができた。	●金魚すくい遊びでのびのび豊かな表情が見られた。金魚を色別に分けてすくわせたり、プールの底に貝やタコの玩具を用意するなど、次回はさらに発展した活動を試みたい。	●年上の子どもたちにやさしく接してもらう場面、また転んだ1歳児の頭をなでてあげる場面も見られた。異年齢の子どもたちとの交流から得られるものを大切にしていきたい。

バリエーション！
小さいペットボトルに細かく切ったカラーテープやビー玉、おはじきなど色とりどりのものを入れてふたをします。水面に浮かべて、手で取ったり、網ですくったりして遊びましょう。

現場では！
お店やさんごっこは、いつでも人気の遊びです。「タイムセールです」など、実際の生活で子どもが覚えた言葉が飛び出したり、お店にはないものを注文したりと、ハプニングも含めて保育者も一緒に楽しく遊びます。

2歳児　3月21日　日案　うさぎ組

子どもの姿
＊体調をくずしていた子どもたちの具合が回復してきた。
＊着脱や歯みがきなど、身の回りのことがだいぶできるようになってきた。
＊簡単なルールのある遊びを楽しむ姿が見られた。

注意！
小動物の世話をするのは、命の大切さに気づくいい体験ですが、ウサギやモルモット、カメなどは人間に伝染する菌を持っています。動物に触った手で自分の顔をこすったりしないことと、触ったあとには必ず石けんで丁寧に手を洗うことをしっかり伝えましょう。

	活動	環境構成	保育者の配慮
8:00	●順次登園する。 ●登園順に自由遊びをする。 ●ウサギの世話をする。	●換気をして、室内の気温、湿度を調整しておく。 ●室内の危険物・危険箇所を点検する。	●一人ひとりと挨拶をして、温かく迎え入れる。 ●子どもの表情・動作・顔色などを見て、健康状態を把握する。
9:15	●片づける。 ●排泄をする。 ●おやつを食べる。	●おむつの取れた子は、トイレへ誘う。 ●テーブル・いすを設置してきれいにふく。 ●おやつを配膳し、牛乳・コップを用意する。	●おもちゃが散らかっていることを知らせて、自発的に片づけられるよう促す。 ●トイレトレーニング中の子は失敗しても、次につながるようにはげます。 ●牛乳のお代わりを要求する子には「はいどうぞ」と声をかけながら応じる。
9:45	●公園に散歩に出かける。 ●公園を散策して春の自然に触れる。	●友だちと手をつないで歩くように伝える。 ●気になったものを入れられる手提げ袋を用意する。 ●虫めがねや図鑑など、子どもたちの興味・関心を広げるための用具を携帯する。	●散歩の際には保育者同士の連携を確認して、安全に十分留意する。 ●散歩の途中でも、草花や虫などに子どもたちが興味を示したら、より関心が広がるよう援助する。 ●公園の桜のつぼみがふくらんできたことを知らせ、開花への期待を持たせる。
10:45	●手を洗う。 ●排泄をする。 ●給食の準備をする。	●テーブル・いすを設置してきれいにふく。 ●給食を配膳する。	●自発的にトイレに行けるよう促す。 ●感染症を防ぐため、しっかり手を洗うように声かけなどを行う。

ねらい
* 公園に散歩に出かけて、身近な自然に触れ春の訪れを感じる。
* 進級に期待を持ち、身の回りのことがより上手にできるようになる。

反省・評価
* 公園への散歩では、子どもたちに興味を持ったものを入れてもらう手提げ袋を持たせた。葉っぱや草花、石ころなどが入っていて、子どもたちの興味・関心を実感することができたと思う。

時間	活動	環境構成	保育者の配慮
11:00	●給食を食べる。 ●片づける。 ●歯を磨く。	●全員食べ終わったら、絵本を読むなどしてゆったり過ごし、午睡の準備を始める。 ●換気をして、室温・湿度を適切に調節する。	●箸を使い始めた子には、はげましながら援助を行う。 ●保育者の動きを少なくしてゆったりと関わる。 ●一人ひとりの食事量・好き嫌いを把握し、無理じいをしない。 ●歯みがきは「自分でしたい」という気持ちを大切に手助けをする。
12:15	●午睡をする。	●布団の用意をして、カーテンを閉める。 ●換気をして、室温・湿度を調節する。	●一人ひとりの子どもに合わせた接し方をして、十分に眠れるようにする。 ●やさしく声かけをして、起きる時間を知らせる。
14:30	●ごっこ遊びをする。	●買い物ごっこ（お金・野菜・魚のおもちゃ、バッグ）、電車ごっこ（段ボールの電車、切符）の用具を準備する。	●保育者も一緒になって遊びを楽しむ。 ●全員が遊びを楽しめるよう、一人ひとりをよく見て遊びに誘う。 ●子どもたちが自発的に遊ぶ行動を妨げないようにする。
15:15	●おやつを食べる。	●テーブル・いすを設置してきれいにふく。 ●おやつを配膳し、牛乳・コップを用意する。	●会話を楽しみながら、ゆったりとした雰囲気の中で食べられるようにする。
16:30	●随時降園する。	●時間外保育への引き継ぎを行う。	●保護者に明るく挨拶して、子どもの一日の様子を伝えるなどして、コミュニケーションを図る。

ここがポイント！
4月からは1つ年齢が上のクラスになることに、子どもたちが期待を持てるよう、身の回りのことでできるようになったことをほめるときに「もうすぐ○○組さんになるのね、よくできるようになったね」と一声かけてあげましょう。

現場では！
歯みがきの歌を歌ってからみんなで食後に磨きます。即興で歌詞を替えたアニメソングを歯みがきの歌にしたら、おもしろがって歯みがきの時間を楽しみにしてくれるようになりました。

バリエーション！
子どもの好きな絵本のお話を使って、なりきり遊びをすると道具のいらないごっこ遊びができます。2歳では、同じ役を何人もやりたがったりしますが、なりたい気持ちを大事にしてそのまま続けます。

2歳児
個人案作りのポイント

2歳児の個人案では、できることと「自分で」やりたい気持ちとにギャップがあることを踏まえ、一人ひとりの発達に沿って意欲を削がずに育てる保育を考えて内容を設定しましょう。情緒面の育ちを丁寧に見ていくことも大切です。

個人案はクラス全体の指導計画では対応できないところを補うために作成します。2歳児では、まだ発達・発育に月齢差および個人差が大きいので、月案を念頭に置きながら、個別に生活の様子や発達過程を考慮して作成します。

●子どもの姿

2歳児は、何でも自分でやりたがる段階に入り、自主性が芽生えてきます。簡単な身の回りのことをやろうとして、手伝われるのをいやがることもあります。**自己主張**もし始めるので、友だちとのけんかが増えるころです。そのような**多様な姿から個別の課題をとらえて**書きましょう。

●内容

前月の様子を踏まえ、今月体験してほしい内容を書きます。生活面での育ちや、活動や遊びの様子、興味・関心や好奇心の表れなど一人ひとりの発育・発達状態を把握して、具体的に書きましょう。

2歳児は、自発的に身の回りのことをしようとしたり、**興味のある遊びや体を動かす活動**を楽しんで行う時期です。**積極性を伸ばしてあげられる内容**を考えてみましょう。

●保育者の配慮

2歳児は、生活面での自発性が「**自分で**」という言葉や態度になって表れます。また、自分の主

張がとおらず、泣き出したりすることもあります。そのようなときは、子どもの気持ちをくみとり、温かく語りかけるような対応が大切です。自主性の芽生えと甘えが交錯している時期なので、一人ひとりの姿をよく見て、**自分でしようとする意欲**を大切にしながら、甘えたいときは存分に**欲求を満たす**ような援助が求められます。

また、2歳児では、行動範囲が広がり、友だちとの関わりが増えるので、その子の成長に合わせて、**安全に遊べる環境**を整えることも重要です。

●反省・評価

その月の内容や保育者の配慮がその子の発達段階にふさわしかったか、環境構成が適切だったかなどを振り返ります。問題点に気づいたら、**翌月の保育**につなげられるように何を改善すればよいかも記録しておきましょう。

2歳児　8月　個人案　うさぎ組

	G児（2歳3か月）	H児（2歳7か月）	I児（3歳0か月）
子どもの姿	●泣くことはほとんどなくなってきたが、ときどき「ママ、くる?」とくり返し聞いてくることがある。 ●ゆっくりではあるものの、衣服の着脱を自分でする気持ちが出てきている。 ●保育室内を走り回ることがある。	●午睡のあとなどに、自分から進んでトイレに行き、排尿できることが増える。 ●自分の思いどおりにならないと、大声で泣いてとおそうとすることがある。 ●集中してパズルに取り組む姿が見られる。	●4歳児クラスの子どもたちとの食事を楽しんでいる。 ●生活や遊びの中で、以前より順番を待つことができるようになってきた。 ●話すことが好きで、保育者や友だちとのやり取りを楽しんでいる。
内容	●保護者や保育者に甘える気持ちを持ちながらも、落ち着いて楽しく一日を過ごす。 ●ある程度自分で衣服の着脱ができるようになる。 ●室内で走り回ると危険があることを理解する。	●自分でトイレに行くことに自信を持ち、排泄のあと、手洗いまでの一連の流れを行うことができる。 ●友だちとのトラブルのときには、少しずつ相手の気持ちを理解できるようになる。 ●いろいろな遊びに興味を持ち、楽しむ。	●食事はみんなのペースに少しずつ合わせて、集中して食べることができるようになる。 ●物事に決まりやルールがあることを、少しずつ意識することができる。 ●生活の中で、挨拶や会話を楽しむ。
保育者の配慮	●保護者と離れて寂しい気持ちを受け止め、やさしく話しかけて抱きしめる。 ●衣服の着脱のやり方を丁寧に知らせ、自分でやりたい気持ちを援助する。 ●室内で走り回ることの危険を伝え、戸外で思いきり体を動かす機会を増やす。	●排泄が終わったら、石けんで手を洗うことを知らせ、気持ちよさを感じられるようにする。 ●大声で泣いたときには、見守りながら気持ちを受け止め、思いどおりにならないこともあることを知らせる。	●食事のときは手が止まっていたら声をかけ、集中できるように援助をする。 ●順番を待っている姿が見られたら、「○○ちゃんが終わったら貸してもらおうね」などと声をかける。 ●言葉を受け止め、しっかりと返していく。
反省・評価	●「ママ、くる?」と聞いてくるときには気持ちを受け止め、「大丈夫よ。ママちゃんときてくれるから、一緒に待ってようね」と話すと、安心して遊び始めていた。 ●身の回りのことを自分でやる意欲が育ってきた。引き続き援助していく。	●排泄がだいぶ自立してきた。引き続きはげまし、援助していく。 ●思いどおりにならないときには、ゆったりと受け止め話をすると、聞いてくれることも増えてきた。 ●遊びや玩具のバリエーションをさらに広げる。	●食事のときは声をかけたり、まわりの様子を知らせることで、集中して食べることができるようになってきた。無理せずに完食できることが多くなるよう、引き続き見守っていく。 ●「聞くこと」の大切さも伝えていく。

ここがポイント!

異年齢活動の時間は、とても大事です。大きいクラスの子どもが食べているのを見ながら、箸の持ち方や食べるときの姿勢などを自然に学ぶことができます。異年齢での会話も楽しめるので、なるべく機会を多く設けましょう。

現場では!

一人で着脱できたときに、「○○ちゃん、ホックのはめ方が上手ね」と声をかけると「お姉ちゃんに教わったの」など、コツをうれしそうに教えてくれることがあります。友だちもそれを聞いてまねしたり、お互いに教え合ったりします。子ども同士で学び合いの力が育つのが、集団での育ちのよさです。

コラム ＊ 指導計画「実践のヒント」③

・・・［ 10月の4歳児の例 ］・・・

奇跡の稲刈り！

　私たちの園では、例年9月の中旬に稲刈り体験の行事があります。
　異常気象で残暑が厳しかった、ある年のことです。
　稲刈り体験をお願いしている農家の方から、今年は稲の成長が遅れていて、9月にはまだ稲は刈れないという知らせが入りました。いつなら大丈夫かと尋ねると、10月の上旬ならよいでしょう、とのことで行事が延びることになったのです。
　自然が相手のことは、指導計画案どおりにはいかないものです。ともかく10月第2週の水曜午後に行うことに変更しました。
　さて、その前日の朝です。天気予報を聞いていると、その日までは秋らしい好天続きだったのに、どうやら水曜午後から雲行きが怪しくなり、週末まで天気がくずれそうだと告げています。雨が降ったら稲刈りは中止せざるをえません。
　大急ぎで職員室で相談し、予定を変更することに。農家の方と相談して、急遽、午前中に体験させてもらうことになりました。
　子どもたちは稲刈りに大喜び。初めての稲刈りに興奮冷めやらないまま帰ってきた子どもたちが、疲れてぐっすり午睡に入ったころです。空がみるみるうちに暗くなり、ザーッという音とともに大雨が降り出しました。
　もし、予定どおりに行動していたら、稲も刈れずに豪雨の中をびしょぬれになって帰ってくる羽目になっているところでした。子どもたちが楽しめるように一生懸命立てた指導計画ですが、自然を相手にするときは、思いどおりにならないものだということをしみじみ感じた、稲刈り体験でした。

食育計画と保健計画

食育計画作りのポイント …… 174
保健計画作りのポイント …… 182
コラム＊指導計画「実践のヒント」④ …… 186

0・1・2歳児
食育計画作りのポイント

**乳幼児期は、食に対する考え方や食習慣の基礎が身につく大切な時期です。
食の大切さや楽しさを子どもたちに伝えられるよう、
養護と教育の両方の視点から、全職員の意見を取り入れ計画を作成しましょう。**

　ここでは0・1・2歳児の発達に応じた年齢別の食育計画の立て方や、気をつけるべきポイントについて、主な項目ごとに確認していきましょう。食育計画の書式は保育所によってさまざまですが、ここでは、176〜181ページに掲載した食育計画を例に説明します。

●ねらい

　ここには年間を通じての食育のねらいを記入します。ねらいを立てるポイントとして32ページの保育所の食育がめざす「5つの子ども像」を参考にしましょう。このことですべての年齢の子どもに共通して「**食を楽しむ**」「**食に興味を持つ**」というようなねらいが表れてくるでしょう。
　さらに、子どもは生後数年間でさまざまな味、形態、食感の食べものを初めて口にしていきます。安心して食事ができる場所や人などの環境が「**食べたい**」**という意欲**につながることを意識してねらいを立てるとよいでしょう。

●家庭との連携

　子どもが「食」に意欲的に関わっていくためには、家庭と保育所の連携が大切です。「家庭での食事の様子を伝えてもらう」「園での取り組みや家庭と共有したい情報を知らせる」など、連携を深めるための内容を記入しましょう。
　0歳児は授乳や食事だけではなく、家庭での睡眠なども含めた**生活リズム全体を把握**していくことが大切です。0歳児は泣くことでコミュニケーションをとっています。空腹のとき以外にも「今日は睡眠時間が短かった」「朝、いつも出る便が出ていない」など泣く原因はさまざまで、家庭との密な連絡が大事です。また、0歳児後半になると、離乳食が始まります。家庭によっては、初めての離乳食作りという場合もあります。**園の離乳食の進め方や内容を共有**して家庭との差異なくスムーズに進めていくことも大事にしたいですね。1歳児になってもまだ食事の進め方や食材の量、大きさなどの個人差は大きく、家庭によりさまざまです。おいしそうに食べているから与えるのではなく、体の未熟な乳児にとってふさわしいかたさや味つけなど専門的な見解を伝え、**園と家庭との食事の差を埋める**ことも大切です。2歳児は、

食べムラや好き嫌いに手を焼く時期です。園でもお手上げ状態のときもあるでしょう。そのようなときに家庭で工夫していることを聞き出すことで、お互いに共有することができます。こちらから発信するばかりではなく、**家庭に相談**したり、**悩みに寄り添う**ことも連携です。

●子どもの姿

次ページからの食育計画では、0歳児は月齢ごと、1・2歳児は期ごとに子どもの姿がとらえてあります。どの時期も大まかな目安です。園やクラスによっては、2期と3期の姿が逆の方がしっくりくることもあるでしょう。**目の前の子どもの姿をよく観察**して、比較しながら参考にしてください。また、各年齢の「月案作りのポイント」ページも参照してください。

●内容

内容は、その時期の「子どもの姿」からねらいに向かって子どもが育つために考えられる**具体的な活動や体験事項**を書いていきます。

たとえば、0歳児は安心して食事をすることや離乳食の味を知ること、手づかみ食べやスプーンを使って食べることなどから「食べる意欲を持つ」ねらいを達成させていくことが考えられます。

また、1歳児は幼児食に移行しいろいろな味、食感を味わうことや食具を使っていくこと、手遊びや歌から季節の野菜に親しむことなどが内容として考えられます。

2歳児になると、好き嫌いや食べムラに焦点を当てた内容や基本的な食事のマナーを知ること、簡単な手伝いを通じて食に興味を持つことなどもあるでしょう。

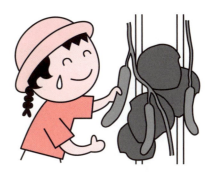

●環境構成と保育者の配慮

たとえば、ミルクや離乳食をあげる時期は**ゆったりとした環境と保育者の丁寧な応答**が何よりの配慮となります。食事のマナーについての配慮では、保育者の「○○のような姿になってほしい」という教育的要素が強くなりすぎないことが大切です。子ども一人ひとりの思いを受け入れる養護の要素を排除せず、**養護と教育の一体化**を意識して書くとよいでしょう。さらに、家庭や栄養士との連携も食環境への大事な配慮です。

●行事食、食材と栽培について

行事食について、0歳児はまだ日常食との違いがわからないので、無理に計画に導入する必要はないでしょう。ただ、年上のクラスが取り組む姿を見て雰囲気を味わうことをねらいとすることは考えられます。1、2歳児は行事に参加したり雰囲気を味わうことで、**行事と食とのつながり**が感じられる計画を立てるとよいでしょう。

食材については、1歳ごろから**身近な食材に親しむ機会**を作ることで食べる意欲につなげることができます。

栽培については、まだ収穫して食べられない年齢でも、**植物の成長や変化**を一緒に楽しみ親しむという観点からは計画に取り入れられます。

0歳児 食育計画

CD-ROM ─ P173-186_食育・保健 ─ P176-177_0歳児年間食育計画

0歳児年間食育計画　　ひよこ組

ねらい
*よく食べ、よく眠り、心地よい生活リズムで過ごす。
*「食べたい」という意欲を持つ。

月齢	3〜5か月	6〜8か月
子どもの姿	●食事（ミルク）と睡眠の生活リズムが少しずつでき始める。 ●保育者からミルクをもらうことを喜ぶ。 ●眠い、おなかが空いた、甘えたいなどを泣いて要求する姿が見られる。	●離乳食が始まり、食べることを喜んでいる。 ●食事中、口の中に何もなくなると声を出して欲しがる。 ●離乳食を欲しがる子、ミルクしか飲みたがらない子など個々に好みがある。 ●大人が食べている様子をじっと見ている。
内容	●特定の保育者に親しみ、安心して過ごす。 ●自分の欲求を出し、受け止めてもらえる安心感を持つ。 ●保育者と触れ合い、機嫌よく過ごしながらおなかの空くリズムをつくる。	●食前に手をふき、食事の時間を楽しみにする。 ●ミルク以外の味に慣れる。 ●舌と上あごでつぶし、飲み込むことに慣れる。
環境構成と保育者の配慮	●一人ひとりの生理的欲求を満たして、気持ちよい生活が送れるようにする。 ●好みの乳首や授乳姿勢を把握し、ゆったりと飲めるようにする。 ●落ち着いた雰囲気でミルクを与える。	●離乳食の内容や状況について家庭との連携を密にし、個々に合わせて進める。 ●目を合わせながら、「おいしいね」などと語りかけていく。 ●食前に手をふき、食欲につなげる。 ●嫌がるときは無理強いしない。
行事食、異年齢クラスとの関わり	●無理に行事や異年齢クラスと関わることなく過ごす。 ●保育者に抱っこされながら、給食室や異年齢児の給食時の様子を見る。	●行事食を離乳食の中に少し織り交ぜてもらい、いつもと違う雰囲気を味わいながら食べる。 ●保育者は衛生面に配慮しつつ、年長児から食後のミルクを飲ませてもらったり、触れ合う。

バリエーション！
ミルクのメーカーや部屋の明るさ、温度、にぎやかさによってもミルクの飲み方は全く変わります。個々にどのような雰囲気が好みなのか家庭の様子を聞くことも配慮の一つです。

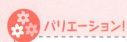

注意！
園によっては、衛生上0歳児クラスと異年齢クラスを交流させていない場合もあります。感染症がはやる時期は特に配慮して関わることが必要です。

176

● 食育計画と保健計画

家庭との連携
* 家庭での生活リズムや食事の様子を聞き、保護者と相談しながら離乳食を進める。
* 毎日の離乳食を展示や写真掲示し、食事量や食材の大きさ、形状などを共有する。

9〜12か月	13〜15か月
●好きな食べものは進んで手づかみで食べている。 ●さまざまなかたさや形状の食べものに慣れ、好き嫌いをしながらも食べる意欲が旺盛である。	●スプーンに興味を持ち、握りながら反対側の手で手づかみ食べをしたり、食べものをすくうようなしぐさをする。 ●スプーンの上に乗せられたものをこぼさずに口元に運ぶことができるようになる。 ●よくかまずに飲み込む姿がある。
●上下の歯茎ですりつぶすことに慣れる。 ●いすに座って食事をすることに慣れる。 ●いろいろな食べものを見たり、触れたり、嗅いだりする。	●保育者と一緒に食事の挨拶をする。 ●こぼしながらも、手づかみやスプーンを使って食べようとする。
●かみ方や飲み込み方を確認しながら、少しずつ離乳食の形状を幼児食に移行する。その際、保護者や栄養士と相談しながら進める。 ●いすに座らせて食事を始め、食後に口や手をふき、食事のおしまいを伝える。	●意欲的に食事をする姿を大切にし、ゆっくりと見守る。 ●スプーンにひと口大の量をさりげなく乗せたり、口の奥に入れすぎないように肘を支えたりする。 ●丸飲みしやすい形状やかたさにならないよう、食べる様子を見ながら個別に調整して提供する。
●行事食を手づかみ食べができる形状にしてもらい、自分で進んで食べる。 ●苦手な食べものでも、異年齢児からスプーンで差し出されると食べようとする。	●異年齢児が給食の下ごしらえや調理をしている様子を見る。 ●行事に参加し、いつもと違う雰囲気を味わって行事食を楽しむ。

0歳児 ● 食育計画

ここがポイント!
まだ食べ方が上手くはなく危なげですが、保育者が手を出すと途端に機嫌が悪くなって食べなくなることがあります。自分で食べたい気持ちを尊重し、さりげなく介助しましょう。

現場では!
保育者に甘えて苦手なものを食べたがらない子が、お兄さんやお姉さんの「あ〜ん」にはお口をぱっかりと開けて食べ始めます。楽しい雰囲気を壊さないで気分転換ができるやり方をいくつか持っているとよいですね。

177

1歳児年間食育計画　りす組

ねらい
* 食事を喜んで食べ、心地よい生活を味わう。
* 食具を使って、自分で食べたいという意欲を持つ。

期	1期［4月・5月］	2期［6月〜8月］
子どもの姿	●継続児と新入所児がおり、機嫌よく過ごしている子もいれば、不安げな子もいる。 ●新入所児は生活リズムに個人差があり、午睡や食事にムラがある子がいる。 ●食べものをスプーンですくったり、手づかみで好きなものから食べようとする。	●園生活のリズムに慣れ、全体的に落ち着いて過ごしている。 ●こぼしながらも、自分なりに食べ進める姿が見られる。 ●食べものの好き嫌いを主張し、残したりよけたりする子がいる。
内容	●安心して食事をする。 ●安心して自分で食べようとする。 ●こぼしながらも、手づかみやスプーンを使って食べようとする。 ●保育者と一緒に食事前に手を洗ったりふいたりする。	●さまざまな食材を見たり、触れたり興味関心を持つ。 ●スプーンを自分で持って食べようとする。 ●苦手な食べものも口にしようとする。 ●言葉かけにより、自分なりに食事前に手を洗ったりふいたりする。
環境構成と保育者の配慮	●個々の食べる量や形状を保護者や栄養士と共有しながら無理なく食事を進める。 ●自分で食べようとする気持ちを大切にしながら、必要に応じて介助し、楽しく食事ができるようにする。 ●手洗い時に手を添えたり、仕上げぶきをして清潔にする。	●調理前の夏の野菜や果物を見たり、触れたりする機会をつくり、親しめるようにする。 ●自分で食べようとする気持ちを大切にしながら、必要なときには介助する。 ●苦手な食べものがある子には、保育者が「おいしいね」と食べるところを見せたり、一口でも食べたら一緒に喜んだりする。
行事食、食材と栽培について	●誕生会やこどもの日の献立のときは、部屋の中を飾ったり、音楽を流したりしていつもと違う雰囲気を味わえるようにする。	●幼児組が栽培している野菜を見て親しみを持ったり、一緒に成長を楽しみにできるような言葉かけをする。 ●調理前の野菜や果物を見たり触れたりすることで、苦手意識をなくし親しみを持って食べる気持ちを引き出す。

ここがポイント！
保護者には子どもの家での食事の様子を聞き、栄養士とは園でどのように個々に合わせた食事の提供ができるかを確認し合い、早い時期に子どもにとって食べることが楽しい時間となるように連携していきましょう。

現場では！
トマトやピーマン、ナスなどが苦手な子も、調理される前の野菜をみんなで見たり、触れたり、嗅いだりするだけで、給食のときに喜んで食べてしまうこともあります。

● 食育計画と保健計画

家庭との連携
* 家庭での生活状況や、食事の量、食材の形状などを把握し、園と家庭とで大きな差異なく安心できる食事環境をつくる。
* 試食会などで、園の給食の量や形状、味などを知らせていく。

3期［9月〜12月］	4期［1月〜3月］
●体調や機嫌により、食べる量や好みにムラがある。 ●自分なりのペースで食べ進められるが、口にため込む子、丸飲みや早食いになる子がいる。 ●食事の挨拶を保育者と一緒に行っている。	●スプーンやフォークの握り方や持ち方、手首の動かし方に慣れ、皿の中のものを集めることができるようになってきた。 ●食材に興味を持ち、「これ、なあに?」とやり取りを楽しむ姿がある。
●スプーンやフォークを使って自分で食べようとする。 ●食べものを口に入れすぎず、よくかんで食べる。 ●食事前の手洗いや食後の手ふき、口ふきを自分なりにする。	●スプーンやフォークを使って、最後まで自分で食べようとする。 ●保育者の声かけで片手を皿に添えて食べようとする。 ●行事食などを通じて食材への興味を深める。
●自分で食べたいという気持ちを受け止めていく。 ●家庭と連携し、家での食事時の様子やスプーンやフォークの使い方を把握する。 ●手洗いや手ふき、口ふきを自分からやろうとする気持ちを認め、きれいになったか確認する。	●保育者がさりげなく手助けしつつ最後まで食べ終えることで、満足感や自信につながるようにする。 ●食具がうまく使えずこぼしたり、手づかみ食べをしても見守り、うまく口に運べたり皿に手を添えているときに声かけをして、意欲を引き出す。
●散歩時に地域の畑にできた作物を見て、食べものへの興味につなげる。 ●「やきいもグーチーパー」「大きな栗の木の下で」などの手遊びや歌遊びから秋の食べものを身近に感じられるようにする。	●刻まれた食材を見て一つひとつ興味を持って知ろうとする姿を受け止め、周囲の子どもたちにも興味が広がるように伝えていく。

注意!
季節の変わり目や寒くなる時期は、体調をくずしやすく食事の進み具合や機嫌が悪くなることがよくあります。好き嫌いなのか、体調不良なのかを把握するため、子どもの様子をよく観察しましょう。

バリエーション!
4・5歳児のクッキングをのぞき見したり、しめじの房分けなど簡単な給食の手伝いをしたりなどすると食への興味を引き出すことができます。

2歳児 食育計画

2歳児年間食育計画　うさぎ組

ねらい
* 食生活に必要な基本的な習慣やマナーに関心を持つ。
* 保育者や友だちとともに楽しんでいろいろな食感や味覚を味わう。

期	1期 [4月・5月]	2期 [6月～8月]
子どもの姿	●新しい環境の中で不安になって泣いたり、保育者に甘えたりする。 ●こぼしながらも、スプーンやフォークを使って自分で食べようとする。	●保育者や友だちと一緒に食事をすることを楽しんでいる。 ●食器に手を添えることやスプーンやフォークで皿をきれいにすることを意識する姿がある。 ●食事前の手洗いを丁寧にする子もいれば、簡単に済ませてしまう子もいる。
内容	●楽しい雰囲気の中で、無理なく適量を食べる。 ●プランターで育てている野菜の成長を楽しみにする。 ●食事の挨拶を元気にする。	●よくかんで食べる。 ●さまざまな食材を食べてみようとする。 ●育てている野菜を収穫し簡単な調理をすることを喜び、食べものに親しみを持つ。 ●スプーンやフォークの鉛筆持ちに慣れる。 ●丁寧に手洗いをする。
環境構成と保育者の配慮	●今まで自分で食べられていた子も甘えたい気持ちを受け止め、少し介助して安心して食事ができるようにする。 ●野菜の背丈や葉や花の様子を言葉にして伝え、一緒に変化を楽しんでいく。	●自分なりにきれいに食べられたという満足感を受け止め、食べることへの意欲を持たせる。 ●スプーンやフォークの持ち方が3点持ちになってきた子には鉛筆持ちを促していく。
行事食、食材と栽培について	●クラスでキュウリの苗を植え、成長の喜びを感じる。 ●親子遠足に参加し、いつもと異なる雰囲気の中、家族と保育者、友だちとでお弁当を食べる楽しさを味わう。	●キュウリを収穫し、塩もみをして食べる楽しさを味わう。 ●星型に型抜きされた食材など、七夕の給食を見た目から楽しみ味わう。

ここがポイント！
まだうまく言葉で挨拶できない子も、気持ちは一緒に挨拶しています。食事の前後の挨拶は習慣化していきたいですね。

注意！
指先がうまく使えないのに、無理に持たせることはやめましょう。遊びや生活の中で指先でつまむような作業を取り入れると、少しずつ上手になります。

家庭との連携
* 園での食具の使い方や食べ方を伝え、家庭での様子を聞き、子どもの姿を共有する。
* 栽培している野菜とそれを観察する子どもの姿を写真で掲示し、一緒に成長を楽しめるようにする。

3期［9月〜12月］	4期［1月〜3月］
●きれいに食べ終えることを喜び、友だちと食べ終えた皿を見せ合う姿が見られる。 ●苦手な食べものを後回しにしたり、気分によって食べたがらないことがある。 ●食後にきれいに口をふいている。	●食事をしながら「しょっぱいね」「甘いね」「サクサクしている」など味や食感を言葉にして楽しんでいる。 ●食事の準備や後片づけの手伝いを喜んでいる。
●スプーンやフォークを正しく使い、楽しみながら食べ、一人で食べきる。 ●姿勢を正し、きれいに食べ終える喜びを感じる。 ●保育者や友だちに声をかけられながら、さまざまな食べものを口にしようとする。	●食材の味や食感を言葉にしながら保育者や友だちと一緒に食べることを楽しむ。 ●自分なりにこぼさないように意識して食べる。 ●食具や食器を並べる。
●食具の正しい使い方や持ち方を遊びの中にも入れて知らせていく。 ●苦手な食べものや気の進まない食事のときには、友だちや保育者にはげまされたり、ほめられたりすることで気持ちよく食べられるようにする。	●味や食感を言葉にして伝え合うことで、食に興味を持てるようにする。 ●こぼさずに食べられているときは声をかけ自信につなげていく。 ●保育者と一緒に食事の場を整えることで、人のためになる喜びや食事への関心を引き出す。
●しめじの房分けを楽しみ、自分たちが準備した食材が給食に出る喜びを感じる。 ●秋の野菜や果物に関する絵本や紙芝居を見て、秋の食材に興味を持つ。	●バイキング給食を通じて、自分で選ぶ楽しさを味わう。 ●行事の歌（「お正月」「豆まき」「ひなまつり」など）に親しみ、行事ならではの食事を味わう。

現場では！
たくさん言葉が出てくる時期です。子どもなりに感じた不思議な感想も出てきて、やり取りが楽しめます。

バリエーション！
テーブルをふく、花を飾るなどの簡単なお手伝いも喜びます。食後の片づけも自分の食器を片づける以外にできそうなところを探してみるとよいですね。

保健計画作りのポイント

0〜5歳児

子ども一人ひとりの健康と安全を守り、それぞれの発達の過程に合わせて
健康の増進を図るために、保健計画の作成は大切な意味があります。
子どもたちに、健康的な生活習慣を身につけてもらうことも意識しましょう。

ここでは保健計画の立て方や気をつけるべきポイントについて、主な項目ごとに確認していきましょう。保健計画の書式は園によりさまざまですが、ここでは183ページの「園全体の保健計画」、184〜185ページの「年齢別の保健計画」を例に説明します。

●園全体の保健計画

園全体での保健計画には、まず園として行う活動の予定があります。それを「保健活動」という項目で表しました。保健活動には、毎月の身体測定などのほかに園医による健康診断や検診などがあります。ほかにも**時期や季節に合わせて取り組む予定の活動**を入れていきます。

「目標」は、保育者や看護師の立場からとらえたものです。こちらも時期や季節に合わせて考えていきましょう。「留意点」は全園児を対象に配慮していくべきことが書かれています。この配慮をくんで、各年齢の指導計画に具体的に保健活動を盛り込みます。子どもの健やかな成長のために「家庭との連携」は欠かせません。家庭の生活リズムの把握から流行性感染症のお知らせ、予防方法など家庭と共有すべきことはたくさんあります。

●年齢別の保健計画

各年齢の特徴をとらえながら健康に過ごすための計画を考えましょう。この計画はあくまでも一例ですので、園の実態に合わせてねらいを変えたり、具体的にいくつか盛り込んだりしていくとよいでしょう。

0歳児は**保育者が環境を整えていく**ことが必須です。デリケートな時期を快適に過ごすためのねらいを持ちましょう。1歳児は少しずつ**自分で清潔にする行動**を覚えます。くり返し丁寧に行い、生活の中に自然に取り込みましょう。2歳児は個人差があり、丁寧な子、おおざっぱな子、汗かきな子、寒がりな子などが見えてきます。**個々に合わせた対応**を大事にしましょう。3歳児は**衛生的な生活習慣**がある程度身についてきます。しっかりと身につくように、くり返し取り組む計画などがよいでしょう。4歳児は興味の幅が広がります。**いろいろな教材**を使い清潔にする必要性を知らせることも、衛生的な生活習慣が持続する手立ての一つです。5歳児は衛生的な生活習慣を確立させたいものです。**知的好奇心をくすぐるような計画**で自分なりに健康的な生活を意識させましょう。

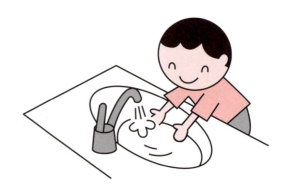

CD-ROM　P173-186_食育・保健　P183_園全体の保健計画

食育計画と保健計画

園全体の保健計画

0〜5歳児 園全体の保健計画

●保健計画

	1期 [4月・5月]	2期 [6月〜8月]	3期 [9月〜12月]	4期 [1月〜3月]
保健活動	●身体測定（毎月） ●清潔管理（毎月） ●春季定期健康診断 ●0歳児健康診断（毎週1回） ●新入所児の生育歴・健康状態把握	●歯科検診 ●虫歯予防指導と治療指導 ●腹痛・下痢等の諸症状確認 ●水遊び時の健康チェック、管理 ●室内の温湿度管理 ●プールの衛生管理	●秋季定期健康診断 ●視力検査 ●食欲減退や体力低下の有無の把握 ●気温変化による衣服調節 ●手洗い、うがいの励行	●流行性感染症の把握・早期発見・掲示 ●部屋の温湿度管理 ●薄着の励行 ●一年間の成長記録のまとめと共有
目標	●一人ひとりの健康状態を把握し、園生活に慣れ安心して生活できるようにする。	●衛生的に過ごす。 ●夏の暑さに留意し、快適に過ごせるようにする。	●さまざまな運動遊びを通じて、体力増進を図る。 ●手洗い、うがいを習慣づける。	●寒さに負けず、元気に過ごせるようにする。
留意点	●新入所児の健康の特徴・成育経過を早期につかみ、心身の安定に努める。 ●環境変化による事故発生に注意する。	●歯の大切さや歯みがきの仕方を知らせ、意識づけていく。 ●活動と休息のバランスに配慮する。 ●水分補給に配慮する。	●夏の疲れ、気温の差による体調不良に十分留意し、衣服の調節や休息を促す。 ●手洗いをチェックする装置で、手洗いへの関心を高める。 ●視力測定を通じて目の健康を知らせる。	●部屋を換気し、温湿度を適切にし快適に過ごせるようにする。 ●薄着や散歩などの体力づくりで健康の保持増進を図る。
家庭との連携	●家庭調査票の記入をお願いする。 ●定期健康診断の結果を通知する。 ●規則正しい生活リズムの大切さを伝える。	●虫刺されやとびひについての園の対応を保護者に周知する。 ●梅雨〜夏にかけての衛生管理について知らせる。	●薄着の習慣を呼びかけ、健康な生活づくりを促す。 ●園で行った保健活動を知らせ、家庭での手洗いの仕方やテレビの時間について意識してもらう。	●手洗い、うがいに加え、食事や睡眠の大切さを伝える。 ●一年間の成長記録を共有し、喜び合う。

現場では！
視力測定用の絵本を使うと楽しそうです。結果が気になる子には、保護者に受診をすすめています。

ここがポイント！
一年間でぐんぐん成長する子どもたち。保護者と共有することで、より一層子どもの健康に関心を持ってもらいましょう。

183

年齢別の保健計画

ねらい
* 生活リズムを整え、衛生的な生活習慣を身につけ、健康に過ごす。
* 自分の健康に関心を持ち、病気の予防などに必要な行動をとる。

期	1期［4月・5月］	2期［6月～8月］
0歳児	■ 新しい環境に慣れ、生活リズムを整える。 ◆ 生活リズムが整うまで、体調をくずしやすいので一人ひとりの健康観察を丁寧に行う。	■ 清潔に過ごす。 ◆ あせもやおむつかぶれにならないよう、着替えやシャワーをこまめに行い、休息と水分補給をして快適に過ごせるようにする。
1歳児	■ 保育者に見守られ、安心して過ごす。 ◆ 安定した生活リズムの中で、一人ひとりの子どもに合わせた対応をする。	■ 自分で手を洗おうとする。 ◆ 入室前や食事前後に自分で手を洗おうとする気持ちを大切にする。 ◆ 手洗いの手順や丁寧に洗えているかを一緒に行いながら確認する。
2歳児	■ 衣服の調節をし、汗をふく。 ◆ 暑そうなときは薄着にして、汗をかいたままかきむしることのないよう汗をふく、シャワーを浴びるなどの配慮をする。	■ 戸外に出るときは帽子をかぶり、水分補給をこまめにする。 ◆ 遊びに夢中になり、無理をすることがあるので日陰に誘ったり水分補給を促したりする。
3歳児	■ 手洗いや排泄の後始末、着脱など身の回りのことを自分でしようとする。 ◆ 衛生的な生活習慣がひととおりこなせるが、身につくまで見守ったり、個別に援助する。	■ たくさん遊んだあとは休息をとる。 ◆ 暑さや水遊びで疲れるので、ゆったりとした静かな環境をつくり休息がとれるようにする。
4歳児	■ 遊具や用具の遊び方を理解し安全に遊ぶ。 ◆ 工夫して遊ぶ姿を認めつつ、危険な遊び方が大きなケガや事故につながることを紙芝居や絵本を使い知らせる。	■ 進んで汗の始末をしたり着替えたりする。 ◆ 自分で気づいて汗をふいたり着替えたり、水分補給をし、清潔や健康を保とうとする行動を認め、身につくようにする。
5歳児	■ 自分の体調がわかる。 ◆ 自分で体調が悪い、体が痛むなどに気づき、保育者や友だちにすぐに知らせることが大切であることを伝えていく。	■ 歯みがきの仕方を学び、歯に関心を持つ。 ◆ 歯垢染色剤で磨き残しチェックをし、看護師から大人の歯に生え変わる話を聞くことをとおして、自分の歯に関心が持てるようにする。

ここがポイント！
0歳児はまだ自分で清潔にする手立てがないので、保育者が丁寧に関わり、気持ちよく機嫌よく過ごせるようにしてあげることが大切です。

注意！
大きなケガをしないで過ごすことも大事な保健計画の一つです。4歳児は生活に自信がついてきて遊び方が大胆になり、大きなケガや事故につながりやすいので気をつけましょう。

● 食育計画と保健計画

[凡例]
■ …ねらい
◆ …保育者の配慮

●保健計画

3期 [9月〜12月]	4期 [1月〜3月]
■ 気温の変化に合わせ、衣服の調節をする。 ◆ 気温差の大きい時期なので、体調をくずさないよう衣服で調整する。また、感染症が流行するので、保護者に予防接種の呼びかけをする。	■ 寒さに負けず、外気に触れる。 ◆ 日中、外気に触れたり散歩をし、身体や皮膚機能を高められるようにする。 ◆ 室内の温湿度を快適に保つ。
■ 鼻水が出たら、鼻かみを手伝ってもらったり、自分でふこうとする。 ◆ 鼻から息を出すことを促し、鼻をかむ感覚が身につくようにする。	■ おまるやトイレでの排泄後に手を洗おうとする。 ◆ 洗った手をよくふくように伝え、手伝う。手が荒れないように丁寧にふく。
■ 保育者と一緒にうがいをする。 ◆ 保育者がガラガラうがいのやり方を見せたり、絵本でうがいの大切さを伝える。	■ 厚着にならないよう、衣服を調節する。 ◆ 活動中は体が温まるので、個々に衣服の調節をするよう声をかける。体質や体調を把握し、一律に声をかけることのないようにする。
■ 自分から手洗いやうがいを進んで行ったり、鼻をかむなどして清潔を保つ。 ◆ 丁寧に行えているか見守っていく。鼻かみは、片方ずつ鼻を押さえているか確認する。	■ 室内と戸外の気温差に気づき、薄着で過ごそうとする。 ◆ 厚着で室内にいたり、薄着で戸外に出たらどうなるか子どもと考え気づかせていく。
■ 手洗い、うがいの大切さを知り、風邪予防への意識を高める。 ◆ 手洗いをチェックする装置で普段の手洗いの仕方を見直し、風邪予防のための手洗い、うがいの必要性に気づけるようにする。	■ 咳エチケットを知る。 ◆ 咳やくしゃみがどれくらい飛散するかなどを紙芝居や映像で知らせ、ティッシュなどで鼻と口を押さえる意識を持たせる。
■ 目の健康について自分なりに考える。 ◆ 視力検査を経験して、自分なりに目を大切にするためにできることを考える姿を受け止め、家庭とも連携する。	■ 自分で身の回りを清潔に保つ。 ◆ 就学に向けてハンカチやティッシュを身につけ、いつでも自分で身の回りを清潔に保てるよう習慣づける。

 現場では！

思わずごっくんと飲み込む子もいるガラガラうがい。水を少し口に含み「空を見上げて」「あ〜〜って声出して」など声かけすると、みんなでうがいの大合唱です。うがい練習中の子も加わりたくて一生懸命です。

ここがポイント！

無防備に咳をしがちな子どもたち。4歳くらいになると、咳が出そうだなとわかり、事前に口や鼻を押さえる動作ができます。インフルエンザなどがはやる時期です。意識を高めたいですね。

コラム ＊ 指導計画「実践のヒント」④

・・・［ 2歳児の保健計画の例 ］・・・

歯ブラシくるりん作戦！

　歯は一生使う大事なもの。歯のケアはどの園でも小さいころから行っていることでしょう。これは2歳児クラスでの出来事です。クラスでは食後の歯みがきをすることが習慣化してきました。歯ブラシをぎゅっと握って下の歯をゴシゴシ、みんな一生懸命に磨きます。「上の歯も」と思ったら、あらら？　手首をひねって磨きづらそうです。体をよじらせて磨いている子もいます。

　子どもたちのそんな様子を見て、保育者は歯ブラシの新しい持ち方を伝えることをねらいとしました。名付けて「歯ブラシくるりん作戦」です。磨く歯を下から上に変えるときに、歯ブラシのブラシ部分の向きをくるりんと変えるのです。単純なこの作戦は2歳児のみんなには大いに魅力的で、すぐに広まりました。これで上の歯もしっかりと磨けるはずです。子どもたちは歯ブラシをくるりんとさせゴシゴシ……。ところがおやおや？　歯ブラシが上の奥歯に当たっていません。上の歯と思われる辺りに歯ブラシを持っていこうとしても、動作がうまくいかないのです。一生懸命な姿に思わず笑いがこぼれます。

　そこで、洗面台の鏡を見ながら磨くよう促しました。ところが鏡の中には、歯ブラシが歯に当たらずに口の中を泳いでいる様子が見えます。それを見てお友だちと顔を見合わせて大笑いです。上の歯にいきなり歯ブラシを当てて磨く動作は慣れが必要なのですね。毎年、かわいいなと思う瞬間です。

　これが子どもたちのありのままの姿なのだと思います。このような小さなステップを見逃さず、身につくまで子どもと一緒に楽しめる計画を作成して、保護者と成長を共有していきたいですね。

多様なニーズに応えるための指導計画

障害のある子どもの指導計画作りのポイント …… 188

アレルギーのある子どもの指導計画作りのポイント …… 190

長時間保育の指導計画作りのポイント …… 192

障害のある子どもの指導計画作りのポイント

発達段階が進む中で、障害があることがわかる場合もあります。保育者は障害の実態を把握し、今後の発達を支える個別の指導計画を作成します。

保育所での障害児保育

障害児保育は、従来は知的障害児が中心でしたが、近年は自閉症児が増え、さらに学習障害（LD）、注意欠如・多動性障害（ADHD）など「**発達障害**」と総称される障害のある子どもたちへの対応が保育所に求められています。

障害の種類や程度を問わず、**一人ひとりの子どもの育ちを支援する**という保育の基本はほかの子どもの保育と変わるところはありません。障害があってもほかの子どもたちとともに保育所の生活や遊びを楽しめるよう、適切な環境のもと、職員全体で発達を支援していきます。

チーム体制での指導計画作り

障害のある子ども、障害の疑いのある子どもには、

主な発達障害

●広汎性発達障害
＊物事に対するこだわりがあって、社会的なコミュニケーションをとるのが難しい状態。自閉症、アスペルガー症候群、その他の広汎性発達障害（小児期崩壊性障害、レット症候群、非定型自閉症）などの種類がある。

●学習障害 (Learning Disabilities＝LD)
＊知的発達の全般的な遅れではなく、聞く、話す、読む、書く、計算するまたは推論する能力のうち、特定のものの習得が困難な状態。

●注意欠如・多動性障害 (Attention Deficit Hyperactivity Disorder＝ADHD)
＊物事に集中できない、落ち着きがない、とっぴな行動をとるなどを特徴とする、幼児期に現れる障害。

●その他 (発達性協調運動障害、トゥレット症候群など)

●多様なニーズに応えるための指導計画

その**子どものニーズ**（子どもが抱える困難さ）に合わせて保育内容を検討することが必要です。

個別計画の作成にあたっては、担任の保育者だけではなく、保育所の管理職など複数の保育者が参加した**チームを編成**します。できれば保護者の同意を得て支援センターなど地域の専門家にもこのチームに参加してもらいます。さらに**保護者にも参加**してもらい、指導計画に保護者の考えを反映させるとともに、家庭でも利用できるような内容にすると、**保育所と家庭が一体的に**子どもの育ちを支援できます。

チームはその後も定期的に会議を開き、経過の報告や自己評価を行います。評価の結果は保護者に説明し、そこでの保護者との話し合いも含め、次の指導計画の作成を行ったり、長期の指導計画を修正したりします。このように「計画→実践→記録→自己評価→改善」をくり返す個別の指導計画は、ゆくゆくは就学の際に小学校で作成される個別の教育支援計画に引き継がれます。

行動観察のポイント

障害児保育では保育者が**子どもの行動をよく観察して、実態を把握する**ことが非常に重要です。指導計画のベースとしても自己評価のベースとしても、実態の把握は欠かせません。

しかし、保育者が保育中に漠然と子どもの様子を見ているだけでは、適切な行動観察とはいえません。その子どものどこに注目するべきかを決めておき、言葉、社会性、情緒など領域ごとに観点を定めたり、発話パニック、多動など一定の行動に焦点を当てるなど、観察するポイントを明確にします。

また、せっかく行動観察をしても正確に記録できていないと、指導計画などに活用することが難しくなります。担当の保育者はノートやメモを常にポケットに入れて、**気になったことをその場で記録し**、その日の日誌や週の記録などにまとめましょう。記録からトラブルの発生しやすいパターンなどがわかると、それを次の活動内容や環境構成に反映させることができます。

保護者の不安を受け止める

発達障害や軽度の知的障害は生まれたときはわからず、**発達に伴って**障害が現れてきます。2歳以下では疑いのある段階にとどまっていることも多いものです。

健診などで障害が明らかになると、保護者は精神的ショックを受けがちです。そうした状態にある保護者に対し、地域の支援センターを紹介したり、保育所でどのような対応ができるかを説明したりするだけでなく、**保護者の不安にじっくり耳を傾ける**ことも必要です。そして保護者と同じように子どもを大切に思っていることを理解してもらい、**子どもの発達のために協力し合う関係**をつくりましょう。

アレルギーのある子どもの指導計画作りのポイント

消化の働きが未熟で、食物アレルギーを起こしやすい乳児期。離乳食の進め方、給食での除去の方法などを医師や保護者と相談し、アレルギーの症状を抑えながら健やかに成長できるように支援します。

乳児と食物アレルギー

乳児期は食物アレルギーを起こしやすく、特に**離乳食の時期は要注意**です。その理由は、消化吸収の力が未熟で、離乳開始の時期が早すぎるとたんぱく質が消化しきれないまま吸収されてしまうためです。また**免疫反応**の力も弱いこともアレルギーを起こしやすい原因となっています。そこで、離乳食の開始は、歯の発達、咀嚼の働きの発達に加え、消化吸収の発達のことも考慮して進めます。

食物アレルギーは成長とともに症状が改善されることがほとんどです。はじめは原因食物の**除去**（食事から除くこと）が必要でも、成長の過程で段階的に**解除**（制限をゆるめること）を進めます。また、母乳の場合は基本的には母親も原因食物を除去します。

原因と症状を知る

アレルギーの疑いがある場合は医療機関で検査を

アレルギーを起こしやすい食品

特に症例数が多い食品

えび・かに・小麦・乳・卵

特に症状が重篤であり、生命に関わるため特に留意が必要な食品

そば・落花生

あわび・いか・いくら・オレンジ・キウイ・牛肉・くるみ・さけ・さば・大豆・鶏肉・バナナ・豚肉・まつたけ・もも・山芋・りんご・ゼラチンなど

●多様なニーズに応えるための指導計画

行い、原因物質を特定することが必要です。**アトピー性皮膚炎**の子どもも検査で食物アレルギーが見つかることが少なくありません。検査で食物アレルギーが判明した場合、その原因食物を除去します。アレルギーのある子どもは複数のアレルギーを持っていることが多く、症状の現れ方もさまざまです。原因食物を摂取してから2～3日後に反応が出ることもあります。

アレルギーのように免疫反応に由来するものではない、「**食物不耐性**」と呼ばれる反応の場合もあります。たとえばパイナップルやメロン、トマトなどに含まれるヒスタミンなどの物質に反応して、かゆみを訴える子どももいます。

アレルギーのある子どもについては、できれば保育所と家庭で食べたもの、体調の**記録**をとり、反応が出るパターンを把握すると対応しやすくなります。

指導計画をアレルギー対応に生かす

病状を把握したうえで保育所としての対応を保育者、栄養士、調理師、看護師、管理職で話し合います。食物アレルギーの原因物質を除去する方法については保育所保育指針や支援ガイドでは具体的に示されていないので、各保育所で**保護者**や**嘱託医**などとも相談しながら対応を決めます。

このように決めた対応は、指導計画にも反映させていきましょう。とくに0～2歳児では、**個人案**を作成するので、それぞれの子どもの状況に応じて、きめの細かい計画を立てていきましょう。

アトピー性皮膚炎への対応

アトピー性皮膚炎の子どもに対しては、**スキンケアに注意**します。汗をかいたら、さっとシャワーで汗を流して着替えをさせ、手洗いなどではなるべく刺激の少ない無香料の石けんを使用します。

プール遊びのあとも消毒液をしっかり洗い流すことが大切です。症状が悪化しているときにはプールを休んだほうがよいでしょう。また、乾布摩擦はアトピー性皮膚炎に限らず乾燥した肌の子どもにはよくありません。

こうしたスキンケアの注意も指導計画に記入しておき、**職員の間で情報を共有**します。

保護者との連携

アレルギーへの対応は、家庭との連携が大切です。子どもの様子について日々連絡をとり合いましょう。保育者は保護者の希望に耳を傾けると同時に、**保育所での対応をくわしく説明**しましょう。保育者は保護者が不安を強く持たないよう、保育所で元気に過ごしていることや除去食でも十分な栄養が摂れていることを説明します。

191

長時間保育の指導計画作りのポイント

0〜2歳の長時間保育では、体力のない子どもたちが疲れないように、24時間全体の過ごし方を考え、生活リズムを整えるように心がけます。保育者同士の協力体制や家庭との連携にも指導計画を利用しましょう。

保育所保育指針と長時間保育

保育所の保育は8時間を原則としますが、必要に応じてそれ以上の保育を行うことが認められています。**8時間を超える保育を「長時間保育」**と呼びます。保育所保育指針では長時間保育について「子どもの発達過程、生活リズム及び心身の状態に十分配慮して、保育の内容や方法、職員の協力体制、家庭との連携などを指導計画に位置付けること」としています。

その記載方法は保育所ごとに違い、月や週の指導計画に長時間保育の欄を設けている場合もあります。0〜2歳では個人別の計画があるので、その中の「配慮すべきこと」に長時間保育について記す場合もあります。

安心してお迎えを待てるように

長時間保育は子どもたちにとって体力的に疲れるものです。また、外が暗くなってくると不安感が高まる子どももいます。落ち着いて保護者の迎えを待っていられるように、保育者は**子どもの心身の状態に配慮**する必要があります。

特に0〜2歳の子どもたちは心身の発達が著しく、個人差も大きいので、**一人ひとりの実態をよく把握**して長時間保育を行うことが大切です。

一つの部屋で異年齢の子どもの長時間保育を行う場合は、小さい子どもたちが大きい子どもたちに圧倒されないような環境構成や遊び方を工夫します。

職員の協力体制と家庭との連携

長時間保育では調理師、栄養士、看護師など全職員の**協力体制**が必要です。日中のクラス担当者と長時間保育の担当者はしっかりと引き継ぎを行い、日中の保育との連続性を保ちます。引き継ぎをスムーズにするためにも指導計画や日誌を効果的に利用しましょう。

家庭との連携も長時間保育に欠かせないポイントです。家庭での様子をしっかり伝えてもらい、子どもの生活リズムが健康的になるように配慮します。**子どもの24時間の生活の流れ**を考えて計画を立てていきましょう。

巻末付録

家庭・地域との連携 …… 194
連絡帳記入のポイント …… 196
保育日誌記入のポイント …… 197
指導計画作りに役立つ基本用語 …… 198

CD-ROMをご使用になる前に …… 200
Wordを使って指導計画を作ろう！ …… 201

家庭・地域 との連携

子どもたちの生活の場は、家庭、保育所、地域社会。
保育所にはこの3つの場の連携を軸とした子育て支援が求められています。

家庭・地域との協力が大切

保育所に通う子どもたちにとって、毎日の生活の場は園と家庭が中心です。園と家庭がそれぞれ、**子どもの様子をしっかり見て情報を共有し、信頼関係を築く**ことが求められています。さらに、園のまわりの人々や施設、商店など、**地域が一体となって**子どもたちの成長を手助けしていくことが大切です。

平成29年の「保育所保育指針」の改定では、それまでと同じように、**すべての子どもの健やかな育ちを実現**することが記されています。子どもの育ちを保護者や地域と協力して支援していくことに変わりはありません。

新しい指針には「保護者及び地域が有する子育てを自ら実践する力の向上に資する（＝役立つ、助けになる）よう」と記されています。つまり保育所が子どもを専門的に保育するだけでなく、**保護者や地域が子育てをしていく力**を引き出していくことが求められているのです。そのための基本として「保護者の気持ちを受け止め、（中略）保護者の自己決定を尊重する」ことや「地域の関係機関等との連携及び協働を図」ることが述べられています。

家庭と情報を共有する

普段の家庭での子どもの暮らしの様子、家族との関わりや生活の状況、健康状態、これまでの病気やケガ、かかりつけ医、予防接種歴などの情報は、入園時に限らず、常に保護者とコミュニケーションをとりながら、**情報収集していく必要**があります。それと同時に、保育所側でも家庭に対して、子どもが園でどのように過ごしているのか、その日の様子、友だちとのやり取り、健康状態などを、**適切に情報**

提供していくことが大切です。特に0歳児クラスでは、授乳の状況や、排泄の様子など、**健康状態について、きめ細かいやり取り**が求められます。

また、個別の情報共有だけでなく、園生活を過ごすにあたり、守ってほしいルールや行事への参加など、**全家庭に共通するお知らせ**についても、適切な連絡と情報提供が必要です。直接口頭で伝えるだけでなく、園だより、掲示板などを活用しましょう。また必要な持ちものや保護者参加のお願いなどは、改めて詳細なおたよりで説明します。また、毎日園と家庭でやり取りする**連絡帳**も重要な情報交換の手段です。「聞いていない」「知らなかった」というトラブルを防ぎ、子どもが心身ともに健やかに、楽しい毎日を送れるよう家庭との信頼関係を築いていきましょう。

地域が一体となって子どもを育てる

家庭だけでなく、子どもを取り巻く地域社会と関わり、連携を図ることも、保育所に求められる子育て支援です。地域の保健所、病院などの**医療機関**からは、子どもの健康情報や相談の提供を受けられます。また、たとえば園で食育に取り組むときには、地域の保健センターや商店、食べものに関わる仕事をしている人などから、**専門性の高い協力**を得ることもできるでしょう。不適切な養育や虐待などの疑いのある子について**行政や児童相談所**に連絡をとって、対応したり、災害発生時の対策、就学に向けた**小学校との連携**も大切です。

そのほかにも、地域のお祭りなどの行事への参加や、園の行事への地域の方々の招待、近くの小学校や高齢者施設との交流など、さまざまな**地域の人々との交流**の形があります。地域の人々との触れ合いは、子どもたちの**心の成長と社会性を育む**ためのよい機会となります。また、保育所に通っていない地域の子どもたちのための育児相談や園庭の開放、運動会などの行事に参加できる競技を設けるなど、**地域の子育て支援**をすることも保育所の大切な役割です。

保育者には、これらを考慮し保育所と家庭、地域社会とのつながりを視野に入れ、子どもたちの興味や関心に応じて、それぞれの場をうまく生かしながら、指導計画を作成することが求められています。

連絡帳 記入のポイント

連絡帳は保護者と子どもの情報を共有し、信頼関係を育むための大切なツールです。
保育所と家庭が連携をとることが、子どもの安心・安全につながります。

保育所と家庭の様子を伝え合う

　3歳未満児の連絡帳は子どもが一日24時間を、園と家庭でそれぞれどのように生活しているか、**見えない時間の情報を伝え合う**役割を持っています。園からは、食事や排泄、睡眠などの健康状態や生活のリズム、機嫌のよしあし、生活の様子などを細かく記録し、情報を伝達します。そのことで、園と家庭での保育がスムーズにつながり、子どもが毎日**安定した生活**を送れるように調整していくことができます。一方、保護者は、連絡帳から子どもの園生活や成長の様子を知り、**家庭での育児に生かす**ことができます。また、子育てについての質問や相談を連絡帳に書いて、保育者からのアドバイスを受けることもできます。園によって2歳以上児の連絡帳では、罫線のみの小型ノートを用いて、簡単な生活の様子とコメントを記入する場合もあります。

子どもの様子をしっかり見よう

　保護者は子どもと一緒に帰宅して、何が書いてあるかなと連絡帳を広げる時間を楽しみにしているものです。保育者のコメントから園での子どもの様子がわかるとともに、保育者が子どもをよく見てくれている様子を知ることができるからです。「今日はみんなで砂場で遊びました」など、どの子にも書けるような内容よりも、「○○ちゃん、今日は泣いているお友だちの頭をなでてあげていましたよ」など、**一人ひとりの様子をしっかり見て具体的に記入**することで、保護者との信頼関係も深まります。ほかの子どもとくらべるなど、保護者に不安を与える表現は絶対に避けましょう。

　忙しい一日の中で、連絡帳を書くためのまとまった時間がとれるのは、子どもたちの午睡時など、限られているかもしれません。手際よく書かなくてはなりませんが、一人ひとりの子どもをしっかり見ていれば「書くことが思いつかない」などということはないでしょう。

　保護者からの質問や相談には、**できればその日のうちに何らかの回答をしましょう**。ささいなことからトラブルに発展しないためにも、読む側の**保護者の気持ち**になって書くように心がけましょう。

3歳未満児の連絡帳の役割

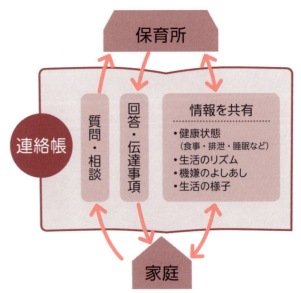

● 巻末付録

保育日誌 記入のポイント

保育日誌は一日の保育を終えて、その日の出来事を振り返りながら記録していくものです。
日々の記録の積み重ねが、子どもたちへの理解をより深め、次の指導計画作成にも生かされます。

保育の「ねらい」を念頭に置いて記入しよう

　保育日誌に記録する項目は園によってさまざまですが、主に「子どもの出欠席と欠席の理由」「天気」「健康状態」「保育実践・主な活動」「環境」「個人記録」「保護者への連絡・伝達事項」「延長保育連絡」「反省・評価」などがあります。

　日誌記入のポイントは、指導計画に記述した**保育の「ねらい」**を念頭に置いて、子どもの姿や保育者の対応、関わりなどを記述することです。登園から降園まで、時間の経過に沿って順番に活動内容をつづるだけではなく、「七夕の会食では、大きいお友だちの影響で、いつもは食べるのが遅い子も、楽しく食べることができた。お代わりする子も多く、食べることに集中できていたと思う」というように、**活動や実践をとおして感じた保育者の思いを書きとめ**ましょう。そのときの子どもの表情や言動などを具体的に記録することで、保育の反省・評価にもつながります。0・1・2歳児は、まだ個々の**発達の個人差も目立つ時期**です。それぞれの子どもの様子をしっかり観察して、記録するように心がけましょう。

　1か月、2か月と継続した記録を読み返していくことで、1日分の日誌からはわかりにくい**子どもたちの変化を読み取ることができます**。さらに、子どもたちが成長していくプロセスや、クラス全体の雰囲気の変化、今後に向けての課題などにも気づくことができるのです。

日々の評価が明日につながる

　今日1日を自分自身で振り返り、保育の「ねらい」に基づいた保育が実践できたかどうかを**反省・評価**することは大切なことです。子どもたちは日々成長して、その姿を変えていきます。**子どもたちの今日の様子をしっかり見て、明日の保育計画の実践に生かす**ことが保育の質を高めていくことにつながります。どういう保育をしたかというだけの「育児日記」にならないよう、「計画→実践→記録→自己評価→改善」の流れを意識し、保育日誌を指導計画の作成に生かしていきましょう。

保育日誌の機能

197

指導計画作りに役立つ基本用語

保育の現場でよく使われる基本用語を選び、その意味を説明しています。
指導計画作りや保育日誌などの記録の作成に役立ててください。

● 愛着
乳幼児が保護者などの特定の対象に対して示す、親密で情緒的な絆のこと。乳児は不安や恐れを抱くと、愛着を抱く対象に対して、しがみつき、そばから離れないなどの行動をとる。

● アレルギー
特定の物質の摂取または接触に対して、免疫反応が過剰に起こる状態。原因となる主な物質（アレルゲン）には、花粉、ダニ、ホコリなど鼻や口から吸入するもの、卵・乳・小麦（子どもの3大アレルゲン）などの食物がある。症状は湿疹、鼻炎、気管支ぜんそくなど。

● 育児休業制度
育児中の一定期間仕事を休業して、その後に職場復帰することを保証する制度。

● 一語文・二語文
乳幼児の言葉の習得において、1歳を過ぎたころから「ワンワン」「ブーブー」など一語文で表現し、2歳ごろから「ワンワン、きた」「ブーブー、ちょうだい」といった二語文やそれ以上の多語文で話すことができるようになる。

● 一時保育
保護者などが一時的・緊急的に乳幼児を保育できなくなったときに、保育所で預かる制度のことをいう。核家族化が進み、近隣関係が希薄になっている現在、子育て支援策の一環として、今後さらに需要が高まると予想される。

● 一斉保育
保育者を中心として一斉に行われる保育の形式のこと。同一年齢の子が、同一時間に、同一のテーマを持った活動を、同一の方法で行う。

● 異年齢保育
異年齢の子どもを一緒に保育すること。多様な年齢の子と触れ合う経験は、人へのいたわりやさしさ、豊かな人間関係が生まれるという効果が期待できる。

● 延長保育
標準となる保育時間を超えて行う保育のこと。幼稚園は4時間、保育所は8時間を標準の保育時間としているが、女性の社会進出や子育て支援といった社会的変化によって、保育時間の柔軟な運用が求められ、延長保育の需要が高まっている。

● オウム返し
1歳半～2歳ごろの子どもは、大人の話す言葉をそのままくり返して話そうとする。この現象をオウム返しという。まねることで言葉を学び、言語能力が発達していく。

● かみつき
乳幼児が、同年代の子どもにかみつく行動のこと。玩具の取り合いや、遊んでいた場所を取られそうになり防御しようとするときなど、自分の思いが相手にうまく伝わらないイライラからかみつく場合が多い。

● 虐待
親または保護者によって児童に対してなされた身体的、心理的、性的な暴行や不当な扱い、ネグレクト（無視・育児放棄）などの行為を指す。

● クーイング
乳児は2～3か月ごろになると、機嫌のよいときに「アーウ」「クー」など言葉にならない声を出すことがある。これをクーイングと呼ぶ。言葉の発達の始まりとされる。

● 継続児
前年度以前から入園しており、新年度に1つ上の年齢のクラスに進級した子どもを指す。4月に進級式を行う場合が多い。

● 構成遊び
物を作ったり、組み立てたりする遊び。具体的には、ブロック、積み木、貼り絵など。物事をよく考えたり、見通す力を養うのによい。創造遊びと同じような意味で使われている。

● 午睡
一般的に昼寝のことだが、必ずしも午後の睡眠とは限らない。午前にとる睡眠を午前睡などと呼ぶこともある。1日に必要な睡眠時間の夜間における不足分を、日中の睡眠で補う役目を果たしている。

● ごっこ遊び
日常生活で見たり聞いたり経験したことから、自分がその中の人物や動物など何かになり、役割を表現する遊びの総称。

● 産休明け保育
出産後8週間の産後休暇明け直後から行われる保育。出産後もすぐに働きたいという人が増えており、各自治体では特に乳児の受け入れ拡大が急務とされている。

● 自由遊び
保育者によって、一定の条件の場や遊具が設定されることなく、子どもたちが自由に取り組む遊び。

● 自由保育
子どもの自発的な発想・活動を重視して、保育者から課す活動をできるだけ排除して行われる保育。

● 除去食
食物アレルギーがある場合、医師の診断のもとに原因となる食品を取り除き、代替食を使用する食事療法のこと。近年はアレルギーを持つ子どもが増え、保育所の給食では、可能な限りの対応が望まれる。

● 新入所児
各年齢のクラスに新規入所した子どものこと。新入所児が加わった4〜5月は、以前から在園している継続児にとっても、周囲の不安を感じて情緒が不安定になる時期なので、保育者には家庭との連携など、さまざまな配慮が必要とされる。

● 素話
物語を覚えて子どもたちに語ること。絵本や紙芝居などを用いずに人の声のみで語る。ストーリーテリングともいう。子どもが耳から聞く言葉で物語のイメージをふくらませていく力が培われる。

● 探索活動
ハイハイや歩くことができるようになった子は、行動範囲が広がるため、気になる場所に自分で移動し、そこにあるものを触る、たたく、落とす、なめるなどの探索活動をくり返す。探索活動は、知的活動の発達にとって大きな意味を持つ。

● つかまり立ち
10か月前後になると、お座りやハイハイの姿勢から自分で支えになるものにつかまって立つようになる。これをつかまり立ちという。最初は前のめりになったり、つま先で立つなど不安定だが、徐々に安定し、足の裏全体を床につけて立てるようになる。

● 伝い歩き
つかまり立ちの体勢で、壁などで体を支えながら横に移動する動作を伝い歩きという。

● 手遊び
歌を歌いながら、手や指を使ってそのイメージに即したリズミカルなしぐさをする活動のこと。主活動への導入や一斉活動への集中が途切れたときの気分転換にも使われる。

● 喃語(なんご)
「マンマンマンマン」や「ブーブーブーブー」など、半年〜1歳ごろの乳児に見られる、反復した音声。言葉に似ているが、意味を持たない点で言葉とは異なる。

● 乳幼児突然死症候群（SIDS）
健康だった乳児が急に死亡する、原因不明の疾患。2〜6か月くらいの乳児の死亡がほとんどである。予防のためには、乳児を仰向けに寝かせる、寝ているとき顔色や呼吸の状態などを細かく観察するなどの配慮が求められる。

● パネルシアター
毛羽立ちのよい布地を貼ったパネルに、ざらざらした不織布で作った絵人形や背景を貼って絵話をするもの。貼ったり、外したり、組み合わせたり、重ねたりしながら歌遊びやお話を展開する。

● ペープサート
人物や動物などの絵を描いた紙を、棒の先に両面から貼り合わせ、物語に合わせて操る人形劇。表と裏で別な絵を描き、回転させて裏面を見せることにより、さまざまな表現をすることができる。

● ほふく室
ほふくは「腹ばいになること、手と足を使って進むこと」。乳児が自由に入って、動き回れるスペースのことをほふく室という。2歳未満児が入園する保育所では、児童福祉施設最低基準にその設置が定められている。

● 沐浴
湯や水で身体を洗うこと。保育所では沐浴室などで体を洗ってあげる場合が多い。授乳直後の満腹のとき、授乳直前の空腹のときは、避けたほうがよいとされる。

● 巻末付録

199

CD-ROMをご使用になる前に

付属のCD-ROMは、Wordデータを収録しています。CD-ROMをお使いになる前に必ず下記をご確認ください。

動作環境

- 付属のCD-ROMは、次のパソコンに対応しています。
  Windows 10、8、7
- 付属のCD-ROMを使用するには、パソコンにCD-ROMドライブまたは、CD-ROMを読み込めるDVD-ROMドライブが装備されている必要があります。
- 付属のCD-ROMに収録されているテンプレートは、「Microsoft Office Word 2013」で作成し、「Word 97-2003」の形式で保存しています。お使いのOSやアプリケーションのバージョンによっては、レイアウトが崩れる可能性がありますので、あらかじめご了承ください。
- テンプレートデータを使用するには、「Microsoft Word 97」以上がパソコンにインストールされている必要があります。

使用許諾

- 本書に掲載及び付属のCD-ROMに収録されているデータは、ご購入された個人または法人・団体が、営利を目的とせず、私的に利用する範囲内で使用することができます。ただし、以下のことを順守してください。
- ※園児募集のためのポスターやPR広告、販売を目的とした出版物や物品及びホームページ（私的利用のものを含む）での使用はできません。これらに無断で使用することは、法律で禁じられています。また、本書に掲載及び付属のCD-ROMに収録されたデータを加工や変形して、上記内容に使用することも同様に禁じられています。
- 本書に掲載及び付属のCD-ROMに収録されているすべての文例等の著作権・使用許諾権・商標権は、弊社及び著作権者に帰属します。
- 付属のCD-ROM収録のデータを複製し、第三者に販売・頒布（インターネットや放送を通じたものも含む）・賃貸・譲渡することはできません。
- 付属のCD-ROMのご使用により生じた障害や損害、その他いかなる事態にも、弊社及びデータ作成者は一切の責任を負いません。

注意事項

- CD-ROMの裏面に傷や指紋などがつくとデータが読み取れなくなる場合がありますので、取り扱いには十分ご注意ください。
- CD-ROMドライブにCD-ROMをセットする際には、無理な力を加えないようにしてください。
- 付属のCD-ROMに収録されているデータについて、サポートは行っていません。
- 付属のCD-ROMは、音楽CDではありませんので、オーディオプレーヤーでは再生しないでください。
- 本書掲載の操作方法や操作画面は、「Microsoft Windows 10」上で、「Microsoft Office Word 2021」を使った場合を紹介しています。お使いのパソコンやアプリケーションのバージョンによって、操作方法や操作画面が異なることがありますので、ご了承ください。

※Microsoft、Windowsは、米国Microsoft Corporationの登録商標です。その他、掲載されている製品名は、各社の登録商標または商標です。本書では、™、®、©マークの表示を省略しています。

CD-ROM収録のデータについて

付属のCD-ROMに収録されている指導計画テンプレートのデータ構成は、右の図のようになっています。CD-ROMの詳しい使い方については、201ページからの「Wordを使って指導計画を作ろう！」を参照してください。

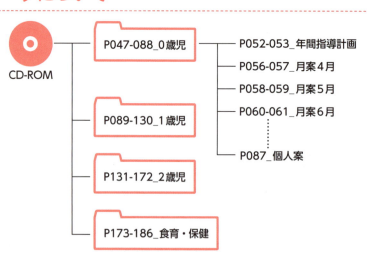

● 巻末付録

Wordを使って指導計画を作ろう！

付属のCD-ROMには、本誌に掲載している指導計画のテンプレートが収録されています。
テンプレートをそのまま使うことも、文章を書き換えて使うことも簡単にできます。
ここでは、Windows10上で、Microsoft Office Word 2021を使った操作の方法を紹介します。

テンプレートを開く

使いたいテンプレートが決まったら、データを
CD-ROMからパソコンにコピーして、開きましょう。

1 使用するファイル名を確認する

使いたいテンプレートのファイル名と収録場所を誌面で確認します。ここでは、「0歳児 4月 月案」（P056-057_月案4月）を開きます。

2 CD-ROMを挿入する

付属のCD-ROMをパソコンのCD-ROMドライブに挿入します。画面に下のような再生ダイアログボックスが開き、収録されているフォルダーが表示されます。

こんなときは？
閉じてしまった再生ダイアログをもう一度開きたい

スタートメニューを開き、「ドキュメント」か「ピクチャ」をクリックする。

↓

「DVD RWドライブ」をダブルクリックして開く。

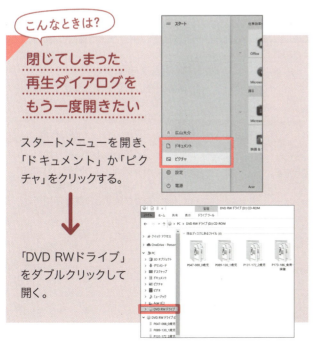

3 フォルダーを開く

使用したいファイルが収録されているフォルダーをダブルクリックして開きます。
ここでは、「P047-088_0歳児」のフォルダーを開き、「P056-057_月案4月」のファイルを選びます。

4 ファイルをパソコンにコピーする

「P056-057_月案4月」のファイルをクリックして、そのままデスクトップにドラッグ（移動）すると、コピーができます。

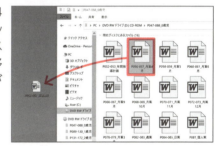

5 ファイルを開く

デスクトップにコピーしたファイル「P056-057_月案4月」をダブルクリックすると、Wordが起動して、テンプレートが開きます。

201

Wordの表示画面と機能を確認する

テンプレートを使う前に、Wordの各部の名称とその役割を確認しましょう。

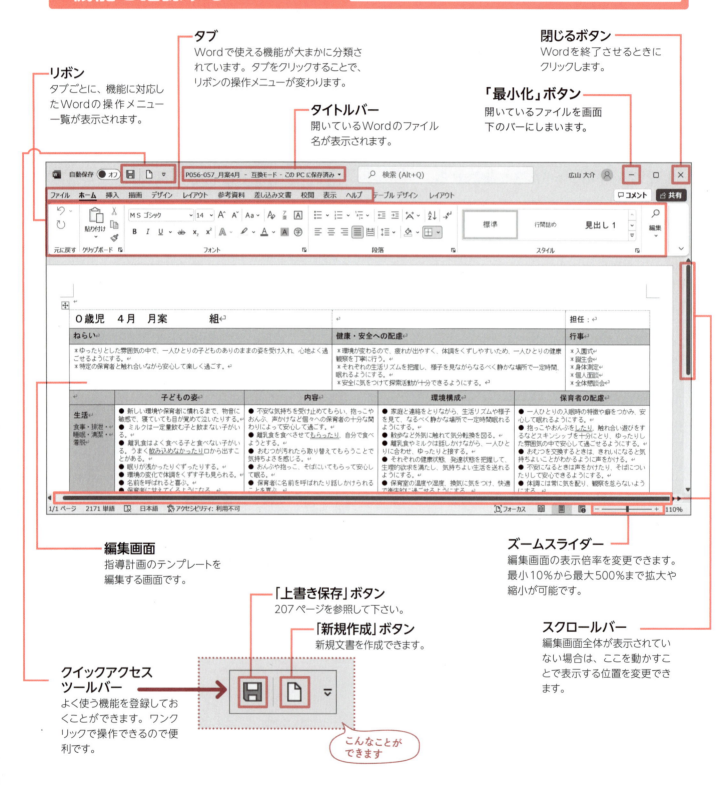

文章を変更する

テンプレート内に文章を追加したり、入っている文章を変更したりする方法を説明します。

● 文字や文章を追加する

文字や文章を追加したい箇所にカーソルを合わせてクリックすると、入力できます。

● 文章を変更する

変更したい文字や文章の先頭にカーソルを合わせてクリックし、変更したい部分の終わりまでドラッグして文字列を選択します。

文字列を選択したまま（色がついた状態）で文字を入力すると、新しい文章に書き換えられます。

● 行間を変更する

行間を変更したい文章を選択します。

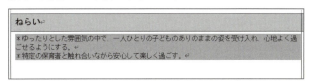

「ホーム」タブ内の「段落」右にある「￬」をクリックすると、メニューが表示されます。

「インデントと行間隔」の「行間」右にある「∨」をクリックして行間を選択し、「OK」をクリックします。ここでは「1.5行」にしてみます。

※行間を狭めたり、任意の行間にしたいときは、「行間」で「最小値」か「固定値」を選択すると、「間隔」欄で希望の数値が選べます。

こんなときは？
文字や文章を別の表にコピーしたい

別の表にコピーしたい文字列をドラッグして選択します。

「ホーム」タブ内の「コピー」をクリックすると、選択した文字列がコピーされます。

別の表のファイルを開き、貼り付けたい箇所にカーソルを合わせてクリックし、「ホーム」タブ内の「貼り付け」をクリックします。

コピーした文字列が入力されます。

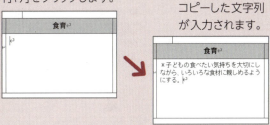

文字のデザインを変更する

「ホーム」タブ内にあるボタンを操作すると、文字のデザインを自由に変更できます。ここでは、よく使われる下記について紹介します。

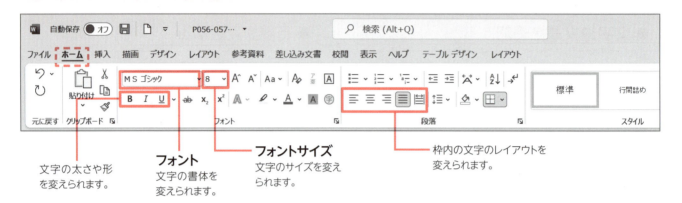

- 文字の太さや形を変えられます。
- **フォント**：文字の書体を変えられます。
- **フォントサイズ**：文字のサイズを変えられます。
- 枠内の文字のレイアウトを変えられます。

● 文字のサイズと書体（フォント）を変える

サイズと書体を変更したい文字をドラッグして選択します。

大きさの変更

文字をドラッグしたまま、「ホーム」タブ内の「フォントサイズ」右にある「∨」をクリックすると、文字サイズの一覧が表示されます。
選んだ数字のところでクリックすると、文字のサイズが確定します。

書体の変更

文字をドラッグしたまま、「ホーム」タブ内の「フォント」右にある「∨」をクリックすると、フォント一覧が表示されます。好きなフォントを選んでクリックすると、文字の書体が確定します。

※フォントの数や種類は、パソコンの機種やメーカーなどによって異なります。

サイズと書体が変更されました。

● 文字のデザインを変える

デザインを変えたい文字を選択して、「ホーム」タブ内にある下記のボタンをクリックすると、デザインが変わります。

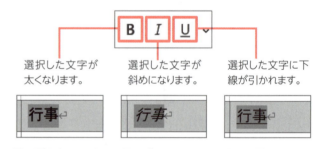

- 選択した文字が太くなります。
- 選択した文字が斜めになります。
- 選択した文字に下線が引かれます。

元に戻したいときは、同じボタンをクリックすると戻ります。

● 文字のレイアウトを変える

枠内の文字列を選択して、下記のボタンをクリックすると、枠内の文字列の配置を変えることができます。

左揃え　中央揃え　右揃え　両端揃え　均等割り付け

ここでは、「中央揃え」を選択して、文字を枠の中央に配置します。

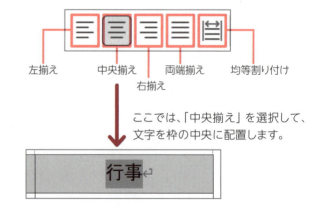

204

● 巻末付録

表の枠のレイアウトを変更する

表の枠は、幅や数を自由に変更することができます。文章の文字量や項目の数に合わせて、読みやすくなるように調整しましょう。

● 枠の幅を変える

幅を変えたい枠線にカーソルを合わせると、アイコンが「 ⬌ 」「 ⬍ 」に変わります。

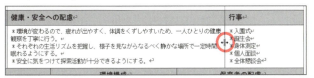

そのままクリックして、広げたり狭めたい方向にドラッグします。ここでは、左にドラッグして右の枠を広げます。

⬇

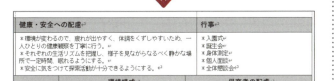

● 枠を分割する

枠を分割して、増やすことができます。ここでは、上で幅を広げた「行事」の枠（★）を横2つに分けてみます。

分割したい枠の中をクリックすると、表組み用の「レイアウト」タブが表示されます（右端に青文字で）。

この「レイアウト」タブをクリックし、「セルの分割」をクリックすると、メニューが表示されます。

⬇

横に分割したい数を「列数」に、縦に分割したい数を「行数」に指定して、「OK」をクリックします。
ここでは、横に2分割するので、「列数」を「2」と指定すると、枠が2つに分かれます。

⬇

● 枠を結合する

枠を結合して、減らすことができます。ここでは、次の2つの項目を1つにし、「食育」の枠をなくしてみます。
まず、「食育」の項目をドラッグし、キーボードの「Delete」キーを押して、テキストを削除します。

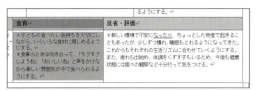

次に、結合したい2つの見出し枠をドラッグして、「レイアウト」タブの「セルの結合」をクリックすると、2つの枠が1つに結合されます。

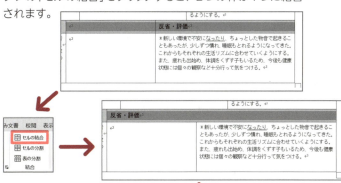

下段の2つの枠も同様に結合します。 ⬇

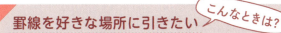

罫線を好きな場所に引きたい 〜こんなときは？〜

表組み用「レイアウト」タブの「罫線を引く」をクリックします。
カーソルがえんぴつマークになるので、罫線を引きたい箇所をクリックしてドラッグすると罫線を引くことができます。

罫線を消したいときは、「レイアウト」タブの「罫線の削除」をクリックします。カーソルが消しゴムマークになり、消したい罫線をクリックすると消えます。

205

表に行を挿入する

表の行や列は簡単に挿入することができます。ここでは行を挿入する方法を紹介します。

行を挿入したい場所にカーソルを合わせると、「⊕」マークが表示されます。

行を削除したいときは、削除したい行の枠のどれかの中をクリックします。ここでは、左で追加した行（★）を削除します。

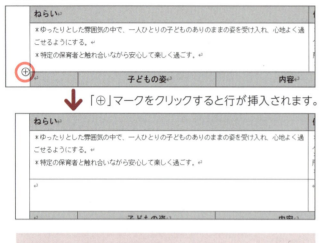

「⊕」マークをクリックすると行が挿入されます。

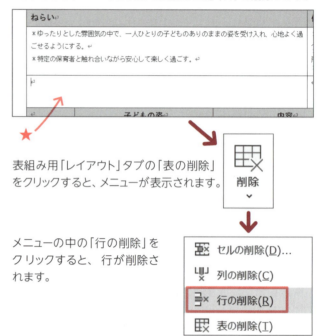

表組み用「レイアウト」タブの「表の削除」をクリックすると、メニューが表示されます。

メニューの中の「行の削除」をクリックすると、行が削除されます。

追加したい場所の上か下の枠のどれかの中をクリックし、「レイアウト」タブの「上に行を挿入」か「下に行を挿入」をクリックしても、挿入できます。

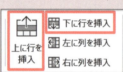

枠線のデザインを変更する

枠線は、太さや線種を自由に変えることができます。テンプレートの表を自分流にアレンジしてみましょう。

「テーブルデザイン」タブ内にある「ペンのスタイル」と「ペンの太さ」から、好きな太さと線種を選ぶことができます。

ペンのスタイル
枠線の線種を選べます。

ペンの太さ
枠線の太さを選べます。

枠線の線種を変更

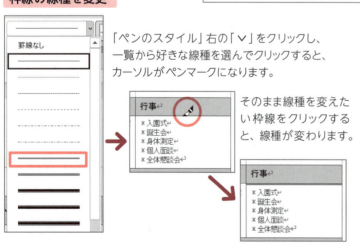

「ペンのスタイル」右の「∨」をクリックし、一覧から好きな線種を選んでクリックすると、カーソルがペンマークになります。

そのまま線種を変えたい枠線をクリックすると、線種が変わります。

枠線の太さを変更

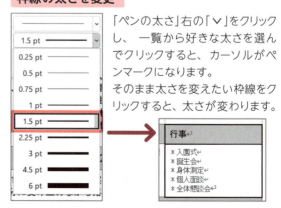

「ペンの太さ」右の「∨」をクリックし、一覧から好きな太さを選んでクリックすると、カーソルがペンマークになります。

そのまま太さを変えたい枠線をクリックすると、太さが変わります。

● 巻末付録

指導計画を保存する

テンプレートを編集したら忘れずに保存をしましょう。ここでは、新しく名前を付けて保存する方法と上書き保存の方法を紹介します。

● 名前を付けて保存する

「ファイル」タブをクリックしてメニューを開き、「名前を付けて保存」をクリックします。

「名前を付けて保存」ウィンドウが開くので、保存先を選びます。

「ファイル名」に、わかりやすい名前を入力します。

「保存」をクリックすれば、保存完了です。

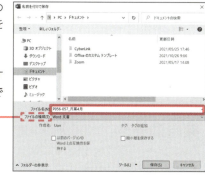

他の形式で保存したいときは、「ファイルの種類」をクリックして選びましょう。

※「Word 2021」の「Word文書」形式で保存したファイルは、「Word97/2000/2003」では開けませんので、ご注意ください。

● 上書き保存をする

編集したものを、同じファイル名で保存する場合は、「クイックアクセスツールバー」の「上書き保存」ボタンをクリックすると、上書き保存ができます。

指導計画を印刷する

編集した指導計画を印刷してみましょう。表示される印刷イメージを確認してから印刷することができます。

印刷したいファイルを開いたまま、「ファイル」タブをクリックしてメニューを開き、「印刷」をクリックします。

印刷設定画面が開きます。右側には、印刷イメージが表示されるので確認ができます。

→ 印刷設定画面
→ 印刷イメージ

別のサイズに拡大・縮小して印刷したいときは、「1ページ／枚」をクリックして、「用紙サイズの指定」から用紙サイズを選びます。

部数などの印刷設定が確認できたら、「印刷」ボタンをクリックして印刷します。

ズームバーで、印刷イメージの表示サイズが変えられます。

207

●責任監修

松本峰雄（元　千葉敬愛短期大学教授）

神奈川県出身。東洋大学大学院社会学研究科修士課程修了（社会学修士）。千葉明徳短期大学専任教員、育英短期大学教授、千葉敬愛短期大学教授を歴任。その間全国保母養成協議会（現全国保育士養成協議会）専門委員・事務局長を務めた。
主な監修書に『U-CANの保育実習これだけナビ』（ユーキャン）、編著書に『子どもの福祉』『教育・保育・施設実習の手引き』『子どもの養護』（建帛社）、著書に『保育者のための子ども家庭福祉』（萌文書林）など多数。

●監修

桑原逸美（元　さくら敬愛保育園園長）

東京都出身。千葉県保育専門学院卒業。千葉市立保育所所長、植草幼児教育専門学校・植草学園短期大学非常勤講師、千葉敬愛短期大学専任講師、さくら敬愛保育園園長を歴任。

●改訂版監修（P.24-31）

池田りな（大妻女子大学教授）

●改訂版執筆

才郷眞弓（グローバルステップアカデミー　インターナショナル立川校施設長）

装丁	● 五味朋代（株式会社フレーズ）
本文デザイン	● 中田聡美
イラスト	● さややん。
	● イシグロフミカ
	● 矢寿ひろお
	● 白井恵子
編集協力	● 広山大介（株式会社桂樹社グループ）
	● 田口純子
執筆協力	● 粟生こずえ
	● 菅村　薫
	● 長野伸江
	● 浜渦真子
企画編集	● 石原さやか、小堺円香（株式会社ユーキャン）

正誤等の情報につきましては
『生涯学習のユーキャン』ホームページ内
「法改正・追録情報」コーナーでご覧いただけます。
http://www.u-can.co.jp/book

**U-CANの
よくわかる
指導計画の書き方（0.1.2歳）第3版
〔CD-ROM付き〕**

2011年2月18日　　初　版　第1刷発行
2015年10月14日　　第2版　第1刷発行
2018年6月15日　　第3版　第1刷発行
2020年3月2日　　第3版　第2刷発行
2021年2月12日　　第3版　第3刷発行
2022年3月1日　　第3版　第4刷発行

編者　　　ユーキャン学び出版 スマイル保育研究会
発行者　　品川泰一
発行所　　株式会社　ユーキャン 学び出版
　　　　　〒151-0053
　　　　　東京都渋谷区代々木1-11-1
　　　　　Tel. 03-3378-2226
発売元　　株式会社　自由国民社
　　　　　〒171-0033
　　　　　東京都豊島区高田3-10-11
　　　　　Tel. 03-6233-0781（営業部）

印刷・製本　大日本印刷株式会社

※ 落丁・乱丁その他不良の品がありましたらお取り替えいたします。お買い求めの書店か自由国民社営業部（Tel.03-6233-0781）へお申し出ください。

© U-CAN,Inc.2018 Printed in Japan

本書の全部または一部を無断で複写複製（コピー）することは、著作権法上の例外を除き、禁じられています。